Yacht Tourism

요트관광의 이해

김천중 저

백산출판사
BAEKSAN Publishing

머리말

우리에게 알프스나 이집트의 피라밋, 만리장성이나 유럽의 아름다운 건축물이 없다고 실망할 필요가 없다. 우리에게는 개발가능성이 무궁무진한 해양자원이 있기 때문이다.

한반도를 세계와 비교하여 볼 때 가장 경쟁성이 있는 자연자원은 아름다운 해안선과 섬들이라고 할 수가 있다.

이러한 자원이 비교적 가장 온전한 형태로 우리의 곁에 남아 있는 것은 현재를 살고 있는 우리에게는 커다란 축복이라고 할 수가 있다.

그러나 이러한 자원은 몇 가지 지켜야만 하는 기준을 마련한 후에 개발의 첫 삽을 떠야만 할 것이다. 즉 자연친화적이고, 복지지향적인 기준 하에서 개발의 방법을 모색하여야 한다는 것이다.

세계의 선진국의 목표는 지속적인 경제성장과 분배, 복지와 이를 달성할 수 있는 미래비전으로 집약할 수가 있다. 이러한 목표를 달성하기 위해서 세계의 선진국들은 요트산업의 발전에 집중하여 왔다고 해도 과언이 아니다.

한국의 해양자원은 2,600여개 이상의 크고 작은 항구들과 3,000여개 이상의 섬들과 아름다운 해안선으로 이루어져 있다고 할 수 있다.

이러한 자원을 가장 자연친화적으로, 국내외 관광객을 만족시키는 것이 요트산업이라고 할 수가 있다. 특히 요트산업은 한 국가의 과학기술의 총체이며 선진기술이 집약된 산업이라고 할 수가 있다. 이러한 산업은 인력 고용효과 뿐만이 아니라 부품산업이나 마리나 배후시설로서 수많은 중소형 관광산업을 발전시킬 수 있는 중요한 선도 산업이라고 할 수가 있다.

세계의 관광산업의 발전과정을 보면 관광시장이라고 하는 인류최대의 시장에 당대의 최고의 기술을 접목하는 자만이 성공의 주역이 되어 왔다는 것을 보여주고 있다.

또한 학문의 연구태도는 날로 학문 융합 혹은 다학제적으로 발전하여 오고 있다. 즉 관광산업의 발전은 각 분야의 최고의 기술의 총체적 결합으로 발전하여 왔으며, 관광사업이라는 절대적 가치로 그 결과를 보여주고 있는 것이다.

한반도는 중국이라는 거대한 시장이나 일본시장과 같은 양질의 시장을 1시간 거리로 소통할 수 있는 천혜의 조건을 가지고 있다. 여기에 우리의 최고의 역량을 결합한다면 관광산업은 미래의 산업으로 크게 기여할 수가 있다. 이러한 관점에서 주목을 하여야 하는 것이 우리의 해양관광자원이며 실현가능한 방법이 바로 마리나를 통한 요트관광산업의 발전이라고 할 수가 있다.

저자는 이러한 관점에서 2007년 『요트의 이해와 항해술』이라는 저서를 편찬한 바가 있으며, 그 구체적 발전 방향의 하나로서 본저 『요트관광의 이해』를 저술하면서 몇 가지 소망을 담아 보고자 하였다.

본저 『요트관광의 이해』는 한국의 해양자원을 자연친화적이고, 중소기업적으로 발전시키는 방법에 중점을 두고 있으며, 국토균형발전의 차원에서 방법론을 제시하고자 하였다.

본 저서의 주요 목차는 제1장에서 해양관광산업의 중요성을 이해하고, 제2장에서는 세계의 마리나의 현황과 보트 및 요트산업의 현황을 분석하였다.

제3장 2절에서는 세계의 주요 임대요트회사의 현황을 소개하여 향후 한국의 요트관광사업의 방향을 이해하도록 하였다.

제4장과 제5장에서는 한국과 세계의 요트대회를 분석 정리하였다.

부록에서는 세계의 유명 보트와 요트전시회의 목록과 한국의 해양관광자원을 소개하여 요트관광사업에 종합적인 참고가 될 수 있도록 하였다.

해양관광자원은 국민모두가 공유하고 아끼는 자원이 되어야 하면서 또한 경제적 가치도 고루 분배될 수 있는 방향으로 개발이 되어야 할 것이다. 특히 한반도대운하의 관광자원적 가치도 요트산업과 연계할 때 그 효과를 극대화 시킬 수가 있다.

모쪼록 본 저서가 한국의 관광산업의 면모를 일신하고, 해양관광자원을 통하여 한국이 세계적 경쟁성이 있는 관광국가로 도약할 수 있는 계기가 되기를 소망하면서 머리말에 대하고자 한다.

무자년 새해,

용인대 크루즈 & 요트마리나 연구소에서 저자

Contents

제3장 세계의 요트산업과 임대요트사업

제4장 한국의 요트산업의 규모와 전망

제5장 세계의 요트대회

Yacht Tourism

Chapter

1

요트와 해양관광

- 제1절 요트의 의의
- 제2절 해양관광의 의의

요트관광의 이해

제1장 요트와 해양관광

제1절 요트의 의의

1. 요트의 의의

요트는 공기역학과 유체역학의 기본적인 원리에 의존하여 항해한다. 그러나 요트의 세일이나 항해 장비의 종류마다 이를 다루는 선원들의 기술에 따라서 중요한 차이점이 있다. 이는 항해자에게 꼭 맞는 요트를 결정하는데 앞서 항해에 대한 경험을 대신해 줄 만한 것이 없는지, 가능한 다양한 종류의 요트로 항해에 도전해 보아야만 하는지에 대한 이유를 말해주는 것이다.

2. 항로선택

항로를 벗어나지 않고 요트를 조종하려면 폭넓은 기술이 요구된다. 요트 조종술에는 항구에서 입출항을 능숙히 할 수 있고 빠르고 편한 항로를 찾아내는 것이 필요하다. 수로안내와 항해술에 숙달되면 요트 항해와 그에 따르는 여러 장치들을 효과적으로 사용할 줄 아는 요트 항해 기술을 높여준다. 선원을 다루는 능력은 긍정적인 관점에서 선원들에게 편안함과 안락함, 높은 동기부여를 제공함으로써 행복한 요트 항해를 만들어 줄 것이다. 훌륭한 스키퍼는 항해시 이와 같은 지휘권을 가지게 되며, 특히 가장 중요한 것은 각각의 항해마다 변화하는 사항들을 이해하는 것이다.

3. 항해술

요트 세일링은 지금까지 규제를 피하여 자유롭게 활동하였으나, 점점 더 규제가 증가하고 있는 쪽으로 가는 추세에 있다. 몇몇 국가들은 선장(스키퍼)에게 자격면허를 요구하고 있다. 따라서 자신의 국가에서 시행하고 있는 규정에 대한 적용여부를 확인해 보아야 한다. 만일 개인 소유의 요트를 간절하게 갖고 싶거나 타인의 요트를 타고 긴 항해를 하고 싶다면 여러 방법으로 이러한 규칙에 대한 지식을 알고 있어야 된다.

해당국가의 국제적 허가에 의한 승인된 세일링 학교에서 교육과정을 이수하고 주제에 맞는 가능한 한 폭넓은 관련 서적을 읽어야 한다. 즉, 가능한 한 다양한 환경에서 많은 요트를 타고 바다에서 시간을 충분히 보내는 것이 가장 중요한 일인 것이다. 지역 야간학교 또는 대학에서 이론 교육에 전념하는 것은 권할만한 일이나 오직 바다에서 직접 요트를 타고 항해하며 얻을 수 있는 것과 같은 직접체험을 대신해 주지는 못한다.

4. 팀워크

안전하고 조종이 쉬운 작은 요트로 기본적인 세일링 기술을 익히는 것이 이상적이지만, 기존의 오래된 항로에서와 같이 딩기요트를 타고 항해를 시작하기보다는 요트를 타고 항해하기 위해서 항해술을 배우는 사람들이 늘고 있다. 평균 크기의 요트 수도 증가하고 있지만, 처음부터 약 11m(35ft)의 요트를 구입하는 사람들도 증가하고 있다.

이들 요트 중 소수가 간단하게 항해할 수 있도록 설계되어 있으며, 대다수 많은 요트들은 세 명 또는 그 이상의 선원이 효과적으로 항해할 수 있도록 설계되어졌다. 요트 세일링은 많은 팀원의 노력이 요구된다. 또한 몇몇 사람들과 함께 여러 해 동안 밀집되고 비좁은 요트에서 생활, 식사, 수면을 하기 때문에 타인과 호흡을 맞추어 목적지를 향하여 항해해 나가는 것이 무엇보다 중요하다. 반면에 항상 누군가의 짜증스러운 행동을 참아내기 어렵다면 사소한 것들이 논쟁을 유발하고 불화를 일으킬 것이다. 훌륭한 스키퍼는 이러한 위험요소를 잘 알고 있어야 할 것이며, 선원들이 한데 어우러져 조화를 이룰 수 있도록 노력해야 할 것이다. 이를 위해서는 선원 각자가 탑승선원들과 조화를 유지할 수 있도록 노력하여야 한다.

5. 요트의 분류

1) 용도에 의한 분류

(1) 전통적인 크루저요트(TRADITIONAL CRUISERS)

"전통적인 크루저요트"라 칭하는 요트는 무거운 톤수의 요트를 의미한다. 가프(gaff) 또는 버뮤단(bermudan)으로 의장되어 있고 긴 킬을 가지고 있다. 오래된 요트는 나무로 제작되어지는 반면에 최근의 요트는 유리섬유 또는 강철로 건조된다. 이전의 요트 디자인은 현대식 요트보다 좁고 때론 깊게 고안되었다.

〈그림 1-1〉 트레일러 견인 장면

〈그림 1-2〉 전통적인 케치

(2) 트레일러 이동용 요트(TRAILER SAILERS)

대부분의 트레일러 요트는 트레일러에 결합할 때 무게에 대한 안전성을 유지하기 위해서 들어 올릴 수 있는 센터보드(center board)나 대거보드(dagger board)를 가지고 있다.

(3) 대량 생산형 요트(PRODUCTION CRUISERS)

대부분의 현대식 요트는 유리섬유로 제작되고 있다. 이러한 요트는 버뮤단 슬루프형 범장과 핀 킬(fin keel), 스케그 헝(skeg-hung) 키를 가지고 있다. 긴 흘수선과 짧은 오버행

(overhangs ; 선수에서 선미까지의 흘수선 윗부분의 선체)을 갖춘 가벼운 설계가 인기를 끌고 있지만 대부분 알맞은 톤수를 고려하여 설계한다. 소수의 요트는 수심이 얕은 곳에서 항해하기 위해서 설계되고, 빌지 킬(bilge keel) 또는 센터보드(center board)를 이용하여 설계된다.

(4) 장거리 항해용 요트(LONG-DISTANCE CRUISERS)

장거리 항해를 원하는 항해자들은 요트 제작에 있어서 제한된 선택을 할 수밖에 없다. 그러나 강철이나 알루미늄으로 제작되는 요트는 일반적으로 제작되는 유리섬유의 요트보다 항해지역의 거친 환경에 잘 견뎌낼 수 있다.

〈그림 1-3〉 11m 급의 대양항해용 요트

〈그림 1-4〉 대량생산된 연안항해용 요트

(5) 경주용 요트(CRUISER-RACERS)

최신의 요트는 조종이 쉽고 경주에 적합한 속도를 낼 수 있어야 한다. 이러한 요트는 일반 요트와 비교하여 좀 더 가볍게 설계되어야 하고, 일반 요트보다 더 효과적인 버뮤단 슬루프와 짧은 오버행, 큰 의장, 효과적인 킬과 키가 사용된다.

〈그림 1-5〉 레이스용 요트의 레이스 모습

〈그림 1-6〉 카타마란

(6) 복수선형식 요트(MULTI HULLS)

대부분 요트의 멀티헐은 일반적으로 요트 경주에 사용되는 트리마란(trimaran ; 3개의 선체가 결합된 형태) 보다는 카타마란(catamaran ; 2개의 선체가 결합된 형태)이 주로 사용된다. 멀티헐은 요트의 속도가 빠르고, 수직 항해가 가능하도록 해준다. 또한 카타마란은 갑판의 넓은 공간을 제공해 주고 갑판 아래쪽에는 편의시설이 마련되어 있다.

2) 세일장비에 의한 분류

세일장비에 의한 요트의 구분은 메인세일의 형태와 돛대의 수와 탑재된 헤드세일에 의해서 분류되어진다. 초기의 요트들은 두 개의 돛대와 가프형 세일을 가지고 있었다. 이것은 무거운 세일을 쉽게 다루기 위한 가장 좋은 방법이었다.

세일과 돛 장비의 제작기술의 발전은 오늘날 가장 일반화된 돛 장비인 버뮤단 세일의 외돛대 형태의 요트를 출현하게 하였다.

(1) 슬루프(SLOOP)

슬루프는 가장 일반적이고, 간단한 세일장비이다. 이것은 하나의 돛대에 가프이든 버뮤단이든 하나의 메인세일과 헤드세일을 가지고 있는 것이다. 버뮤단 슬루프는 마스트 헤드와 플랙셔널로 설명되어질 수 있다. 마스트 헤드 슬루프는 마스트의 꼭대기부터 포 스테이

(forestay)에 세일을 부착한 형태이다. 플렉셔널 슬루프는 보다 작은 헤드세일을 마스트의 꼭대기에서 밑에까지 마스트에 붙여서 포 스테이에 부착하여 장치한다.

플랙셔널 슬루프는 세일 조정을 위해서 마스트를 구부러질 수 있도록 한 것이다. 대부분의 딩기요트는 플랙셔널 슬루프이지만 대부분의 크루저요트들은 마스트 헤드 슬루프이다.

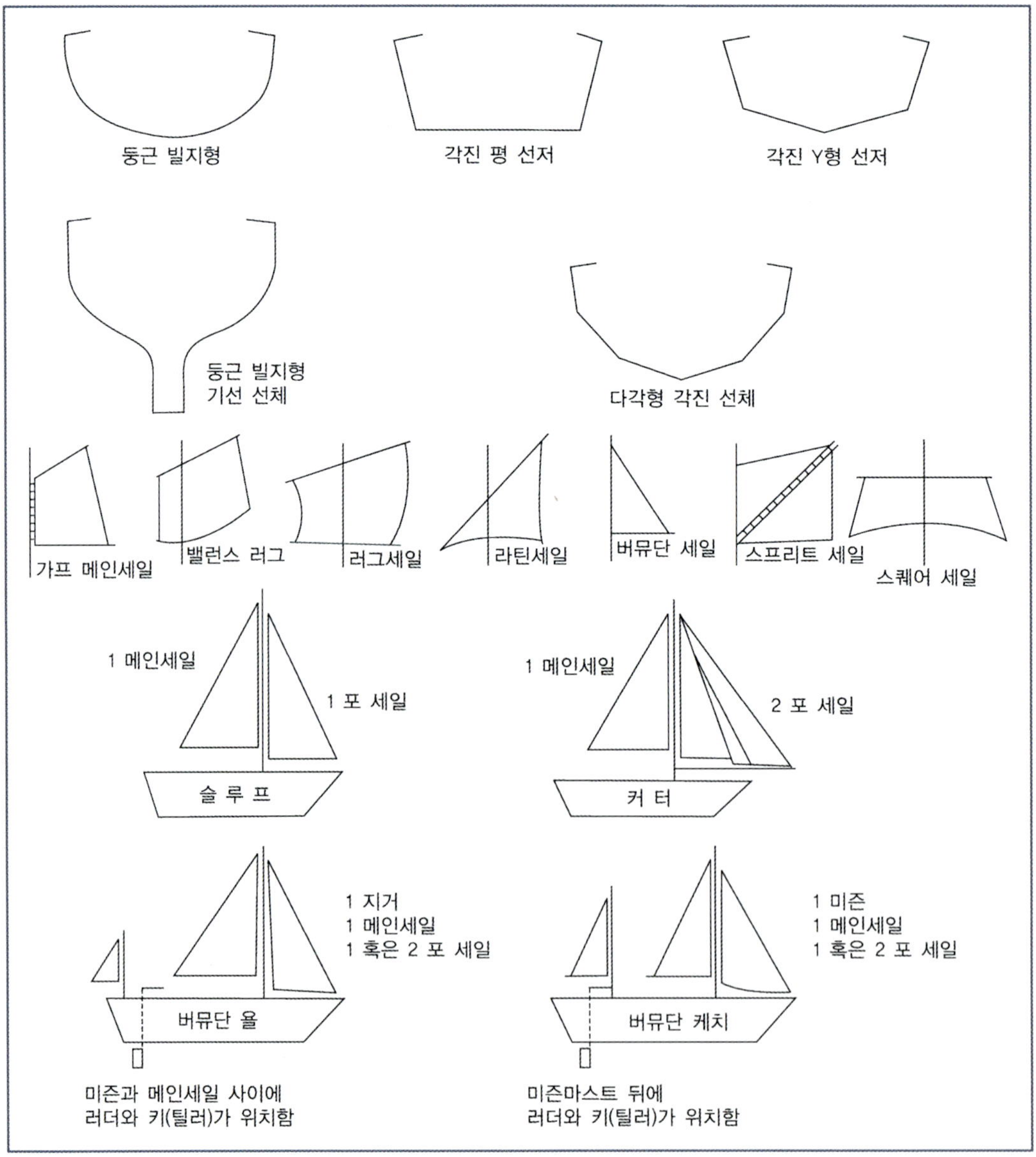

〈그림 1-7〉 선체와 돛의 이해

(2) 커터(CUTTER)

커터형 범장은 아주 대중적이지는 않지만, 원거리 항해용 요트들이다. 돛대는 하나이지만 두 개의 헤드세일을 장치하고, 각기 다른 스테이를 사용한다. 이것은 각기 다른 크기로 면적을 줄일 수 있고 조정이 간편하도록 해 준다.

(3) 두 개의 돛대가 있는 요트들

오늘날 두 개의 돛대가 있는 요트는 흔하지는 않지만 케치나 욜과 같이 오래된 요트이거나 11m(35ft) 이상의 요트에서 볼 수가 있다. 케치나 욜 모두 메인마스트 뒤의 선미에 미즌마스트(mizzen mast)가 장치되어 있다. 케치는 욜보다 더 큰 미즌 마스트가 장치된다. 스쿠너도 또 다른 종류의 2개의 마스트가 장치된 요트이다. 이것은 가장 큰 메인마스트가 선미쪽에 있고, 보다 작은 크기의 전방마스트(foremast)가 선수쪽에 설치된 것이다.

(4) UNA 세일장비

UNA(작은 크기의 돛단배) 혹은 캣은 마스트가 전방의 오른쪽에 있고, 스테이가 없다. 메인세일은 마스트 주변에 장착되어 있다. 그리고 이 배에는 헤드세일이 없다. 더욱 큰 요트는 스쿠너와 켓치와 같이 두 개의 마스트가 있다.

3) 메인세일의 종류

(1) 버뮤단 메인세일(BERMUDAN MAINSAIL)

버뮤단 메인세일은 삼각형의 모양의 세일이다. 이것은 현대의 모든 크기의 세일 중에서 가장 일반적인 형태의 세일이다.

(2) 가프 메인세일(GAFF MAINSAIL)

가프 메인세일은 사각형 형태의 모양의 세일이다. 이것은 비교적 짧은 돛대에 붐에 장치되어 있으며 꼭대기 부분에 가프(gaff)라고 하는 막대기가 붙어있는 형태이다.

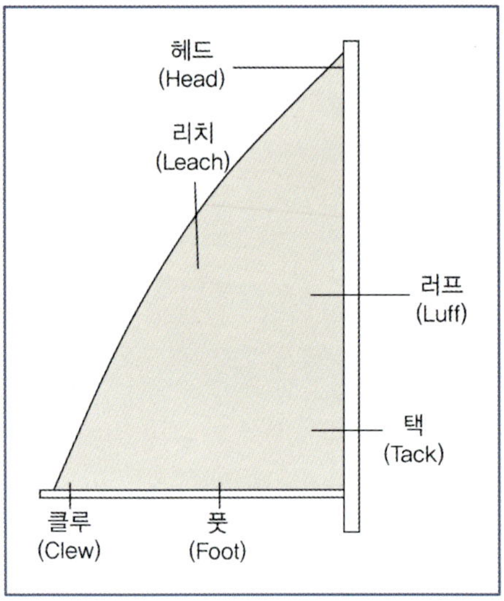

〈그림 1-8〉 버뮤단 메인세일

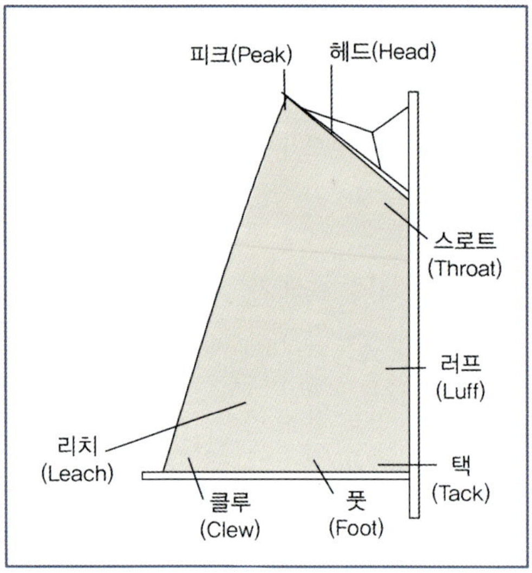

〈그림 1-9〉 가프 메인세일

4) 돛대와 세일의 수에 의한 분류

(1) 버뮤단 슬루프(BERMUDAN SLOOP)

버뮤단 슬루프는 삼각 형태의 메인세일을 가지고 있고, 하나의 헤드세일을 가지고 있다. 마스트헤드 슬루프는 마스트의 꼭대기에서부터 부착되어진 포 스테이를 가지고 있다.

〈그림 1-10〉 버뮤단 슬루프

(2) 버뮤단 커터(BERMUDAN CUTTER)

커터는 2개 이상의 헤드세일을 가지고 있다. 각각의 헤드세일은 스테이를 따로 가지고 있다. 안쪽의 헤드세일은 스테이 세일이라고 하고, 바깥쪽은 짚이라고 한다.

(3) 버뮤단 욜(BERMUDAN YAWL)

욜형 범장은 키의 뒤쪽의 선미에 작은 미즌 마스트를 장치한 것이고, 여러 개의 헤드세일을 가질 수 있다.

(4) 버뮤단 케치(BERMUDAN KETCH)

버뮤단 케치는 하나의 케치형 범장에 미즌마스트가 메인마스트 뒤에 있지만 키보다는 앞쪽에 장치된 것이다. 이것은 하나 혹은 그 이상의 헤드세일을 가질 수 있다.

(5) 가프 스쿠너(GAFF SCHOONER)

스쿠너 위에 메인마스트가 짧은 전방 마스트의 뒤에 위치하고 가프장치가 된 메인세일을 가지고 있다.

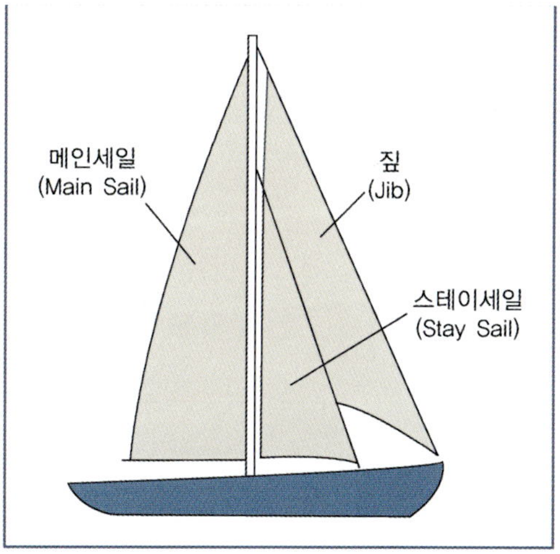

〈그림 1-11〉 버뮤단 커터

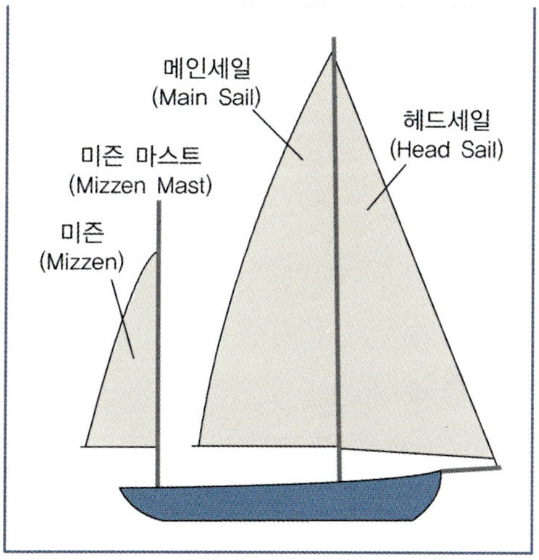

〈그림 1-12〉 버뮤단 욜

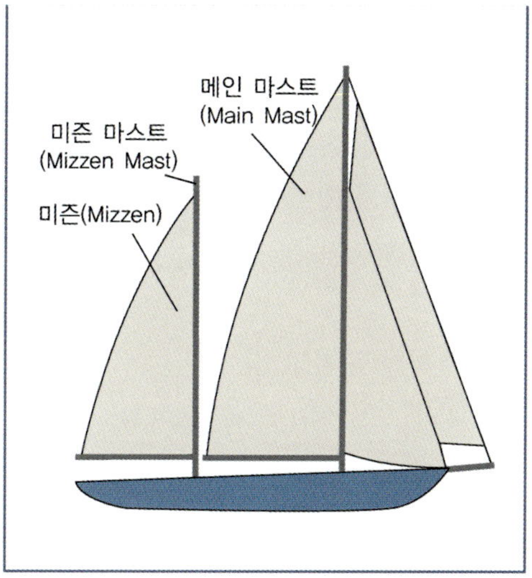

〈그림 1-13〉 버뮤단 케치

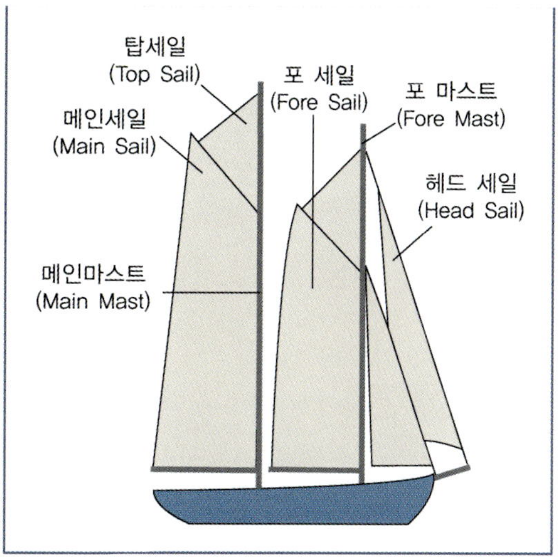

〈그림 1-14〉 가프 스쿠너

6. 요트의 선택과 디자인

1) 구매와 선택

요트 구매비용을 줄이거나 특히 요트에 사용할 새로운 장비를 구입하기 원한다면 세일링 잡지나 비용을 최소화해 줄 수 있는 중개업자의 조언을 통하여 중고 요트를 찾아본다. 또한 요트를 구입하기 전에 어느 지역에서 어떠한 종류의 항해 또는 요트 경주를 할 것인지를 결정해야 하며 다양한 요트를 타보고 미리 경험을 해 보는 것도 중요하다.

(1) 요트 항해

대부분의 사람들은 장기간의 항해를 꿈꾸고 있다. 그러나 실질적으로 극소수의 사람들만이 이 꿈을 실현시킨다.

대부분의 요트는 단지 두 명 내지 세 명의 선원만이 필요하기 때문에 항해를 즐기기 위하여 특별히 거대한 요트가 필요한 것은 아니다. 이제 막 항해를 시작하는 것이라면 요트를 가능한 간단하게 유지시켜야 한다. 다시 말하자면 기본적인 장비로 이루어진 작은 요트는 구입과 유지에 있어서 비용이 적게 들 것이다. 정박 요금, 보험료가 줄어들 것이고 조종이 더 간편해 질 수 있지만, 크고 더 복잡한 요트만큼의 즐거움은 줄 것이다. 매우 간단한 장비로 이루어진 요트는 항해하는데 소비하는 시간을 증가시켜주는 장점이 될 수가 있다.

(2) 항해 지역

가장 실용적인 종류의 요트는 빈번하게 항해하는 지역의 상태에 의해서 결정되어질 것이다. 얕은 물에서 항해를 할 계획이 있다면 빌지 킬(bilge keel) 또는 센터보드(centerboard)가 장치되어 있는 요트를 고려해 보아야 한다. 예를 들면, 긴 연안 항해에 착수하기 위한 계획을 세우려 한다면 요트 제작시 상황에 맞는 적합한 형태로 수정을 가해야 할 것이다.

(3) 요트 경주

몇몇 사람들은 클럽이나 요트 경주를 통해서 크루저를 즐기고 싶어 한다. 경주를 원한다면 해당 클럽에서 경주에 사용되고 있는 여러 종류의 요트를 관찰해 보아라. 어떠한 클럽에서는 일반적으로 선호하는 단 한가지의 경주용 요트 선단을 가지고 있다. 당신이 속한 클럽이 이와 같은 선단을 가지고 있다면 당신의 항해 욕구에 부합할 만한 것인가를 따져보아야 한다.

일반 요트보다 경주용 요트는 더 많은 선원이 필요함을 명심해야 하며, 요트에 탑승하고 있는 사람들의 안전을 보장할 만한 장비를 갖추고 있어야 한다. 요트 경주를 진지하게 고려하고 있다면 장비 구입과 유지에 있어서 더 많은 비용을 지불해야 할 것이다.

2) 디자인과 킬

(1) 디자인의 선택법

다양한 형태의 요트 설계에서 요트 항해자들만이 나눌 수 있는 요트설계의 장점만큼 어떠한 것도 열정을 자극하는 것을 보장해 주는 것은 없다. 사실상 전통적인 요트는 제조업자들이 쉽게 사용할 수 있는 요트 소재에 따라 설계되고 발전해 왔다. 새로운 소재와 건조기술은 새로운 건조방법을 혁신시켜 줄 것이다. 요트를 구매하기 전에 다양한 종류의 요트를 가지고 가능한 많은 항해 경험을 쌓는 것이 필요하다. 요트 선택시 다양한 옵션 중에서 장점을 결정하는 열쇠는 항해 계획의 형태를 파악하고 잘 이해하는 것이다.

(2) 선체의 모양

오늘날 대부분의 요트 선체는 분리된 킬의 고정을 위한 카누 형식의 선체모형을 띄고 있다. 수면 아래의 선체는 더 넓고, 가볍고, 얕은 형태를 취하고 있지만 수면 위의 상부는 더 높게 제작되고 있으며 요트의 선수와 선미에서 짧고 우아한 곡선을 가진 선체를 제작하고 있다.

(3) 선수와 선미의 모양

전통적인 모양의 선수, 우아한 숟가락 모양의 선수, 경사진 선수형태가 일반적이지만 수직 또는 거의 수직에 가까운 선수 또한 속도를 최대한 올리기 위한 경주용 요트에서 볼 수 있다. 선미를 살펴본다면 대량생산형 요트는 욕실 설비와 숙식 장소를 제공하기 위하여 볼록한 형태의 선미의 요트를 생산하고 있다. 트란섬(transom), 카운터(counter), 카누(canoe)형 선수와 같은 전통적인 선미의 모형은 새로운 요트에 여전히 사용되고는 있으나 보다 다양한 요트 디자인이 생산되고 있다.

3) 킬의 분류

(1) 킬과 키

킬과 키의 설계는 더 강하고 더 단단한 새로운 자재가 시대의 흐름에 따라 개발됨에 따라 발전되어 왔다. 예전 요트의 킬은 요트 설계의 중추 부분인 롱 킬을 사용하였다. 현재 대부분의 최신형 요트는 다른 여러 종류의 사용 가능한 킬의 종류가 있음에도 불구하고 핀 킬의 변형된 형태를 사용하고 있다.

킬의 형태가 어떠하든 통상적인 킬은 두 가지 목적에서 사용되고 있다. 리웨이(leeway)에 저항하기 위한 목적과 요트의 안정성을 제공하기 위함이다. 이와 마찬가지로 키의 기본적 역할은 요트의 조종과 리웨이 현상에 저항하는 킬을 돕는 것이다. 최근의 경주용 요트 설계는 안정성을 제공해 주는 캔팅 킬과 조종의 편리함과 풍하에 저항할 수 있는 기능을 갖춘 트윈 포일 개념을 발전시켜 전통적인 킬의 기능과 구분 짓는다.

(2) 안전성, 리웨이, 드래프트

중량이 많이 나가는 킬은 요트에 안정성을 제공해 준다. 킬의 효과는 킬의 무게와 무게중심, 깊이에 달려 있다. 무게중심이 낮을수록 더 큰 안정성을 얻을 수 있다.

경주용 요트 설계에 있어서 킬의 아래 부분에 어뢰 같은 구근모양으로 무게를 실을 수 있는 좁고 긴 핀 킬의 형태로 제작하고 있다. 리웨이를 잘 견딜 수 있는 경주용 킬의 효율성은 깊고, 높은 종횡비를 갖고 있기 때문에 효과가 매우 높다. 경주용 요트에 사용되는 키 역시 매우 깊게 제작되나 경기의 효율성을 높이기 위해서 폭이 좁은 키를 사용한다. 그러나 이러한 발전은 요트에 있어서 고비용에 손상을 입기 쉽고 전문적인 조종술을 필요로 한다. 또한 매우 깊은 킬은 수심이 얕은 지역으로의 접근에 어려움이 있다.

최근의 경주용으로 사용되는 요트는 안정성과 리웨이의 저항 기능을 줄이기 위하여 깊고 좁은 핀킬을 사용한다.

경주용 요트의 키는 경기의 효율성을 높이기 위하여 좁고 깊게 장치한다. 그러나 이러한 발전이 크루저용 요트의 문제점인 높은 가격과 전문적인 조종 능력을 전부 해결하는 것은 아니다. 또한 좁고 긴 킬은 얕은 물에서의 항해를 어렵게 하는 원인이 된다.

(3) 센터보드

센터보드같이 들어 올릴 수 있는 킬은 수심이 아주 낮은 지역에서 항해를 가능하게 해준다. 이러한 지역에서 항해를 하는 것에는 센터보드 케이스와 좀 더 복잡함이 요구되지만 좋은 해결책이 될 수 있다.

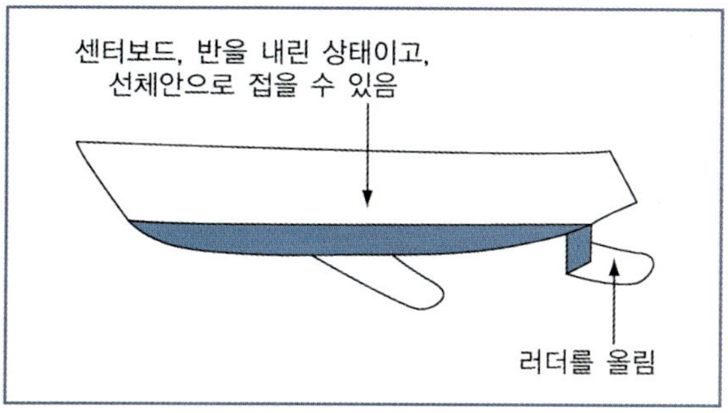

〈그림 1-15〉 센터보드

(4) 크루징 핀 킬

크루징 핀 킬은 일반적으로 길이에 비하여 아주 넓고 간단하게 만들어진다. 몇몇의 크루징 핀 킬은 매우 짧지만 킬 아랫부분에 무거운 구근을 달고 있어서 수심이 얕은 곳에서의 긁힘을 최소화시켜 준다.

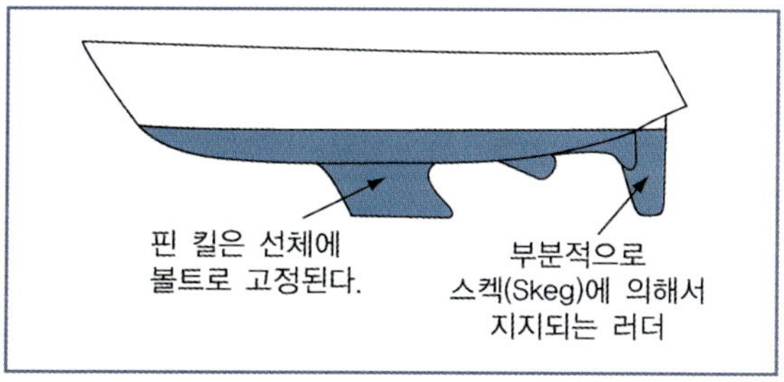

〈그림 1-16〉 크루징 핀 킬

(5) 캔팅 킬

캔팅 킬은 요트의 직선 움직임을 위하여 비스듬히 기울어진 얇은 킬의 끝부분에 무거운 구근을 달고 있다.

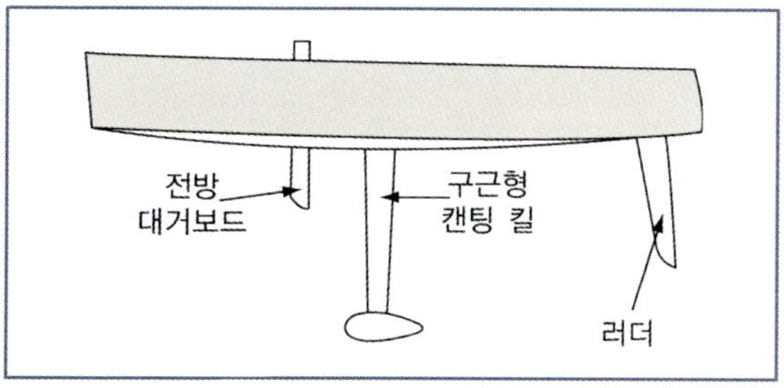

〈그림 1-17〉 캔팅 킬

(6) 롱 킬

전통적인 요트의 롱 킬은 나무 재질의 선체 때문에 강하게 제작되었다. 롱 킬은 일반적으로 요트 길이의 절반에서 3/4 만큼의 길이로 만들었다. 키는 일반적으로 킬의 뒤편에 걸려 있게 하였다.

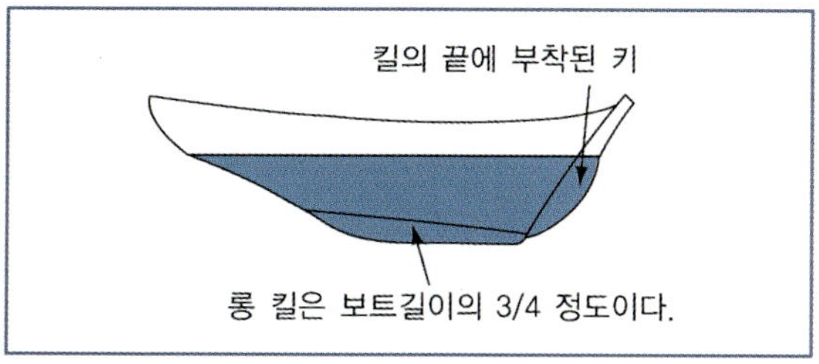

〈그림 1-18〉 롱 킬

(7) 빌지 킬

트윈 킬로 알려진 빌지 킬은 요트가 육지에 있을 때에도 똑바로 설 수 있게 도와준다. 빌지 킬은 핀 킬보다 덜 효과적이지만 센터보드를 설치할 때 더욱 간편하다.

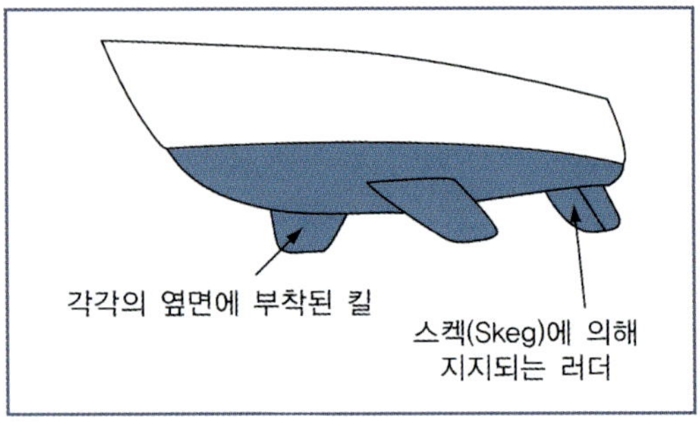

〈그림 1-19〉 빌지 킬

(8) 경주용 핀 킬

경주용 요트는 최대의 효과를 낼 수 있도록 킬의 아래쪽에 구근을 장치한 깊고 좁은 킬을 사용하지만 경주용 핀 킬은 일반적인 다른 요트에는 적합하다고 할 수 없다.

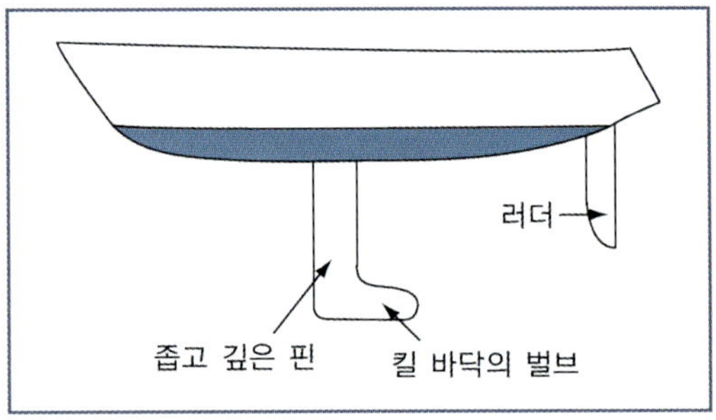

〈그림 1-20〉 경주용 핀 킬

(9) 캔팅 킬과 트윈 포일

두 개의 조종 가능한 포일은 얇고 버팀목 같이 생긴 캔팅 킬이 안정성을 제공해 주는 동안 균형을 유지하면서 리웨이에 저항할 수 있고 추진 가능하게 해준다.

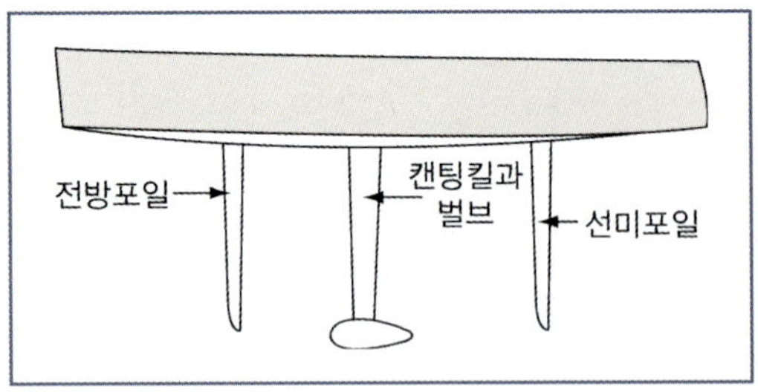

〈그림 1-21〉 캔팅 킬과 트윈포일

4) 선체와 의장

(1) 요트의 특성

요트에서 요구되는 특성은 개인적인 선호도와 타려고 하는 요트의 형태에 달려 있다. 바다에서의 안정성은 쉽게 조종하거나 오토파일럿보다도 더욱 중요한 요소이다. 원양항해에서 스피드는 안락함이나 안전성보다 더 중요한 것은 아니다. 아무리 빠른 요트라 하더라도 악천후로부터 탈출할 수 있는 안전성이 더욱 중요하다. 또한 정비료가 덜 들고 전문적 지식이 많이 필요하지 않는 점도 고려해야 한다.

(2) 단수의 선체와 다수의 선체(MONO HULL OR MULTI HULL)

모노헐은 멀티헐이 악천후에서 전복될 수 있는 것과는 달리 복원력이 높다. 멀티헐은 단지 연안항해에서만 속도감을 충분히 느끼려고 할 경우에는 효과적인 선택이다.

(3) 의장의 선택

멀티헐이 많은 논란을 가지고 있지만 의장의 선택은 원거리 항해자들 사이에서 첨예하게 논의되는 문제이다. 버뮤단 슬루프가 일반적인 것은 원거리 항해자들을 위한 특별한 의장보다 건조하기가 쉽고 경제적이기 때문이다. 다시 말하면, 가능한 한 여러 가지 다른 의장의 요트를 경험하는 것이 중요하다. 가푸형 의장이나 정크 의장이 원거리항해에서 장점을 갖고 있다. 또한 커터도 표준형 슬루프보다는 원거리항해에 더욱 적합하다.

제2절 해양관광의 의의

1. 해양관광의 의의

세계관광기구(WTO)에서는 향후 국제 관광객 수가 2010년 10억 5천여 만명, 2020년 16억 여 명으로 연평균 4%의 성장을 전망하고 있으며, 현재 세계 관광객의 70%가 해양관광객으로 추정되고 있다. 우리나라의 해양관광산업의 참여인구 또한 전체 관광 참여인구의 약 30%를 차지한다.

21세기는 문화관광, 생태관광, 레저스포츠, 해양 크루저관광 등으로 관광형태가 변화할 것으로 예측된다. 우리나라의 관광형태 역시 스키, 골프, 해양관광으로 그 비중이 변모해가는 과정 중이다. 그 중 해양레저관광은 문화, 레저, 체험, 스포츠를 종합적으로 누릴 수 있다는 장점을 가지고 급속도로 발전해가는 분야라고 할 수 있다.

우리나라는 약 12,800km에 이르는 해안선, 3,200여 개의 섬과 수심 20m 내외의 해역이 국토의 3분의 1이라는 점 또한 해양관광에 적합한 자연조건이라 할 수 있다(항구 2,660여 개). 한국의 대표적인 관광자원은 아름다운 해안선과 연안항해를 통하여 느낄 수 있는

도서지역의 아름다운 바다라고 단언할 수 있다.

삼면이 바다인 한국은 해양관광산업의 무궁한 잠재적 자원을 가지고 있으며, 마리나는 이러한 자원을 효과적으로 이용할 수 있게 하는 필수 시설이며, 특히 요트는 풍력을 주로 이용하는 이유로 고유가 시대에 주5일제 근무로 인하여 증가된 국민의 여가욕구를 자원 절약형으로 충족을 시킬 수 있다. 또한 장기체류형 고부가가치를 가지는 외국인 관광객들을 해양관광을 통하여 유치할 수가 있어서 정체상태의 한국관광산업에 새로운 활력을 충전하여 관광수익증대에 기여를 할 수가 있다.

한국은 이러한 관점에서 세계의 어느 나라에도 뒤지지 않는 아름다운 해양자원을 보유하고 있으나 방법 면에서 거의 무지에 가까운 실정이라고 할 수가 있다.

어로자원의 고갈은 어촌경제를 절망에 떨어지게 하고 있으며, 이를 개선하기 위해서는 물고기를 남획하던 종래의 방법을 개선해야만 하는 실정이다. 따라서, 크루저요트관광사업은 요트 마리나를 통한 새로운 경제적 가치를 창출하여 어촌 경제의 구조개선에 절대적 기여를 할 수가 있을 것이다. 관광, 마리나, 식음료, 숙박, 부품산업, 한국형 크루저요트개발 등 각종 분야에 파급효과가 막대한 해양관광사업은 한국의 미래에 새로운 활력을 일거에 불러일으켜 줄 수 있는 미래의 선도 산업이 될 수 있어서, 한반도의 명운을 돌려놓을 수 있는 중요한 대들보 산업이 될 것이다.

한국은 세계에서 조선선진국으로 인정받을 정도로 조선분야에서 강력한 기술을 보유하고 있고, 관광산업의 노하우를 고루 발전시켜온 국가이다. 따라서 해양관광사업은 관광과 해양기술과 인력과 미래를 융합하여, 관광산업 전 분야에 걸쳐 새로운 선도 산업으로 고른 발전을 선도할 수 있는 미래형 국가 발전의 비책이 될 수 있을 것이다.

2. 해양시장의 전망

해양산업 분야에서 시장규모에서 가장 큰 비중을 차지하고 있는 분야는 해양운송과 해양관광분야이다. 이중 우리나라가 눈여겨 보아야 할 해양산업 분야는 조선, 항만, 레저보트 분야라고 할 수 있다. 특히 우리나라는 세계조선분야에 1위 자리를 유지해오고 있으나 신흥 조선강국인 중국의 견제를 받고 있으며 〈표 1-1〉에서도 나타난 바와 같이 향후 세계 조선 산업이 2005년 대비 2010년 성장률이 마이너스 8%로 예상되는 등 조선시장이 낙관할 정도는 아니다. 그러므로 우리나라가 해양강국의 면모를 유지해 나가기 위해서는 조선 산업을 대체할 새로운 해양산업 발굴이 필요하며, 그 산업이 바로 레저보트산업이다. 다음 통계에서 보듯이 레저보트산업의 2005년 대비 2010년 성장률은 무려 43%로 예상되어, 이러한 성장추세가 지속된다면 몇 년 후에는 레저보트 산업이 조선 산업을 앞지르게 될 것으로 전망된다. 우리나라는 2006년부터 주5일 근무제가 도입되었고 원화가치 상승과 경제성장으로 인해 1인당 국민소득 2만 불 달성이 가시화 되면서 레저보트 등 해양 스포츠 수요의 증가가 예상되고 있다.

〈표 1-1〉 세계해양산업분야별성장전망 (단위 : 100만 유로)

분 야	2004	2005	2006	2008	2010	2005~2010 성장률
해양운송	344,368	287,748	275,466	290,885	325,826	13%
해양관광	168,189	173,739	179,487	191,606	204,614	18%
연안 원유 및 가스	91,146	88,237	93,544	98,011	99,057	12%
어류식품가공	79,563	75,544	76,083	77,294	78,644	4%
해양장비	64,246	57,474	58,761	55,603	60,346	5%
어업	55,688	50,713	50,259	49,326	48,478	-4%
조선	37,746	32,744	33,141	28,716	30,272	-8%
방위조선	28,862	27,358	28,410	30,775	34,414	26%
항만	25,017	24,827	26,068	28,196	30,496	23%
바다양식	23,876	24,831	25,824	27,931	30,166	21%
레저보트	12,486	12,109	13,017	15,043	17,303	43%
크루즈여행	12,090	12,091	12,909	14,363	15,501	28%
연구개발	10,629	10,346	10,757	11,010	11,624	12%
해양서비스	6,840	5,742	5,497	5,805	6,502	13%
해양 에너지	128	514	1,365	2,857	4,704	815%
보안 및 통제	0	877	1,822	4,577	2,320	164%
해양조사	2,013	1,925	1,964	2,802	2,209	15%
교육훈련	1,537	1,514	1,546	1,655	1,790	18%
해저기술	1,312	1,275	1,323	1,363	1,438	13%
해저굴착장비운영	479	479	506	537	545	14%

자료 : 더글라스 웨스트우드사 세계해양시장분석(2005)

3. 해양관광시장의 규모

해양관광분야는 요트 등 해상스포츠, 다이빙, 수중잠수 등 해양관련 관광을 포괄하며 20개 해양산업 분야에서 2위를 나타내고 있다. 2005년 대비 2010년 성장률은 18%로 예상되며, 2010년 기준 예상 산업비중은 204,614백만 유로(약 20억BN유로)이다.

레저보트분야는 2005년 대비 2010년 성장률이 무려 43%로 20개 해양산업 분야에서 해양에너지 및 보안 분야에 이어 세 번째로 높은 성장률이 예상되며 2010년 기준 예상 산업비중은 17,303백만 유로이다. 세계의 레저선박 분야는 미국이 약 80%를 차지하고 있으며, 이탈리아, 프랑스, 영국이 그 뒤를 따르고 있다. 독일은 이태리와 더불어 수퍼요트를 많이 건

〈표 1-2〉 세계의 해양관광시장의 규모

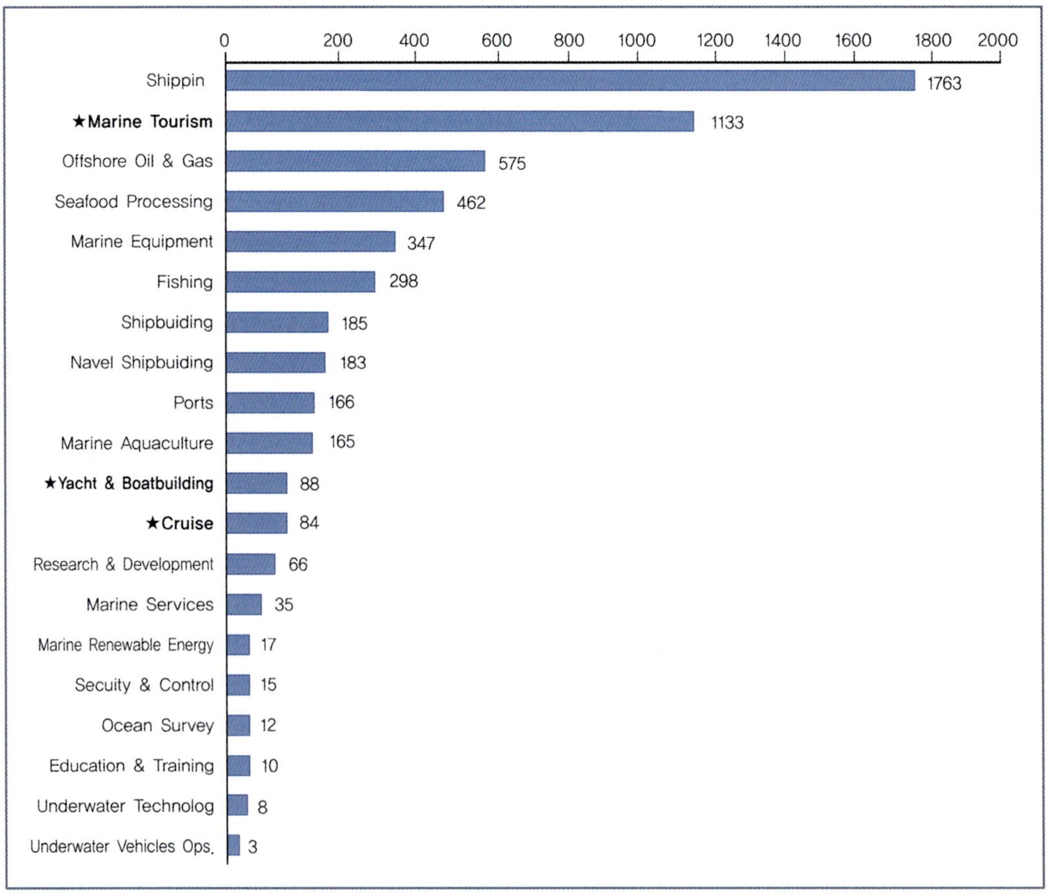

자료 : 더글라스 웨스트우드사, 세계 해양시장 분석, 2005.

조하고 있으며, 호주와 뉴질랜드도 비교적 큰 규모의 자체 레저선박 수요시장이 있다. 아시아권에서는 일본이 야마하, 혼다 등 레저선박 엔진을 비롯하여 PWC(Personal Water Craft : 수상오토바이)시장에 세계적인 명성을 유지하고 있으며 중국은 고무보트의 대량생산 체계를 갖춤은 물론 아메리카스 컵 참가 등을 통해 보트산업 육성에 박차를 가하고 있다. 대만은 세계 5위권의 수퍼요트 생산국으로 기술면에서 상당한 비교우위를 점하고 있다. 레저보트분야에 포함되는 마리나 산업은 미국이 점차 그 규모를 축소해 나가고 있으며 유럽, 중동, 아시아권역에서는 지속적 성장이 예상된다. 특히 중동국가 중 UAE와 중국, 한국은 폭발적인 증가세가 예상된다. 레저보트분야의 총 생산액(173억유로)과 한국이 세계시장을 주도하고 있는 조선분야의 생산액(302억유로)을 비교해 볼 때 약 57%에 육박하고 있어 조선강국 1위인 우리나라에서 레저보트 분야를 새로운 산업으로 육성할 필요성이 있다. 크루즈산업분야의 2005년 대비 2010년 성장률은 28%로 예상되며, 2010년 기준 예상 산업비중은 15,501백만 유로이다. 크루즈 분야도 레저보트분야와 마찬가지로 미국이 세계 시장의 70%를 점유하고 있으며, 나머지는 유럽시장이 차지하고 있다. 유럽 크루즈 협회에 따르면 2003년 기준 약 2.7백만 명의 유럽인이 크루즈여행을 하였다.

4. 해양관광산업의 파급효과

해양관광산업의 핵심적인 파생산업은 요트와 모터보트 등 소형선박의 생산과 판매 등과 관련된 산업과 부품판매 정비 등에 관련된 산업으로 전통적인 관광산업을 결합하여야만 효과적인 동반발전을 할 수가 있다.

- **1차 핵심 사업** : 수퍼요트, 임대요트 사업(Charter Yacht), 요트 및 모터보트 생산, 중고요트 및 모터보트 매매, 부품산업, 정비사업 등
- **2차 부대사업** : 호텔, 레스토랑, 카지노, 예식장, 피트니스, 연회시설, 카페, 극장 등

수퍼요트는 움직이는 작은 고급호텔의 개념을 가지고 있으며, 일차적으로는 임대요트 회사들에 의해서 운영, 관리되고 확산될 것이다.

선진 요트생산 국가들은 수퍼요트의 생산과 판매에 주력하고 있다. 호주의 경우 주정부가 직접 수퍼요트의 생산과 대외판매에 직접 관여하여 발전시키고 있다.

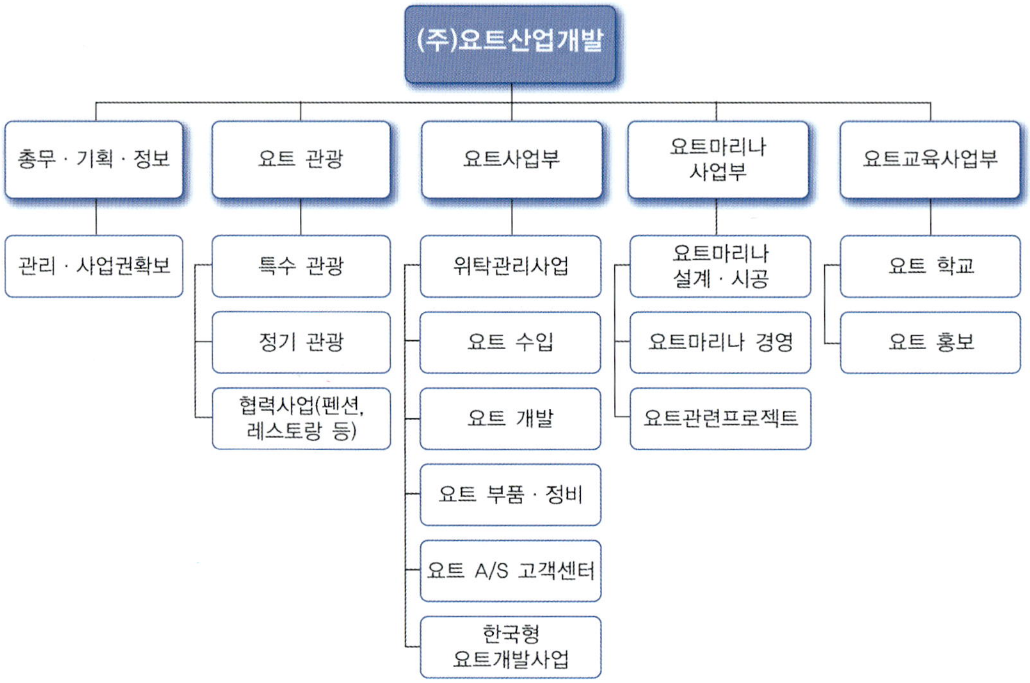

〈그림 1-22〉 연관 산업의 범위

Chapter

2

마리나의 의의와 현황

요트관광의 이해

제2장 마리나의 의의와 현황

제1절 마리나의 의의와 설계

1. 마리나의 개념

이탈리아어인 "Marina"는 작은 항구라는 뜻에서 유래가 되었다. 이러한 마리나는 1930~1940년대에는 주로 부유층이 여가 활용형 보트를 즐기는 시설을 지칭하였다. 1950년대 중반에 기존의 전통적인 마리나 시설의 정의를 변경해야 하는 주요한 변화를 겪게 되었다. 전후 세대의 경제적 수익의 증가와 생활수준의 향상에 따른 여가 수요에 대한 증가는 새로운 욕구를 수용하여야 하는 계기가 되었다. 따라서 마리나에는 보트의 정박뿐만 아니라 식당, 보트의 판매, 보트수리, 상가, 극장, 나이트클럽 등의 시설이 필요하게 되었다(Brance O Tabiasson, P.E. & Ronald C. Kollmeyer, ph. D., MARINAS, pp.10~15).

오늘날 마리나는 요트 및 보트의 생산, 판매, 정비, 임대요트, 레스토랑, 숙박시설 등 각종 서비스 시설이 갖추어진 규모의 항구를 의미하며, 종합리조트의 성격을 갖추는 형태로 발전하고 있다.

따라서 마리나는 해양관련 파생산업을 발전시키는 견인차의 역할을 하는 가장 중요한 기반시설(Infra-structure)의 의미를 갖고 있으며, 해양 관광사업의 핵심 시설로서 중요한 의의를 가지고 있다.

마리나의 한국적 의미는 상업적 목적과 여가활동을 위한 목적의 항구시설이 복합적으로 개발된 항구로써, 각종 해양스포츠와 여가활동을 누릴 수 있는 다목적 항구를 의미한다. 이것을 한국어로 정의한다면 휴식이나 해양스포츠 등을 위한 편의시설이 완비된 아름다운 관광항구라고 정의할 수 있다.

한편, 요트의 의미는 1599년 앤트워프에서 출판된 더치-라틴 사전에서 야그십(Jaghtsship)과 야그(Jaght or joghte)의 의미로 작고 빠른 선박을 의미하는 용어에서 유래하였다. 현

대에 와서는 크루즈선이나 오일탱커와 같은 대형선박을 제외한 비교적 작은 선박을 통칭하는 의미로 쓰이고 있다.

일반적으로 한국에서는 일부 요트와 모터보트를 구별하여 이해되는 경향이 있지만, 세계적으로는 비교적 작은 규모의 모든 선박을 지칭하는 용어로 쓰이고 있다. 예를 들면, "수퍼요트"의 경우 엔진으로 운항하는 대형 모터보트의 형태이나 요트라는 용어를 쓰고 있다. 수퍼요트는 일반적으로 100피트에서 200피트 전후의 2~3층 정도의 각종 편의시설을 갖춘 대형 모터보트형태의 선박을 의미하며, 100피트 이하의 작은 형태의 수퍼요트를 "스포츠 크루져"라고 구분하여 부르기도 한다.

2. 마리나의 의의

한반도는 이태리와 같은 반도 국가로서 거대한 피어의 모습을 가지고 있는 천혜의 해양국가의 지형을 가지고 있다. 또한 사계절이 뚜렷한 기후조건과 섬나라 일본에 의하여 천연적인 방파제 역할과 제주도의 위치로 인하여, 세계의 다른 국가에 비하여 태풍 등의 자연재해로부터도 안전한 위치에 있어서 하늘이 내려준 최고의 입지적 조건을 가지고 있다.

특히 삼면이 바다인 이유로 아름다운 해안선과 수많은 섬들이 있어서 앞으로의 개발여부에 따라서는 한국의 새로운 발전의 견인차가 이러한 해양자원 속에서 나올 수 있을 것이다.

그러나 기술과 자본 면에서 앞서간 일본과 풍부한 자원과 인구대국 중국 사이에 위치한 한국은 미래에 대한 혁신적인 발전의 플랜을 지속적으로 실행하지 않으면 급속한 추락의 길을 걸을 수도 있다는 점을 고려하여야 한다.

반도체, 자동차, 조선 산업 등 그간의 한국의 기간산업분야도 중국의 추격으로 인하여 다음 세기를 기약할 수 없는 것이 여러 가지 증거로 나타나고 있다.

또한 이러한 거대산업들은 이익의 기회도 많지만 위험성도 높아서 그 피해가 일순간에 관련 산업에 영향을 줄 수 있다.

이러한 관점에서 선진 국가들은 기반이 탄탄하고, 위험도도 낮은 고기술의 중소기업형 산업의 발전에 치중하여 왔고, 이러한 준비의 결과가 요트와 보트를 중심으로 하는 산업분야에서 성과가 나타나고 있다.

또한 이러한 분야는 개인의 자유로움과 적절한 여가 생활을 중시하는 선진형 복지국가의 목표와도 부합하면서 더욱 그 빛을 발하고 있다.

해양산업은 선박의 생산과 선박을 이용한 물류의 운송 분야가 중심을 이루고 있으며, 전통적인 수산업분야는 날로 그 비중이 낮아질 수밖에 없는 것이 세계적인 추세이며, 이러한 간격을 소형선박의 생산, 판매와 해양관광산업으로 전환시키고 있는 것이 세계적인 추세이며 이상적인 발전방향이라고 단언할 수가 있다.

이러한 점에서 한반도에서 해양관광산업은 크루즈산업과 요트산업이 양축을 이루고 발전하는 것이 이상적이다. 이와 더불어 시설의 효율성과 경제적 성과를 유인하기 위해서 커누, 카약, 모터보트 등 모든 해양레져산업의 동반 발전을 도모하여야 한다. 따라서 관련 정책의 입안 초기에 "마리나"에 관한 정책적인 고려를 하는 것이 필수적이다.

이러한 점에서 "마리나"는 해양관광산업의 발전을 위한 출발점이며, "마리나"가 없는 해양관광산업의 발전은 생각할 수 없는 필수적인 기반시설이다.

3. 마리나 디자인의 핵심과제 및 고려사항

1) 마리나 디자인의 핵심과제

구조물을 올바로 설계하기 위해서는 부지실험과 바다와 해안에 대한 연구를 통하여 문제점을 시험하는 것이 이러한 계획의 현실성을 확보하는데 있어서 필요한 선행 작업이다. 초기단계에서 이러한 연구에 대한 비용이 비쌀지라도 건설 후에는 비용을 절감하는 방법이라는 것을 고려해야 한다. 대부분의 연안 요트 마리나들은 그 장소에 적합한 규모의 방파제가 필요하다. 대서양 혹은 북해 근처의 영국이나 유럽 국가들은 지중해지역의 국가들과는 달리 1~2km에서 10km까지 다양한 조석간만의 차이에 의한 영향을 받는다. 이러한 간만의 차이는 마리나의 구조물의 설계와 비용에 영향을 줄 것이다. 방파제의 비용이 높으면 높을수록 요트맨들에게 비용이 전가되게 된다. 요트항구의 기본적인 건설 장소는 주로 두 가지 범위에서 고려되어 진다. 전자는 강이나 갯벌, 후자는 섬이나 반도지역이다. 마리나는 주로 바다와 바람에 노출된 지역에 건설되어진다. 이러한 항구는 수로의 상태나 수심을 고려하여 선박이 항구에 출입이 용이하도록 바람을 받을 수 있는 방향으로 건설되어 진다. 마리나는 파도의 에너지 효과를 최소화 할 수 있는 곳에 항구의 출입구를 두는 것이 필요하다.

2) 마리나 디자인의 고려사항

마리나의 건설에 있어서 기본적인 디자인 요구사항은 파도의 영향으로부터 노출된 지역이 붕괴와 뒤틀림이 일어나지 않도록 구조물 역학 설계를 하여야 한다. 더불어 다음과 같은 조건들을 고려하여야 한다.

① 토사의 매립, 야적장, 작업조건 등이 양호한 부지의 상태
② 조류의 상태
③ 이들 고려사항과 관련된 작업의 안정성 정도
④ 비용의 한계와 통제(소음방지, 작업장의 통제, 교통량 발생 등)
⑤ 디자인의 요구사항(정박을 위한 특수한 고려사항, 방벽으로의 접근, 건설자재 등)
⑥ 미학적인 요소(외형적 모습)

아래의 그림과 같이 피어(Pier)는 제티와 같은 방법으로 말뚝을 박아 건축하는 것으로써 해안선으로부터 수직으로 건설하는 것이다. 또한 요트의 정박을 위한 버스(Berth)는 펀툰의 형태와 같은 부유 상태의 구조물이거나 제티와 같은 고정된 구조물이기도 하다. 사용되는 형태의 선택은 조수간만의 차이에 달려 있고, 제티는 조수간만의 차이가 50cm 이상일 때 선택의 어려움을 겪게 되고, 정박설비는 만조와 간조의 정도에 따라서 달라진다. 조수간만의 차이가 있는 국가에서는 요트의 정박을 위한 형태로 펀툰을 사용한다. 이러한 펀툰은 요트를 펀툰과 수직으로 정박시키거나 핑거펀툰(Finger Pontoon)을 사용하여 정박시킨다. 이러한 핑거펀툰을 메인 스파인펀툰(Spine Pontoon)에 연결하면 다양한 선폭의 요트를 정박시키기에 편리하다.

〈그림 2-1〉 제 티

〈표 2-1〉 접안시설의 분류

- 피어(Pier) : 배를 정박할 수 없는 조망시설
- 버스(Berth)
  - 제티(Jetty)
  - 펀툰(Pontoon)
    - 스파인 펀툰(Spine Pontoon)
    - 핑거 펀툰(Finger Pontoon)

3) 마리나 주요시설

(1) 편의시설 및 직접서비스

- 안전 및 보안 : 야간경비 그리고 도둑이나 강도로부터 보호하기 위한 순찰, 선박의 안전 그리고 화재 방지
- 배달 서비스 : 음식이나 가능하다면 얼음도 배달해 준다.
- 음식물 조달 : 정박해 있는 요트에 준비된 음식을 제공해 준다.
- 쓰레기 처분 : 금지된 쓰레기를 처리하는 것은 마리나에서 중요한 일이다. 이것은 육지나 인가된 곳에서 처분이 되어야 한다.
- 남은 오일 처리 : 선박에 남아 있는 오일을 처분해 준다.
- 날씨 서비스 : 기상정보를 제공해 준다.
- 우편 서비스 : 일반적으로 해상거주자와 마리나 거주자들에게 제공된다.
- 세탁 서비스 : 보트에 세탁물을 수거하고 배달해 준다.
- 요트 청소 : 요트에 주인이 없을 때 청소하고 선박을 이동시켜 준다.
- 승선 서비스 : 워터 택시 또는 워터 버스의 형태로 해상에 정박한 요트에 이동시켜 주는 서비스

(2) 편의시설 및 간접서비스

- 교통시설
- 주차장
- 정비 그리고 보수
- 보트 미끄럼 방지
- 임대(보트 · 요트나 기타 스포츠 용품)
- 요트학교

- 해양스포츠
- 낚시용품 그리고 상가
- 샤워시설 및 탈의실과 락커

(3) 마리나의 각종시설

마리나의 기본시설은 요트를 해상으로 이동시키기 위한 경사로(Slip way)와 함께 선박을 올리거나 내릴 수 있도록 선박용 크레인 시설이 필요하다. 이러한 기본시설과 함께 편의시설도 다양하게 구비해 나가는 것이 세계적인 추세이다. 아래의 그림은 각종 편의시설의 다양한 사례를 보여주고 있다.

웨딩 홀

온천시설

연회시설

회의실

〈그림 2-2〉 마리나의 각종 편의시설 (1)

식 당

발코니

스케이트장

휴게실

골프시설

테니스 코트

도서관

에어로빅 시설

〈그림 2-2〉 마리나의 각종 편의시설 (2)

당구장

미용실

유아시설

볼링장

음악당

게임센터

〈그림 2-2〉 마리나의 각종 편의시설 (3)

〈그림 2-3〉 요트 세정 및 방오 페인트 정비 시설

(5) 마리나 개발의 과정과 핵심고려사항

① 충분한 육상계류장 면적 확보(Dry Storage, 트레일러 요트 및 보트 파킹)

② 규격에 맞는 복수의 경사로(Slip Way) 확보

③ 자동화 및 미학적 요소 고려

④ 개발주체(미국의 마리나 경영형태)

㉠ 항만청(Port Authority) : 15%

㉡ 개인소유(Private Marina) : 61%

㉢ 합작(Municipal Marina) : 14%

㉣ 리조트형(Destination Resorts) : 10%

제2절 세계의 마리나 현황

1. 영 국

영국은 스코틀랜드(Scotland), 웨일스(Wales), 잉글랜드(England), 북아일랜드 (Northern Ireland)로 이루어져 있으며, 총 215개의 마리나가 건축되어 있다. 멕시코 난류와 편서풍의 영향을 받는 해양성 기후로 대체적으로 온난하기 때문에 잉글랜드(England) 남동, 남서, 남중부에 집중되어져 있다. 또한 중북부 남동부 내륙지방사이의 비스톤 운하(Beaston Canal)의 노스샘프턴(Northampton) 및 레스터(Leicester) 주에도 집중되어져 있다. 요트 건조 시장의 규모는 프랑스의 뒤를 이어 3위로(연 3,300척) 유럽의 요트시장을 주도하고 있다.

〈표 2-2〉 요트 마리나의 지역별 분포도

지 역	소 계	비 고
스코틀랜드(Scotland)	12	
웨일스(Wales)	9	
아일랜드 북부(North Ireland)	9	
잉글랜드 남서부(England Southwest)	42	
잉글랜드 남동부(England Southeast)	47	
잉글랜드 남중부(England Coast)	50	
잉글랜드 동북부(England Northeast)	7	동
잉글랜드 서북부(England Northwest)	13	서
채널제도(Channel Islands)	7	
내륙지방 운하(Midlands Waterways)	19	
총 계	215	

자료 : http://marinamate.com, marina-info.com

2. 프랑스

프랑스에는 현재 유럽에서 남쪽 60개, 동쪽 47개, 북쪽 15개의 총122개의 마리나 시설이 건설되어 있다. 요트건조 시장은 미국에 뒤를 이어 2위(연 7900척)이며 수출은 4300척으로 1위를 달리고 있다. 또한 계류・보관방법은 수면계류, 육지보관, 수륙병설 3가지로 나뉘어 있으며, 따뜻한 지중해 연안 남쪽에 집중되어 있다. 프로방스-알프스-꼬트-다쥐르(Provence-Alpes-Cote-d'Azur), 랑그독-루시용(Languedoc-Loussillon) 해안에 집중되어 있으며, 이외에는 프와투-샤랑트 (Poitou-Charentes), 페이 드 라 르와르(Pays de la Loire), 아키텐느(Aquitaine)에 집중되어 있다.

〈표 2-3〉 요트 마리나의 지역별 분포도

지 역	소 계	비 고
프로방스-알프스-꼬트-다쥐르(Provence-Alpes-Cote-d'Azur)	46	
랑그독-루시용(Languedoc-Loussillon)	14	
프와투-샤랑트(Poitou-Charentes)	14	
페이 드 라 르와르(Pays de la Loire)	24	
아키텐느(Aquitaine)	9	
바스-노르망디(Basse-Normandie)	8	
오트-노르망디(Haute-Normandie)	3	
노르-파-드-칼레(Nord-Pad-de-Calais)	4	
총 계	122	

자료 : http://marinamate.com, marina-info.com

3. 스페인

스페인은 총 74개의 마리나가 건설되어 있다. 스페인은 17개의 자치주 중에서 해안가의 7개 지역에 주로 건설되어 있으며, 연간 300일 이상 햇빛을 볼 수 있는 안달루시아(Andalucia)지방의 코스타 델 솔(Costa del Sol)에 집중되어 있다. 따뜻한 지중해와 풍부한 일조량으로 겨울철에도 영상 10도 이상을 유지하여 사계절 내내 요트 관광객들로 북적이는 곳이다. 카탈루냐(Catalonia) 지방의 바르셀로나(Barcelona) 역시 스페인 경제적 중심의 한 축으로 많은 요트 관광객들이 즐겨 찾는 곳이다.

〈표 2-4〉 요트 마리나의 지역별 분포도

지 역	소 계	비 고
갈리시아(Galicia)	3	
바스크(Pais Vasco)	3	
카탈로니아(Catalonia)	11	
발레릭 군도(Ballearic island)	9	
안달루시아(Andalucia)	27	
무르시아(Murcia)	14	
발렌시아(Valencia)	7	
총 계	74	

자료 : http://marinamate.com, marina-info.com

4. 이탈리아

이탈리아는 20개의 주로 이루어져 있으며, 삼면이 바다로 둘러싸여 있다. 총 494개의 마

〈표 2-5〉 요트 마리나의 지역별 분포도

지 역	소 계	비 고
트렌티노알토아디제(Trentino-Alto Adige)	1	
베네토(Veneto)	28	
프리울리베네치아줄리아(Friuli-Venezia Giulia)	50	
리구리아(Liguria)	45	
에밀리아로마냐(Emilia-Romagna)	15	
토스카나(Toscana)	61	
마르케(Marche)	13	
라치오(Lazio)	13	
아브르초(Abruzzo)	7	
몰리세(Molise)	5	
캄파니아(Campania)	31	
풀리아(Puglia)	60	
칼라브리아(Calabria)	17	
시칠리아(Sicilia)	92	
사르데냐(Sardegna)	56	
총 계	494	

자료 : http://marinamate.com, marina-info.com

리나로 이루어져 있으며, 시칠리아(Sicilia) 섬을 중심으로 프리울리베네치아줄리아(Friuli-Venezia Giulia) 주의 베니스(Venice), 리구리아(Liguria) 주의 제노바(Genova), 풀리아(Puglia) 주, 토스카나(Toscana) 주, 사르데냐(Sardegna) 섬에 집중적으로 분포되어 있다. 1년 내내 온난한 지중해성기후이며, 7~8월의 관광시즌에는 비가 거의 오지 않고 화창한 날씨가 계속되므로, 성수기로 요트 관광객들로 붐비고 있다.

5. 호 주

호주는 6개의 주와 2개의 특별구역으로 나뉘어지며, 총 64개의 마리나가 건설되어 있다. 뉴사우스웨일스(New South Wales)와 퀸즐랜드(Queensland) 지역에 마리나가 집중적으로 분포되어 있다. 퀸즐랜드(Queensland) 동북부 해안은 세계 자연유산 지역이 널리 산재되어 있는, 호주의 대표적인 휴양지로서 요트인들에게 인기 있는 곳이며, 브리즈번(Brisbane)이 주도하고 있다. 또한 뉴사우스웨일스(New South Wales)의 시드니(Sydney) 지역은 온화한 기후로 유명하며, 가장 더운 달이 21.9℃, 가장 추운 달이 12.3℃로 연교차가 적고 잭슨항(Port Jackson)과 남쪽의 보태니 만(Botany Bay)은 경치가 아름다운 관광지로 알려져 있어 요트인의 발길이 끊이질 않고 있다.

〈표 2-6〉 요트 마리나의 지역별 분포도

지 역	소 계	비 고
웨스턴오스트레일리아(Western Australia)	1	
사우스오스트레일리아주(South Australia)	2	
빅토리아 (Victoria)	7	
뉴사우스웨일스 (New South Wales)	24	
퀸즐랜드 (Queensland)	30	
총 계	64	

자료 : http://marinamate.com, marina-info.com

6. 뉴질랜드

뉴질랜드는 북섬과 남섬으로 나뉘어져 있으며, 서안해양성 기후와 지중해성 기후 둘 다 나타나고 있다. 여름은 비가 잘 안 오고, 날씨도 아주 좋기 때문에 성수기를 이루고 있다. 총 32개의 마리나로 이루어져 있으며, 주로 북섬에 집중되어 있다. 요트건조와 함께 뉴질랜드는 요트대회의 경제적 파급효과가 상당한 곳이다. 150년 전통의 아메리카스컵 경기를 2003년에 개최한 뉴질랜드 오클랜드는 4억7000만 달러에 이르는 경제적 수익을 거두고 세계적인 해양관광명소로 급부상하고 있다.

〈표 2-7〉 요트 마리나의 지역별 분포도

지 역	소 계	비 고
뉴질랜드 중부(Central New Zealand)	7	
뉴질랜드 북부(North New Zealand)	22	
뉴질랜드 남부(South New Zealand)	3	
총 계	32	

자료 : http://marinamate.com, marina-info.com

7. 일 본

일본에는 현제 570여개소의 마리나가 건설되어 있다. 그 수용 능력은 100척 미만인 것이 217개로 전체의 약 반수를 차지하고, 500척 이상인 것은 불과 9개로 전체의 2%에 지나지 않아 마리나의 수용 능력은 대부분 소규모로 되어 있다. 또한 계류·보관 방법은 수면계류, 육지보관, 수륙병설 3가지로 나뉘며 육지보관형이 압도적으로 많다. 또한 마리나 입지 상황을 보면 정온 수역이 있는 폐쇄성 만에 집중되어 있으며 Tokyo만 이남의 Sagami만, Ise만, Osaka만, Seto내해에 많고 이것 이외에는 Toyama만, Wakasa만 Biwa호 등에 집중되어 있다.

〈표 2-8〉 요트 마리나의 지역별 분포도

지 역	소 계	지 역	소 계
홋카이도(북해도)	7	시가(자하현)	21
아오모리(청삼현)	2	오오사카(대판부)	19
야마가타(산형현)	1	교토(경도부)	11
이와테(암수현)	1	와카야마(화가산현)	11
아키타(추전현)	3	효고(병고현)	20
미야기(궁성현)	3	오카야마(강산현)	15
후쿠시마(복도현)	7	히로시마(광도현)	27
이바라키(자성현)	15	야마구치(산구현)	7
지바(천엽현)	13	가가와(향천현)	14
도쿄(동경도)	7	도쿠사마(덕도현)	6
사이타마(기옥현)	6	고치(고지현)	6
가니가와(신나천현)	43	에히메(애원현)	9
야마나시(산리현)	2	후쿠오카(복강현)	15
니가타(신석현)	7	사가(좌하현)	3
나가노(장야현)	1	나가사키(장기현)	7
도야마(부산현)	2	구마모토(웅본현)	12
이시카와(석천현)	6	오이타(대분현)	3
후쿠이(복정현)	10	미야자키(궁기현)	2
시즈오카(정강현)	39	가고시마(녹아도현)	1
아이치(애지현)	25	오키나와(충승현))	4
미에(삼중현)	11	총 계	424

자료 : Boating guide 2003

8. 미 국

미국은 50개의 주로 나뉘어지며, 유럽과 더불어 요트 건조시장을 주도하고 있다. 요트 생산은 연 2만 척으로 선두를 달리고 있으며, 수출도 프랑스 뒤를 이어 매년 2100척으로 요트 마리나의 세계최고의 강국으로 거듭나고 있다. 마리나수는 총 824개로 뉴욕(New York), 캘리포니아(California) 플로리다(Florida)주에 집중적으로 분포되어 있다. 또한 플로리다 반도는 1년 내내 쾌적한 열대성기후의 아름다운 해안으로 "세계적 휴양지"로 거듭나고 있다.

〈표 2-9〉 요트 마리나의 지역별 분포도

지 역	소 계	지 역	소 계
앨라배마(Alabama)	10	미시시피(Mississippi)	6
알레스카(Alaska)	2	미주리(Missouri)	8
애리조나(Arizona)	3	몬타나(Montana)	3
알칸사(Arkasas)	8	뉴햄프셔(New Hampshire)	14
캘리포니아(California)	82	뉴저지(New Jersey)	37
콜로라도(Colorado)	3	뉴욕(New York)	98
코네티컷(Connecticut)	20	노스 캐롤라이나(North Carolina)	33
델라웨어(Delaware)	4	오하이오(Ohio)	22
컬럼비아(District of Columbia)	2	오클라호마(Oklahoma)	14
플로리다(Florida)	91	오레건(Oregon)	11
조지아(Georgia)	15	펜실베니아(Pennsylvania)	10
하와이(Hawaii)	1	로드아일랜드(Rhode Island)	19
일리노이(Illinois)	12	사우스 캐롤라이나(South Carolina)	14
인디애나(Indiana)	10	테네시(Tennessee)	14
아이오아(Iowa)	1	텍사스(Texas)	20
켄터키(Kentucky)	23	버먼트(Vermont)	3
루이지애나(Louisiana)	2	버지니아(Virginia)	36
메인(Maine)	28	워싱턴(Washington)	17
메릴랜드(Maryland)	49	웨스트버지니아(West Virginia)	2
메사추세츠(Massachusetts)	20	위스콘신(Wisconsin)	9
미시건(Michigan)	37	총 계	824
미네소타(Minnesota)	11		

자료 : http://marinamate.com, marina-info.com

9. 캐나다

캐나다는 총 10개의 주와 3개의 준 주가 있으며 총 41개의 마리나로 이루어져있다. 캐나다는 밴쿠버(Vancouver)와 더불어 온타리오(Ontario)주의 동부의 토론토(Toronto)를 중심으로 세계에서 가장 아름다운 환경과 세계최고 수준의 삶의 질을 자랑하며 오대호 연안인 이곳에 마리나가 집중적으로 분포되어 있다.

〈표 2 -10〉 요트 마리나의 지역별 분포도

지 역	소 계	비 고
브리티시컬럼비아(British Columbia)	3	
노바스코샤(Nova Scotia)	3	
온타리오(Ontario)	29	
Prince Edward Island	1	
퀘벡(Quebec)	5	
총 계	41	

자료 : http://marinamate.com, marina-info.com

10. 기 타

〈표 2 -11 〉 요트 마리나의 지역별 분포도

국 가	소 계	비 고
홍 콩	7	
중 국	2	일조(르자오) 청도(칭다오)
말레이시아	1	
인 도	2	
총 계	13	

자료 : http://marinamate.com, marina-info.com

Yacht Tourism

Chapter

3

세계의 요트산업과 임대요트사업

- 제1절 세계의 요트산업의 현황
- 제2절 세계의 임대요트사업의 현황

요트관광의 이해

세계의 요트산업과 임대요트사업 제3장

제1절 세계의 요트산업의 현황

1. 미 국

피도니아 그룹(Feedonia Group)의 레크리에이션 보트에 관한 시장 조사 보고서에 따르면, 미국 내 보트 제조업체의 제조 액수는 지속적인 성장세를 통해 2008년에는 약 150억 달러 규모에 이를 것으로 전망한다. 이러한 조사는 보트에 구매 욕구가 가장 높은 45세 이상의 인구가 2008년까지 약 2배 이상의 증가를 할 것으로 추정하기 때문이기도 하다.

전체 수요 규모를 파악하는데 간접 자료로 활용되는 전체 등록 보트 수는 2001년 1,290만대로 총 보트수 1,700만대 중 약 75.9%에 해당된다. 주별 보트 등록 현황은 다음 표와 같다.

〈표 3-1〉 미국의 보트 통계현황

순위	주 명	등록수	분 포	순위	주 명	등록수	분 포
1	미 시 건	1,003,947	7.8	11	펜실베니아	359.525	2.8
2	캘리포니아	957,463	7.4	12	북캐롤라이나	353.560	2.7
3	플 로 리 다	902,964	7.0	13	미주리	335.521	2.6
4	미 네 소 타	826,048	6.4	14	조지아	327.026	2.5
5	텍 사 스	621,244	4.8	15	루이지에나	322.779	2.5
6	위 스 콘 신	575,920	4.5	16	미시시피	300.970	2.3
7	뉴 욕	526,190	4.1	17	앨라배마	262.016	2.0
8	오 하 이 오	414,658	3.2	18	워싱턴	260.335	2.0
9	남캐롤라이나	382,072	3.0	19	테네시	256.670	2.0
10	일 리 노 이	369,626	2.9	20	버지니아	240.509	1.9
					전 체	12,900,000	100

자료 : National Marine Manufacturers Association

미국의 2003년 레저용 모터보트의 수입은 7억 6천만 달러 규모였다. 국가별 보트 수입국의 현황은 다음과 같다.

〈표 3-2〉 미국의 보트 수입 현황

순 위	국가명	연도별 수입액(단위 : 천 달러)			국가별 비중(%)		
		2001년	2002년	2003년	2001년	2002년	2003년
1	이탈리아	102,700	126,100	175,700	15.9	20.1	22.9
2	캐나다	137,100	141,000	148,400	21.2	22.5	19.4
3	대만	137,200	126,800	115,500	21.2	20.2	15.1
4	영국	102,400	90,600	92,400	15.8	14.4	12.1
5	호주	45,100	31,900	45,300	0	5.1	5.9
전 체		647,400	627,900	765,900	100.0	100.0	100.0

자료 : National Marine Manufacturers Association

2003년 요트에 대한 미국의 지역별 수입은 전체 약 76억 6천 달러 중, 약 46.4%가 마이애미를 통해 수입되었으며, 시애틀, 뉴욕, 라레도(Laredo), 로스엔젤레스의 순이었다.

판매 업체의 전체 매출액은 약 80억 달러이며, 보트 대리점인 일반 보트 판매상(Boat dealers)이 39.8%로 가장 많고, 모터보트 판매상(Motor boat dealers)은 32.2%, 해양 통신 장비(Marine supplies, NEC)가 17.5%로 이들 업체가 89.5%를 차지하였다. 유통 업체의 관계자가 의하면, 30ft 미만의 소형 보트는 미국 내에서 생산 판매되고 있으며, 그 이상 규모의 제품은 해외 생산 및 수입 위주로 이루어진다.

〈표 3-3〉 미국의 주요 보트 판매 업체별 매출 현황

판매업체	대리점 수	종업원 수	매출액	점유율(%)
Boat dealers	4,221	18,709	3,195.0	39.8
Motor boat dealers	2,462	13,434	2,589.1	32.2
Marine supplies, NEC	1,743	8,115	1,409.3	17.5
Marine supplies and equipment	362	1,601	156.1	1.9
Outboard motors	361	1,241	154.5	1.9
Outboard boats	93	589	100	1.2
Inboard boats	72	375	88.7	1.1
Sailboats, unpowered	179	554	83.2	1.0
Total	9,963	46,410		100.0

자료 : National Marine Manufacturers Association

유통 구조의 특징으로 대리점은 일반적으로 중소 규모로 5명 미만 사업장의 대리점의 시장 점유율이 가장 큰 것으로 알려지며, 2개의 대형 유통 업체의 점유율은 전체의 1.2%에 불과한 것으로 조사되었다. 구매와 사후 서비스를 위해 구매자들이 소규모의 전문성과 신뢰성을 가질 수 있는 대리점을 선호하기 때문으로 분석된다. 이 부분에서 한국 업체들이 미국 시장에 나서기 위해서 제품에 대한 사후 서비스에 대한 대책을 충분히 검토해야 한다는 것을 숙지해야 한다.

현재 시장에서 판매되어지는 보트의 브랜드는 다양하다. 그러나 브런즈윅사(Brunswick Corp.)의 경우 그 아래에 Sea Ray Boats, Inc.와 Mercury Marine Group 등 기존의 사명을 유지한 자회사를 보유하고 있다. 이는 각자의 브랜드 마다 그 특성을 유지하기 위한 전략으로 판단된다.

대리점의 역할은 판매 뿐만 아니라 정비, 보수 등의 A/S를 제공한다. 소규모의 보트 제조사들은 고유 브랜드와 특성을 유지하며, 직접적으로 고객들에게 판매하기도 한다. 하지만 보트용 모터 엔진의 경우는 기존의 유명 브랜드를 선호한다.

지역별 제조지역은 캘리포니아의 경우, 중소규모의 보트 제조업체가 주 전역에 산재해 있으며 남가주의 샌디에이고와 롱비치(Long Beach) 주변에 많은 수의 제조업체가 밀집되어 있다.

2. 캐나다

현재 캐나다 국민이 소유하고 있는 보트는 약 2백만 대로 조사되어 진다. 종류별 통계로는 카누 637,350대, 세일보트 148,500대, 로잉보트[1] 349,650대, 아웃보드 보트(Out board Boat)[2] 823,200대 및 기타 보트 120,000대이다.

보트 산업에서 중요 요인인 운송비로 보트 가격의 약 7%에 속하기 때문에 제조업체는 약 800km 이내의 시장을 점유하는 것에 집중하고 있다. 보트 제조사들은 더욱 더 광범위한 시장을 점유하기 위한 소매 유통 경로를 개발하거나 선박 소매점에 직접 제품을 홍보하는 전략을 사용하고 있다.

일반적으로 보트는 다음 해 여름 시즌을 맞이하기 위해 가을과 겨울에 제조되고 있다. 그러므로 실제 수요가 예상과 다를 수 있다는 부담감을 가진다. 기업이 차년도 시장 예측

1) Rowing Boat－노 젓는 보트를 말함.
2) Out Board Boat－착탈식 엔진이 장착된 보트를 의미하며, 엔진이 선체내부에 탑재된 경우는 In Board Boat라고 한다.

에 실패할 경우 시장 점유율을 잃을 소지가 많으며, 수요가 증가하는 시기에는 신규 제조사들의 시장 진입이 급증하는 것을 관찰할 수 있다.

캐나다의 산업분류 기준인 NAICS(North America Industry Classification System)에서 모터보트 및 요트 등을 포함하는 수상 스포츠 장비는 보트로 정의되는 NAICS 336612군은 레저보트 산업 전반을 포함하고 있으나, 고무보트 및 뗏목 제조산업과 이미 조립된 보트의 금속부분 제조산업은 제외된다.

모터보트는 캐빈 크루즈(Cabin Cruisers), 인보드/아웃보드 보트를 포함하는데 1998년 수출액이 199백만 달러였다. 소형 보트와 세일보트 제조사들은 페달보트, 카누, 카약 및 공기 주입식보트와 같은 소형선박으로 수출 시장 점유율을 높이는데 성공하였으며, 특히 세일보트는 카타마란(Catamarans) 및 멀티헐(Multi-hull) 보트를 통해 수출액을 증가시켜 1998년에 1,650만 달러를 수출하는 성과를 이루었다.

캐나다 보트 출하량은 55%를 차지하며, 보트 수출액의 61%를 차지하는 개인수상장비는 퀘벡 주에 위치한 씨두(Sea-Doo)가 새로운 기술과 향상된 자재 도입으로 세계 시장점유율 확대에 성공한 것으로 나타내어진다.

인보드/아웃보드 모터보트산업의 국제시장 점유율이 미국, 일본과 스웨덴에 집중되어 있는 반면에, 개인수상장비 제조산업은 캐나다에 의해 주로 생산되어지는 것으로 나타났다. 보트산업의 대부분은 국내 기업들이며 대부분의 기업이 다양한 종류의 보트와 선박부품을 제조하는 중소기업이다. 보트 제조산업은 캐나다 전역에 제조시설을 두고 있으나, 온타리오 퀘벡 및 BC주(캐나다에 속한 주)에 편중되어있는 것으로 나타났다.

캐나다 레저 보트시장은 일반적 경제 활동이나 소득수준에 크게 영향을 받는 편으로 미국과 치열하게 경쟁하고 있다. 하지만 최근에 캐나다 보트 제조업체들의 과다 공급으로 인해 현재 캐나다시장의 급성장을 기대하기는 어려운 것으로 나타났다. 주문 제작되고 있는 고급보트는 모터보트분야에서 유망 분야로 보여지나, 단기수요로 인한 대다수의 제조사들이 수요가 가장 높은 5~6m 길이의 레저 보트를 제조하는 경우가 많다. 또한 현재 레저보트 제조사들이 자동차와 트레일러의 스타일과 색상에 맞추어 제작하여 소비자가 직접 원하는 색상을 선택할 수 있는 시스템을 적용하는 경우가 많다.

한편 HS 8903군을 대상으로 2003년 수입 시장규모는 2억 9170백만 US달러로 전년 대비 29.4% 증가한 것으로 나타났으며, 주요 수입 대상국은 미국으로 전체 수입시장의 91%를 점유하여 수입시장을 주도하고 있다. 나머지 수입시장은 프랑스, 영국, 멕시코, 중국 독일 등이 점유하고 있다.

한국의 경우 2003년 연간 수출액이 61만 US달러로 전년대비 14.5% 증가하였으나 수입시장의 1% 미만으로 현재까지 캐나다시장에 본격적으로 진출하지 못한 품목으로 분류될 수 있다.

〈표 3-4〉 캐나다의 보트수입 현황 (단위 : US달러)

	2001년	2002년	2003년
미 국	192,263,715	209,468,779	265,248,420
프랑스	4,641,997	3,233,234	5,232,733
영 국	967,684	1,291,123	5,173,841
멕시코	2,203	239,800	2,960,395
중 국	1,396,023	1,747,748	1,960,980
재수입(캐나다)	1,847,778	1,133,998	1,710,265
독 일	705,066	1,078,621	1,635,428
대 만	3,304,252	2,434,063	1,451,668
일 본	430,324	749,530	1,342,873
홍 콩	108,087	408,934	974,598
한 국	489,582	530,035	607,065
합 계	209,000,149	225,516,708	291,715,640

자료 : StatCanTrade Data

2002년 캐나다의 레저보트 종류별 수입은 공기 주입식 보트(HS 890310) 853만 US달러, 세일보트(HS 890391) 3,484만 US달러, 모터보트(HS 890392) 2억 3,912만 US달러, 기타 보트(HS890399) 715만 US달러로 모터보트 수입이 가장 많았다.

〈표 3-5〉 캐나다의 레저보트 종류별 수입 현황(2002년)

품 목	수입량($CDN)
공기주입식 보트	8,533,987
세일보트	34,843,588
모터보트	239,127,664
기타자료	71,516,081

자료 : Industry Canada

세일보트의 제조업체는 대부분 온타리오 주와 퀘벡주에 위치하고, 모터보트 제조사는 퀘벡 주에 위치한 제조사를 통해 공급되고 있다.

2001년에 기준, 레저보트 제조산업에 종사하는 업체는 365여 개로 6,000여 명의 직원을 보유하고 있는 것으로 조사되었다. 생산인력 중 1/3이 20여 개의 업체에 종사하며, 총 보트 출하량의 60%를 담당하고 있는 것으로 나타났다. 생산노동자의 비율이 1992년 84.2%에서 2001년 90.5%로 급증했으며, 행정직 인력이 급속히 감소한 것으로 나타났다.

1999년 출하량은 9억 2,500만 달러로, 모터보트가 40%인 3억 6,500만 달러, 아웃보드 보트가 5,500만 달러의 출하량을 기록했다. 보트 제조산업의 생산 인력당 출하량은 1992년 9억 9000만 달러에서 2001년 13억 8000만 달러로 증가하여 연평균 3.1%의 증가율을 나타내고 있다. 1999년 총 보트 출하량은 9억 2,500만 달러로, 이중에서 약 63% 이상이 수출된 것으로 기록되었다.

레저보트 제조산업의 총 소득은 1992년 약 2억 2,800만 달러에서 2001년 6억 6,600만 달러로 증가하여 연평균 12.7%의 증가율을 기록하였으며 2001년에는 같은 업종 산업의 순소득은 1992년 6000만 달러에서 2001년 1억 7,800만 달러로 증가하며 연평균 12.8%의 증가율을 기록하였다. 2001년에는 전년 대비 6.2%의 증가율을 나타냈다.

3. 네덜란드

네덜란드 수상스포츠연맹의 발표에 의하면 수상레저스포츠는 국가의 경제 상황에 별로 영향을 받지 않는다는 보고를 올렸다. 이미 경제상황과 별개로 보편화가 되었다는 의미이다.

45~55세의 연령대로 전체 인구의 19%에 해당하는 일명 베이비붐 세대가 주도적인 역할을 수행하는데 이들은 경제적 부의 40%를 소유하고 있기도 하다. 이 세대의 많은 사람들이 수상 레저스포츠를 즐기고 있다. 이 그룹이 1997~2002년 사이의 수상 레저스포츠 시장의 성장에 일조하였다.

수상 레저스포츠 산업은 직접 소비만 40억 유로(4조 9,269억원) 규모이다. 이 규모는 네덜란드의 농업, 연안 운송과 일반 여가 산업보다 큰 규모이다. 연간 1회 이상 수상 레저스포츠에 참여하는 인구는 150만 명 이상이다.

네덜란드의 수상 레저스포츠산업은 요트제조 등 17개 분야로 분류된다. 소형 모터보트와 공기 주입식 보트시장은 네덜란드의 주요 분야 중 하나에 속한다. 네덜란드에는 고속보트와 경기용 보트 이외에 레저보트에 대한 중앙등록기관이 없어 정확한 실태를 파악하기가 힘들다. 네덜란드 수상스포츠연맹은 업체의 요구에 따라 유료로 시장실태를 조사하지만 일반에 공개되지 않는다.

네덜란드에는 수상 레저스포츠장비를 유통, 판매하는 업체가 650여 곳이 있다. 이들 업체의 전체의 매출규모는 약 2억 5,000만 유로, 고용인원 약 1,850명이다. 이 중에서 소형선박 17%, 모터 13%, 의류 7%, 악세사리 27%, 로프 9%, 페인트 10%, 전자장치 4%, 서핑보드 3%, 기타 10%로 구성된다. 이 매출규모 중 1억 유로인 약 40%가 소형 모터보트와 공기 주입식 보트와 관계된다.

유통, 판매업체의 약 56%가 2000년, 2003년에 매출액이 증가한 것으로 나타났다. 이 기간에 수상 레저스포츠 유통, 판매 분야의 평균 매출액 증가율은 약 26%로 연간 약 8%의 증가 추세를 나타냈다. 2003년 증가율은 11%였다. 한편, 이 기간에 네덜란드의 경제 성장은 매우 부진하였다.

경식 공기 주입식 보트(RIB)는 갈수록 인기를 끌고 있다. 이 보트는 일반 보트와 단순 공기 주입식 보트를 합해 놓은 것처럼 가벼우면서 대단히 빠른 특징을 가진다. 원래 RIB는 전문 낚시용, 다이빙용과 기타 해상 전문용으로 사용되어 왔다.

다양한 종류의 RIB가 시장에서 구입 가능하다. 예를 들면, 큰 배로부터 부두까지 수송용으로 사용되는 것이다. 다양한 종류의 레저용으로 활용되며, 경주용으로도 사용된다. 경주용 RIB는 60노트 이상의 속도를 낼 수 있다. 네덜란드에서는 3m 미만의 보트가 가장 인기가 있으며, 세일요트 또는 모터요트의 부속 보트로 또는 레저용으로 인기가 높다.

네덜란드에서 공기 주입식 보트를 본격적으로 생산하는 업체는 없는 것으로 보이며 거의 전량을 수입에 의존하고 있다. 네덜란드 시장에서 판매되는 대부분의 공기 주입식 보트는 미국, 프랑스, 영국, 일본 및 이탈리아 제품이다. 네덜란드에서 가장 인기 있는 브랜드는 조디악(Zodiac)이다.

네덜란드에서는 다양한 종류의 소형 모터보트가 보트타기, 낚시, 수상스키 등의 목적으로 판매되고 있다. 대부분의 소형 모터보트를 운항하기 위해서는 운항면허가 필요하다. 시속 20km 이상의 보트는 운항면허가 의무적으로 요구된다. 보트 가격도 단순한 낚시용 보트의 수천 유로에서 초호화 고속보트 또는 전통 나무보트의 수십만 유로까지 다양하다.

소형 보트는 여섯 종류로 나누어지는데 낚시용 보트, 스피드 및 스포츠용 보트, 수상스키용 보트, 전통형 보트, 운하용 보트 및 슬로프 보트 등이 있다. 네덜란드에서 구형의 전통보트가 판매되고 있는 것이 특징이다. 다양한 종류의 모터보트가 네덜란드에서 판매되는데 인터넷에서 쉽게 찾아 볼 수 있다.

한편 소형 보트의 수입동향은 네덜란드 경제 상태를 반영한다. 네덜란드의 경제가 성장하면 소형 모터보트의 판매도 증가한다. 네덜란드에서 인기 있는 수입 보트는 스피드, 스포츠 보트의 경우, 야마린(Yamarin), 지노우(Jeannau), 코발트(Cobalt), 링커(Rinker),

스타크래프트(Starcraft), 리바(Riva), 바레타(Baretta), 베이라이너(Bayliner) 등이다. 낚시용 보트는 크레펀트(Crefent), 마피쉬(Marfish), 웰프칩(Werfschip), 아르보(Arvor), 씨마스터(Seamaster), 미토스(Mythos), 퀵실버(Quicksilver) 등이고, 전통보트는 중고로 판매되거나 신규로 제조되며, 종종 수입되는데 수입브랜드로는 스트림라인(Streamline), 다빈치(Davinci), 랩소디(Rapsody) 등이 있다. 운하용 보트는 대부분 중고 보트이거나 중소규모의 지역 브랜드가 대부분이다. 유명 브랜드로는 오우드휴이져(Oudhuyzer), 야마하(Yamaha), 에이프리아메어(Aprea Mare), 비울슬로에프(Vioolsloep), MLV, 매크마(Makma), 클리버(Clever), 멘켄(Menken) 등이 있다.

네덜란드는 2002년 항해용 세일요트를 864만 5천 유로 수입하고, 6,064만 6천 유로 수출하였으며, 항해용 모터보트를 약 1,500만 유로 수입하고, 약 2억 2000만 유로 수출하여 이 두 품목에서 수출이 압도적으로 많았다. 반면, 7.5m 이상급 세일요트를 2,053만 유로 수입하고, 662만 유로 수출하여 수입이 훨씬 많았으며, 7.5m 이상 모터보트는 2,788만 4천 유로 수입하고, 수출 2,329만 3천 유로 수출하여 수입과 수출이 비슷한 규모로 조사되었다.

〈표 3-6〉 네덜란드의 보트 종류별 수출입 현황 (단위 : 천유로, 대)

구 분		수입액	수입량	수출액	수출량
HS 89039110 세일요트 (항해용)	2000년	4,334	31	34,714	15
	2001년	18,418	34	30,663	22
	2002년	8,645	117	60,646	27
HS 89039199 세일요트 (7.5m 이상)	2000년	31,948	342	1,852	13
	2001년	16,356	167	1,764	21
	2002년	20,530	228	6,621	51
HS 89039210 모터보트 (항해용)	2000년	16,276	37	131,762	27
	2001년	27,438	29	174,499	19
	2002년	15,024	27	218,721	40
HS 89039210 모터보트 (7.5m 이상)	2000년	26,520	363	12,362	117
	2001년	22,401	222	22,396	262
	2002년	27,884	656	23,293	404
HS 89039999 기타 레저보트 (7.5m 이상)	2000년	–	–	–	–
	2001년	1,340	88	3,579	40
	2002년	2,102	47	5,085	68

자료 : Statistics Netherlands

네덜란드 요트 제조산업은 대부분 고객의 주문에 의한 맞춤 형태이다. 700여 개 업체가 있는데 그 중 90% 이상의 기업이 10명 이하의 고용인을 두고 있다. 전체적으로 약 7,000명이 요트 생산에 종사하고 있다.

요트의 구분은 일반적으로 24m 이상의 대형 요트, 그 이하의 소형 요트로 분류하는데, 네덜란드 수상스포츠협회에 따르면 네덜란드 요트 생산규모는 2002년 7억 1, 600만 유로에 달했다. 24m 이상의 대형 요트산업은 경제침체에 큰 영향을 받지 않고 증가한 것으로 판단되어 진다.

대형요트의 매출은 달러와 유로의 환율에 크게 의존하고 있다. 달러의 가치가 올라갈수록 가격이 떨어지기 때문이다. 2002년 네덜란드의 대형요트 4대 제조사의 총 판매액의 2억 7천 5백만 유로이었으며, 생산된 대형 요트는 전량 수출되었다.

24m 미만의 소형요트의 생산은 1997년~2002년 기간에 답보상태를 보였다. 이는 소형요트의 수요가 대형 요트에 비해 상대적으로 경기에 민감하다는 것을 반증한다고 본다. 1997년 이전의 호황 뒤에 소형 요트의 주문과 판매 모두 점차 악화되어 왔다. 결과적으로 2002년 소형요트 생산규모는 4억 4,100만 유로 수준에 머물렀으며, 이중 65%가 수출용이었다. 고용 면에서는 약 5,500명의 고용을 창출하는 것으로 나타났다. 네덜란드의 대형요트산업은 지속적인 경쟁력을 보유할 것으로 기대된다.

최상급 품질에 대한 소비자들의 인지도가 높기 때문에 요트시장에서의 확고한 위치는 당분간 큰 변화가 없을 것으로 보인다. 다만, 달러 환율의 변화가 장애요소가 될 가능성이 있다. 소형요트산업은 전문화와 생산 공정의 개선이 시급한 것으로 판단된다. 경기에 민감하다는 특성으로 인해 가격 경쟁력을 높이는 것이 시장 수요확대의 관건이 될 전망이다.

네덜란드에는 약 13개의 대형 요트제조업체들이 많으나, 로열 휴이먼(Royal Huiman), 비터즈 조선소(Vitters Shipyard), 존겔트 BV(Jongert BV), 홀랜드 요트보우 휴이먼(Holland Jachtbouw Huiman)이 가장 큰 시장점유율을 보유하고 있다.

소형 요트시장은 대형요트시장과 다른 양상을 보인다. 매우 많은 브랜드들이 있어 경쟁이 매우 치열하다. 베버리아(Bavaria), 베네토(Beneteau), 델러 컴프로미즈(Dehler Compromis), 지노우(Jeanneau) 등이 가장 널리 알려져 있으나, 시장을 주도하고 있는 상황은 아닌 것으로 보인다.

4. 이탈리아

해양스포츠는 과거 소수의 부유층의 스포츠로 여겨졌으나, 최근 몇 년 동안 관련 스포츠에 관심을 갖는 이탈리아인들이 꾸준히 증가하고 있다. 첨단 과학기술과 새로운 제작기술의 도입을 통해 2002년에는 이탈리아 레저용 선박 매출액이 약 15억 유로(약 1조 8,500억원)에 이를 만큼 대형 요트생산에 있어서는 세계 1위를 나타내고 있다. 해양스포츠 인구의 증가에 따라 이탈리아 정부는 관련 세금 축소 및 보트 및 요트의 등록절차 간소화 관련 법률을 최근 제정해, 시장이 크게 증가할 것으로 전망되고 있다. 이탈리아 생산의 80%는 해외로 수출되고 있는데, 이중 89%는 동력을 이용하는 기범선[3](선미의 추진기와 연결한 선내의 발동기 선박)이 차지하고 있으며, 5%는 세일보트, 4%는 아웃보드 모터보트, 2%는 고무 모터보트 등의 분포를 보이고 있다.

유럽은 이탈리아가 주요 수출 대상국으로 50% 이상을 차지하고 있으며, 미국이 32% 가량을 차지하고 있는 큰 시장이다. 프랑스, 미국, 영국 등이 주요 시장이나 아프리카, 아시아 지역에 대한 수출도 점점 더 증가하고 있다. 최근 5년 동안, 이탈리아 매출액은 약 두 배가량 증가하였다.

이탈리아 주요 요트제조업체로는 유럽최대 조선소를 보유하고 대형 요트 최대 생산업체인 아지무트-베네티(Azimut-benetti)와, 페레티 그룹(Ferretti Group)을 들 수 있는데, 이탈리아 주요 조선소는 모리니(Morini), 페라리(Ferrari), 코데카사(Codecasa), 페리니(Perini), 앤타고(Antago) 등이다. 돛배의 경우 모터 장착 배에 비해 상대적으로 소규모 전문적 시장(니치마켓 : Niche Market)을 형성하고 있는데 이탈리아 관련 매출액의 10%를 차지하고 있다. 주요업체로는 비아레조(Viareggio)에 위치한 페리니(Perini)를 들 수 있다.

해양스포츠관련 패션 브랜드로 노스세일(North Sails), 텔라에(Terrae), 헨리로이드(Henry Lloyd), 아우트레이지(Outrage) 등이 있으며, 생산의 85%는 이탈리아 시장에서 팔리고 15%는 수출되고 있다. 해양 지도는 씨맵(C-map)사가 4,130만 유로, 노비오닉스(Nobionics)사가 1,550만 유로 수준을 보이고 있다.

현재 전 세계적으로 선박업계는 소수의 제조업체에서 시장을 점거하고 있는 상태로 여가용 선박부분의 세계적 총생산액은 146억 유로이며 그 중 대략 10%에 해당하는 13억 8,800만유로가 이탈리아산으로 이탈리아의 선박사업은 계속적인 증가세를 보이고 있다.

2002년의 이탈리아의 총 매출액은 25.5%가 증가했으며 그 외의 국제선박업계의 성장률

3) In Board Boat - 엔진을 내부에 설치한 선박

은 10.4%의 증가를 보였다. 또한 이 분야의 선박사업의 마진율은 대체로 좋은 상태이나 이탈리아 업체들의 마진율은 타국의 업체들에 비해 마진율이 낮은 편이지만 높은 성장세로 인해 더 좋은 결과를 보이고 있는 상황이다.

2002년의 마진율의 성장을 전년 동기와 비교해 보면 이탈리아 업체는 4.7%에서 6%로 증가했으며, 외국 업체들은 8.2%에서 7.9%로 감소한 바 있다.

아메리카스 컵과 같은 국제적 스포츠 행사는 새로운 고객의 유치나 사업의 성장 면에서 선박업계의 매우 중요한 행사이다. 여가용 선박사업에서 이탈리아는 24m 이상의 수퍼요트 분야에서 세계의 선두로 2002년 전 세계적으로 제작되어진 505대중 170대가 이탈리아산으로 수퍼요트시장의 34%를 차지하고 있으며 그 뒤를 미국, 네덜란드가 잇고 있다.

한편 이탈리아는 선박그룹 3개사가 이탈리아산 선박 생산의 52%를 차지하고 있는데,

이를 살펴보면 총매출액이 페레티 3,330만 유로, 아지무트 3,120만 유로, 로드리게스가 1,1 40만 유로이다.

이탈리아는 이 부문에서 유럽 내에서 선두 자리에 위치하고 있으며, 세계에서는 미국 다음으로 2위이다. 이탈리아의 작년 이 부문 수출은 총 생산액의 78%에 달하는 16억 유로를 기록했으며, 전년대비 12% 증가했다.

이탈리아에 등록된 선박 및 보트들 중 60%는 10~16m 크기가 많다. 2001년 등록 선박 및 보트 수는 1,500개, 2002년 2,111개로 증가추세를 나타내고 있다.

이탈리아 생산에서 가장 높은 비중을 차지하는 것은 슈퍼 요트로, 세계시장에서 높은 시장 점유율을 보이고 있다. 2003년 전 세계 시장에서 24m 이상의 호화 선박 주문은 4% 정도 감소한 반면, 이탈리아에서는 5% 정도 증가했다. 1999년 70개 슈퍼 요트 생산, 2000년 100개, 2003년 170개, 2003년 178개를 기록했다. 지난 5년간 물량 면에서 154% 증가했으며, 세계 시장의 37%를 이탈리아산이 점유하고 있다.

이탈리아 선박 및 보트 생산에 비해, 항구 및 정박, 관련 서비스 등 인프라는 다른 유럽 국가들에 비해 뒤져 있다. 영국이 도트의 60%가 정박지가 있고, 프랑스 25%인데 반해 이탈리아는 15%에 그치고 있는 실정이다.

5. 스페인

스페인은 동쪽으로 연중 파도가 잔잔한 지중해에 접하고 있다. 이런 지리적인 위치와 강, 호수, 대서양 및 해협에 접근이 용이해 수상레포츠의 수요가 크다. 지난 2~3년간 보트

수가 2배 가량 증가했으며, 최근에는 보트운전면허 소지자가 10만 명을 돌파했다. 루이비통컵 대회와 같은 국제대회와 올림픽에서 스페인팀의 선전도 국민들의 관심을 끌어올린 계기가 됐다.

스페인의 등록된 보트 수는 2002년 기준으로 1만 737대이며, 지역별로 발레아릭스(Balearics)가 1,793대로 가장 많고, 다음이 팔라마스(Palamas) 1,371대, 바르셀로나(Barcelona) 1,048대, 아르메니아(Almeria) 882대 등의 순이다. 스페인은 인구 302명당 1대의 보트를 보유하고 있어, 인근국인 프랑스 48명 당 1대, 이탈리아 72명당 1대에 비해 보트 보유수가 매우 낮다. 3국간 소득격차가 점차 줄어드는 현상을 고려할 때, 스페인 보트시장의 성장가능성을 알려주는 수치이기도 하다.

스페인의 보트산업협회(Asociacion de Industrias Nauticas, ADIN)에 따르면, 스페인 시장에서 레저용 보트는 트레일러로 이동할 수 있는 9m 미만, 9~18m, 50m 이상 등 3가지 분류로 구분한다. 보트의 생산도 2000년 8,800만 달러, 2001년 9,100만 달러 등 지속 상승세를 보이고 있으며, 2002년 이후에도 매년 10% 내외의 성장세를 기록한 것으로 추산되고 있다.

스페인의 가장 저명한 해양 기업 회사의 대다수는 스페인에 있는 바다 레저 수요가 높은 곳에 밀집되어 있으며 세계적으로 빠른 증가를 보이고 있는데 과거 6~7년간 아주 긍정적인 국내 경제배경은 2006년 한 해 동안 아무런 미동의 표시도 없이 2005년의 시장보다 약 5%의 성장을 보였다. 이럼에도 불구하고 요트산업은 그 자체로 호화스러운 활동으로 간주하고 선체의 규격이 7.5m(25ft)가 되는 모든 배에 과세를 부담하고 있기에 무거운 세금 및 관련 법규의 엄격한 적용은 보트 산업에서 빠지지 않는 숙제이기도 하다.

레저용 보트시장은 크게 항해보트(모터 장착 및 미장착), 모터보트, 로잉보트, 카누 및 요트 등으로 나눌 수 있다. 전체 수입시장 중 미국산이 수입시장의 50%를 점유하고 있으며, 프랑스산이 15%, 이탈리아산 12%, 호주산 10%의 시장점유율을 보이고 있다.

항해 및 모터보트 수입시장의 경우 18m 보트가 가장 큰 증가율을 보였는데 2001년에 50%대의 증가율을 기록했다. 12~18m의 보트는 15.6%의 증가율을, 3.5~5m 보트는 12.1%의 증가율을 보였다.

수입시장에서는 미국산이 전체의 절반가량을 차지하고 있는 가운데, 카타리나요트(Catalina Yachts), 씨레이(Sea Ray), 셀러브리티(Celebrity), 베이라이너(Bayliner)와 하터라스(Hatteras)가 스페인 시장에서 잘 팔리고 있는 브랜드이다. 미국산은 보트에 제조책임자를 명시함으로써 스페인 소비자들로부터 신뢰를 얻고 있다. 기타 경쟁브랜드로는 호주의 리베리아(Riveria), 캐나다의 캠피온(Campion) 및 영국의 페어라인 프린세스(Fairline Princess), 프랑스의 베네토 요트(Beneteau Yachts), 지노우 요트(Jeanneau Yachts) 등이 있다.

6. 폴란드 요트 산업의 경제적 규모와 현황

1) 시장동향

폴란드에서 현재 등록된 세일요트는 900척이며 관광용 모터보트는 600대가 있다. 내륙용으로 등록된 요트는 2만 9,250대 인데 1999년부터는 등록을 강제하는 법규가 사라졌기 때문에 이 수치가 전체 요트 수를 반영하지는 않는다. 폴란드요트인협회(Yachtsmen's Association)에 따르면 약 5만 대의 요트가 내륙에 있으며 1,200척의 요트가 바다에 있다. 모터보트 또한 등록을 강제하는 규정이 없으므로 정확한 대수의 파악이 어려운데 폴란드 모터수상스포츠와 수상스키협회(Polish Association of motor Water Sports and Water Skiing)에 의하면 약 5만~ 20만대의 모터보트가 폴란드에 있다.

폴란드는 요트와 모터보트 수요의 1/3을 수입하고 있으며 연간판매규모는 3,000만 PLN~ 3,500만 PLN이며, 미화로 약 830만 달러~1,000만 달러정도 이다.

2) 생산동향

폴란드의 요트, 보트산업은 약 100여개의 생산업체와 수백 개의 협력업체로 구성되어 있고, 주요 수입부품은 전자시스템과 엔진인데 폴란드 글리비체(Gliwice)지역에서 생산하는 일본의 이스즈(Isuzu)사의 엔진이 점차 널리 쓰이고 있다.

요트와 보트의 생산량은 2001년 1만 6,000대에서 2002년 1만 9,500대로 늘어났으며 생산업체에 따라서 생산량의 85~97%를 수출하고 있다.

보트 제조 산업은 거의 100%가 폴란드 업체로 구성되어 있으며 좋은 품질, 디자인, 앞선 기술은 잔타르 요트(Jantar Yachting), 지노우(Jeanneau), 마린 파워 유럽(Marine Power Europe), 마빈 워터스포츠(Marvin Watersport)와 같은 세계적인 기업과의 협력덕분이다.

오스트로다 요트(Ostroda Yacht)는 1949년에 설립된 가장 오래된 요트제조업체이며 현재 지노우(Jeanneau)에서 소유하고 있다. 가장 인기 있는 모델은 Jantar 21, 23이며 Majestic 24Racer, Milenium도 생산하고 있다. 에이톨(Atol)모터 요트는 생산의 70%를 차지하고 있으며 대부분의 생산품은 지노우의 판매망을 통하여 프랑스로 수출하고 있다. 마주르스키

프르제지에비오르스투 프로더치노-부도우랭 J.W. 슬렙스크(Mazurskie Przedsiebiorstwo Produkcyjno-Budowlane J.W. Slepsk)는 New Classic 700, New Classic 950 등의 모터보트를 생산하고 있으며, 350명의 종업원이 있다. 생산제품은 주로 독일, 프랑스, 네덜란드, 벨기에에 수출하고 있다. 올렉코의 델피아(Delphia in Olecko)는 4~7.5m의 Cortina 종류의 모터보트와 Delphia, Sportina, Sportlake 종류의 요트를 생산하고 있다. 250명의 종업원을 고용하고 있으며 프랑스 키르케(Kirke)그룹과 협력하고 있다.

3) 수입 및 수출 동향

러시아로부터 수입이 급증한 이유는 폴란드 제조업체들이 제조설비를 러시아로부터 수입하기 때문이다. 이렇게 러시아에서 수입한 제품은 대부분 유럽국가들로 수출된다.

〈표 3-7〉 폴란드의 수입통계

HS 8903	2001	2002	2003
러 시 아	273	652,035	11,332,903
독 일	345,502	1,163,319	713,918
네 덜 란 드	101,891	82,256	260,745
이 탈 리 아	57,978	18,951	235,022
영 국	65,857	287,982	156,801
한 국	13,678	3,131	707
Total	3,206,532	3,771,596	14,695,112

자료 : Finnish Marine Industries Federation Finnboat

〈표 3-8〉폴란드의 수출통계

HS 8903	2001	2002	2003
러 시 아	15,187,545	15,704,130	25,591,472
독 일	14,574,716	12,663,723	17,388,504
네 덜 란 드	3,811,704	5,335,949	8,774,568
이 탈 리 아	2,055,176	2,535,603	8,372,178
영 국	2,162,085	2,851,819	7,543,341
한 국	95,055	441,850	20,945
Total	53,637,249	58,070,450	106,299,510

자료 : Finnish Marine Industries Federation Finnboat

7. 핀란드

1) 현 황

(1) 보트 시장

핀란드는 보트 건조에 있어서 오랜 전통을 가지고 있으며, 핀란드산 고급 요트는 세계적으로 지명도가 매우 높다. 핀란드에서 건조되고 있는 보트의 최근 특징은 갈수록 대형화되고 복잡한 항해 장비를 장착하고 있다는 것이다.

핀란드에서는 선외 엔진으로서 15KW/20마력 이상일 경우와 선내 엔진으로서 37KW/50마력 이상일 경우에는 반드시 등록을 해야 하는데, 현재 핀란드에 등록된 보트 수는 18만대에 이르고 있다.

핀란드의 인구가 500만이고 총 가구 수가 130만인 것을 감안하면, 등록된 보트를 통계적으로 볼 때 7가구 중 1가구 이상은 보트를 가지고 있는 것으로 바다나 호수가 얼어 보트를 사용할 수 없는 겨울이 6개월간이나 지속되어 1년 중 불과 4개월 정도밖에 즐길 수 없는 실정을 고려할 경우 보트에 대한 핀란드인들의 투자는 대단해 보인다.

이처럼 핀란드에 보트가 많은 것은 대부분의 가족들이 여름철에 호수나 바다 근처의 별장에서 2~4주 동안 지내고 있으며, 이 때 레저용으로 즐기기 때문인데, 핀란드는 3만 9,000km의 해안선과 18만 9,000개의 호수가 있어 자연 속에서 보트를 즐기기 적합하기 때문이다. 일반적으로 핀란드인들의 경우 처음에는 자동차를 그 다음 집, 그리고 여름별장을 각각 구입하고 최종적으로 보트를 구입하지만 최근의 젊은 층들의 경우 집보다는 보트를 먼저 구입하는 경우가 많아지고 있다.

지난해부터 핀란드의 보트시장은 더욱 활성화되고 있는데, 2002년의 경우 유로화 기준 판매량은 전년에 비해 19% 증가한 6,300만 유로를 기록했고, 이중 수입산은 약 24%를 차지했다.

〈표 3-9〉 핀란드 보트 판매현황(1999년, 2000년)

보트유형	크기(길이)	판매대수(1999)	판매대수(2000)
Sailboat	25ft 이상	52	70
Motorboats	8m 이상	89	105
Motorboats	5.5~8m	587	1,000
Other Boats	5.5m 이하	15,200	16,000

자료 : Finnish Marine Industries Federation Finnboat

유형별로 보면 5.5미터 이하의 소형 보트가 1만 6,000대로 대부분을 차지하고, 5.5~8m의 중형 보트는 약 1,000대가 판매되었으며, 8m 이상 대형 보트는 105대가 판매되었다. 또한 대형 요트는 약 70대가 판매되었는데, 이러한 비율은 해마다 거의 비슷한 수준을 보이고 있다.

현재 핀란드에는 약 200개의 보트제조장이 있으며, 보트제조장의 95%는 핀란드해양산업 조합내의 핀란드 보트산업협회 소속인데 협회에 따르면 매년 증가하고 있으며, 보트제조의 75%를 해외에 수출하고, 모터보트의 경우 생산의 약 절반정도를 해외에 수출하고 있다고 한다. 핀란드의 보트제조장은 핀란드 해안선을 따라 남서로 흩어져 있지만 생산의 절반가량은 오스트라보스니아(Ostrabothnia)에서 생산되며, 헬싱키 동쪽해안에 일부 집중되어 있다.

핀란드의 보트제조업체들은 대부분 영세하기 때문에 업계 간에 상호 기술개발과 해외시장개척에 협력하고 있는 것으로 알려지고 있다. 특히 핀란드 보트제조협회에서는 매년 뒤셀도르프 보트박람회(Boot 2001), 함부르크 보트박람회, 스톡홀름 보트박람회, 오슬로 보트박람회, 사우스햄프톤 보트쇼, 미국의 세일보트 쇼(아나폴리스) 등에 참가하고 있다.

핀란드에서 인기 있는 관련 전시회로는 헬싱키 국제 보트 쇼가 있다. 2월 기간 중 약 10일 동안 개최된 전시회에는 530종의 보트 모델과 관련 장비, 낚시용품, 다이빙 및 카누 관련 제품이 전시되었다. 방문객은 8만 9,000명에 이르렀고, 이중 60%가 남성이었으나 여성관람객도 전년에 비해 10% 증가한 것으로 나타났다.

최근 IT산업의 발달로 핀란드 보트제조 휴양회에서 운영하고 있는 판매 사이트가 인기를 끌고 있어 하루에 최고 3,000번의 방문을 기록하기도 하였는데 사이트에서는 각종 보트 및 요트, 카누 등의 다양한 보트와 브랜드, 가격 그리고 엔진과 중고보트에 대한 정보를 제공하고 있다.

핀란드인들의 경우 80년대 말까지만 하더라도 일부 광폭한 보트운전자들 때문에 속도가 빠른 보트가 인기가 있었으나, 여름별장이 위치한 지역별로 속도제한은 물론 소리가 너무 시끄럽거나 일정규모 이상의 보트출입을 제한하는 등 이용자들의 건전한 규제로 요즘은 용도 및 이용 빈도 그리고 가격과 레저시간 등을 고려하여 구매가 이루어지고 있으며, 그 때문에 렌트나 공공구입, 차터 등의 다양한 서비스 역시 등장하고 있다.

〈표 3-10〉 핀란드의 보트관련 업체현황

연도 / 구분	1993	1994	1995	1996	1997	1998	1999
선박 및 보트 제조수립업체	476	419	455	486	523	543	544
레저용 보트제조 및 수리업체	380	333	356	372	395	407	402
보트 및 보트용품 도매업체	51	49	45	49	48	51	51
보트 및 보트용품 소매업체	121	111	112	115	120	130	123

자료 : Statistics Finland, Companies by business areas

(2) 보트 수출입

핀란드에서 건조되는 보트 중 약 80%는 수출되고 있으며, 이중 요트는 약 60%를 차지하고 있다. 1990년 핀란드의 보트 수출액은 4,200만 유로였으며, 2002년에는 전년보다 20.5% 증가한 1억 8,100만 유로(7,500대)를 기록했다(Finnboat 통계 기준).

핀란드 관세청 통계는 Finnboat 통계와 다소 차이가 있는데, 관세청 통계 기준으로는 2002년도 수출액이 1억 5,900만 유로, 7,899대로 집계되고 있다.

주요 수출대상국을 살펴보면 해마다 지역별 수출비중이 큰 차이를 보이고 있기는 하나, 노르딕 국가와 독일, 미국 등이 주요 수출대상국이다. 관세청 통계를 기준으로 2002년의 경우 주요 수출대상국은 스웨덴(20.2%, 2,880만 유로-2,910대), 미국(19.8%, 2,600만 유로-203대), 노르웨이(12.9%, 1,770만 유로-2,579대), 영국(11.8%, 1,600만 유로-293대), 독일(5%, 720만 유로-491대) 순이다. 버뮤다나 영령 버지니아 군도 등과 같은 기타 지역에 대한 수출은 대수는 적지만 금액 면에서는 상당히 높은 비중을 차지하고 있다.

2002년 총 보트 수입은 1,640만 유로, 약 1,200대로서, 주요 수입국은 영국(460만 유로-57대), 스웨덴(290만 유로-427대), 미국(230만 유로-105대), 독일(120만 유로-17대) 순이다. 핀란드의 총 보트 판매량 중 수입산이 차지하는 비중은 약 24%이다.

(3) 수상오토바이(Personal Water Craft)

보트와 관련 있는 수상 운송수단으로서 수상오토바이는 2002년의 경우 전년에 비해 21.4% 감소한 165대의 판매량을 기록했으며, 119대의 수상오토바이가 발트 국가 등에 수출되었다. 수상오토바이 제조업체들은 신기술을 도입하여 기존의 제품보다 속도가 50%나 빠른 새로운 모델을 생산하고 있다.

(4) 보트 악세서리 시장

핀란드가 보트 건조에 있어서 강국이기는 하지만, 핀란드에는 선외 엔진을 제조하는 업체가 없으며, 디젤 엔진을 만드는 업체로는 시슈디젤(Sisu Diesel)이 유일하고, 워터제트(waterjet) 엔진을 생산하는 업체로는 2개사가 있다.

또한 보트용 레이더나 수중 음파 탐지기(sonar) 등은 핀란드에서 생산되지 않으며, 여타 많은 부속품들의 수요가 수입에 의존하고 있다. 단지 이동통신의 강국으로서 핀란드는 GPS(Geographical Pointing System) 기술 개발에 있어서는 많은 연구개발비를 투자하고 있다.

보트 판매량 증가에 따라 보트용 각종 전자장비 등 악세서리 판매량도 지속적으로 증가하고 있다. 관련 제품의 수입은 대형 유통업체의 일부 사업부서에서 이루어지든지 아니면 선박 관련용품 분야에서 오랜 전통을 가지고 있는 전문업체에 의해 이루어지고 있다.

2) 주요 보트 악세서리별 수입실적 및 수입상황

(1) 레이더

2002년 수입실적은 약 628만 유로로서 주요 브랜드는 후루노(Furuno), 레이마린(Raymarine),

〈표 3-11〉 국가별 수입동향 (단위 : 천 유로)

구분	2000	2001	2002
덴마크	32	29	3,261
스웨덴	499	577	734
영국	757	711	717
네덜란드	33	30	539
일본	213	352	465
미국	4,666	497	185
독일	368	1,895	160
이탈리아	97	266	132
프랑스	313	2,865	78
합계	7,088	8,327	6,267

자료원 : 핀란드 관세청 통계 (주) 민간항공기용 레이다는 제외

JRC 등이 있다, 주요 고급 수입제품은 레이다가 이미 장착되어 판매되며, 수입관세율은 3.7%이다(HS 코드 : 8526 10 90). 주요 수입상으로는 나비덕(Navidec Oy), 후루노(Furuno Oy), 위후리(Wihuri Oy Power Products), 살엔지니어링(SAL-Engineering Oy), 나브시스템(NavSytems Oy), AT-마린(AT-Marine Oy) 등이 있다.

(2) 수중 음파 탐지기(Sonar)

2002년 수입실적은 약 555만 유로로서 미국산과 영국산이 시장의 60% 이상을 점유하고 있다. 주요 브랜드로는 이글(Eagle), 휴민벌드(Humminbird), 후루노(Furuno), 심레이드(Simrad), 레이마린(Raymarine) 등이 있다, 어획 목적을 위한 수요가 갈수록 증가하고 있으며, 수입관세율은 3.7%이다.

〈표 3-12〉 국가별 수입동향 (단위 : 천 유로)

구 분	2000	2001	2002
미 국	1,052	1,159	2,058
영 국	1,387	1,522	1,418
덴 마 크	1,053	2,162	943
프 랑 스	358	388	329
일 본	99	299	176
핀 란 드	313	2,865	78
합 계	4,310	7,044	5,554

자료원 : 핀란드 관세청 통계 (주) 민간항공기용 sonar는 제외

수중 음파 탐지기와와 어군 탐지기(Echosounder) 등의 주요 수입상으로는 노르마크 수오미(Normark Suomi Oy), 머시너리(Machinery Oy), 살메리(Salmeri Oy), 후루노 핀란드(Furuno Finland), 나브코(NavCor Oy), 나브시스템즈(NavSystems Oy), 위후리(Wihuri Oy Power Products), 매리팀(Maritim Oy), OPM 칼라스투스타바이크(OPM Kalastustarvike Oy), AT-마린(AT-Marine Oy) 등이 있다.

(3) GPS 및 플로터(Plotter) 장비

2002년 수입실적은 약 58만 유로로서 주요 브랜드는 이글(Eagle), 후루노(Furuno), 인터페이즈(Interphase), 레이마린(Raymarine), 심레이드(Simrad) 등이 있다. 수입관세율은 9.3%이다(HS 코드 : 8527 90 980).

핀란드의 GPS 수입상으로는 US 파츠(US Parts Oy), 후루노 수오미(Furuno Suomi), 나브코(NavCor Oy), 위후리(Wihuri Oy Power Products), 나비덱(Navidec Oy), 메어딘(Meredin), 머시너리(Machinery Oy), 노르마크 수오미(Normark Suomi), 프라스티모 노르딕 앱(Plastimo Nordic Ab), 나브시스템즈(NavSystems Oy), 밴더넷(Vandernet Oy), 베스텍(Vestek Oy), 매리팀(Maritim Oy) 등이 있다.

플로터의 수입상으로는 위후리(Wihuri Oy Power Products), 머시너리(Machinery Oy), 후루노 수오미(Furuno Suomi), 나브코(NavCor Oy), OPM 칼라스투스타바이크(OPM Kalastustarvike Oy), 나브시스템즈(NavSystems Oy), 메어딘(Meredin), 트로일 마린(Troil Marin Oy), 매리팀(Maritim Oy) 등이 있다.

〈표 3-13〉 국가별 수입동향 (단위 : 천 유로)

구 분	2000	2001	2002
미 국	558	477	579
독 일	81	113	156
영 국	11	19	71
스 웨 덴	16	27	43
일 본	101	128	27
대 만	2	46	21
합 계	558	477	579

자료원 : 핀란드 관세청 통계 (주) 민간항공기용 GPS 및 Plotter는 제외

(4) 선외 엔진

선외(outboard) 엔진의 경우 2002년도 판매량은 전년에 비해 약간 증가한 1만 8,166개, 4,800만 유로를 기록했다. 갈수록 대형 엔진의 수요가 증가하고 있기는 하지만, 여전히 5마력 이하의 소형 엔진이 주류를 이루면서 금액기준 48.8% 비중을 차지하고 있다. 선외 엔진 중에서도 특히 소음이 적은 four-stroke 엔진이 65.4%를 차지했으며, four-stroke 엔진 중에서도 특히 90마력 이상의 대형 엔진이 39.4%의 판매량 증가를 보였다. 선내(inboard) 엔진의 경우는 총 704대가 판매되었으며, 모두 디젤 엔진이었다. 또 다른 유형의 엔진인 inboard sterndrive 엔진의 경우 총 860대가 판매되었는데, 이중 609대가 디젤 엔진이고 나머지는 휘발유 엔진이었다.

2002년 수입실적은 약 2,100만 유로로서 일본이 수입시장의 64%를 장악하고 있으며,

벨기에가 20%를 점유하고 있다. 벨기에의 점유율이 높은 것은 벨기에에 마리넷(Marinet) 사의 생산공장과 미국 머큐리(Mercury)사의 유통단지가 있기 때문이다. 2002년도 총 판매 대수는 1만 8,666개로서 이중 거의 절반이 5마력 이하의 소형 엔진이다. 주요 브랜드로는 야마하(Yamaha), 스즈끼(Suzuki), 마리너(Mariner), 머큐리(Mercury) 등이 있다.

〈표 3-14〉 325cc 이하 선외 엔진 수입동향 (단위 : 천 유로)

구　분	2000	2001	2002
일　본	4,345	3,726	3,255
벨 기 에	1,027	899	2,046
오스트리아			528
이 탈 리 아	26	468	408
태　국	32	6	276
네 덜 란 드	32	6	276
프 랑 스	177	19	99
미　국	386	328	24
합　계	6,309	5,702	7,010

자료원 : 핀란드 관세청 통계 (주) HS 코드 : 8407 21 10(수입관세율 : 6.2%)

〈표 3-15〉 325cc 이상 선외 엔진 수입동향 (단위 : 천 유로)

구　분	2000	2001	2002
일　본	5,197	3,645	2,764
벨 기 에	493	574	916
프 랑 스		164	736
미　국	991	176	107
네 덜 란 드		266	
이 탈 리 아	55	43	
합　계	6,743	4,876	4,537

자료원 : 핀란드 관세청 통계 (주) HS 코드 : 8407 21 91(수입관세율 : 4.2%)

핀란드의 선외 엔진 수입상으로는 봄바디어-노르드트락(Bombardier-Nordtrac Oy), 브란츠(Brandt Oy), 바토(Vator Oy), 테크노마린(Tekno-Marine Oy), 스즈끼(Suzuki) 독일법인 핀란드 지사, 수메코(Sumeko Oy), 케스코마린(Kesko Marine) 등이 있다.

〈표 3-16〉 30KW 이상의 선외 엔진 수입동향 (단위 : 천 유로)

구 분	2000	2001	2002
일 본	7,143	6,318	7,395
벨 기 에	1,115	2,008	1,069
네 덜 란 드	649	239	424
미 국	964	502	327
이 탈 리 아	22	26	2
합 계	10,012	9,231	9,410

자료원 : 핀란드 관세청 통계 (주) HS 코드 : 8407 21 99(수입관세율 : 4.2%)

8. 노르웨이

노르웨이의 보트 보유율은 국민 7인당 1대로 62만 5천대가 등록되어 있다. 바이킹 시대로부터 수세기에 걸친 선박 건조기술과 크고 작은 보트제조기술을 유산으로 이어받아 해양문화의 전통을 이어가는 노르웨이는 요트나 모터보트 1대쯤으로 소유하고 싶은 해양 지향국이며 해양 레저문화에 익숙한 국민들의 꿈이 있는 국가이며, 해양선진국이다. 해양레저문화가 이처럼 일반인에게 널리 보급되어 있는 만큼, 보트 제조업체의 규모도 상당히 큰 편이며, 2001년 일반요트와 파워보트를 포함한 관련제품의 판매량은 2억 2,500만 달러나 된다. 엔진 제조업과 해양장비, 그리고 관련 산업 교역과 서비스 등의 수출액도 5,600만 달러로, 이는 15년 전에 비해 2배 이상 증가한 수치이다.

노르웨이의 경기가 전체적으로 호황인 가운데 개인용 수상레저보트나 요트의 수요가 증가하기도 했지만, 직장에서도 퇴근 후 직원들의 친목도모를 위해 도시 근교 바닷가에서 작은 유람선을 타고 음주파티를 여는 경향이 많아지면서 이를 대행하는 전문업체도 늘고 있고, 이를 위한 보트의 수요도 증가하고 있는 추세이다.

보트를 구입하는 이유 중의 하나는 보트의 투자가치가 높다는 점이다. 현재 보트시세는 안정세이지만, 원유가와 철강가격의 상승과 1~2년의 건조 기간을 합해 전체적으로 연 4~5%의 가격상승이 예상되고 있다.

보트관련업체들의 단체인 노르웨이보트협회 NBF(The Norwegian Boat Federation : Norges Boatransjes Forbund)에 의하면 노르웨이는 보트 판매량과 매출액을 신고할 의무가 없기 때문에 정확한 통계를 파악하기 힘든 만큼 더 많은 수의 보트가 유통되고 있다고 판단할 수 있다.

2004년 상반기 노르웨이의 레저보트와 모터의 매출액이 전년 대비 37% 증가했다. 현재 보트, 모터 등을 수입하고 있는 야마하모터(YAMAHA Motor) 스칸디나비아사에 따르면 2004년 상반기 자사의 매출액이 보트엔진은 37%, 보트는 30%로 급격하게 증가했다고 한다. 최근 보트판매량이 급신장한 이유를 전문가들은 다음과 같이 분석한다.

- 노르웨이 보트 제조업체들이 판매가격을 낮춤으로써 가격경쟁력에서 늘 밀려왔던 스웨덴과의 시장경쟁이 가능해졌다고 점
- 국내 시장에서 구입할 경우 개런티 보장 확대와 A/S가 훨씬 강화되었다는 점
- 세계경제에 악영향을 끼치고 있는 전쟁-테러 공포가 노르웨이인들이 해외여행을 줄이고 국내에서 휴가를 보내면서 여유 자금을 보트 구입에 투자할 수 있게 되었다는 점

더구나 금리가 크게 인하하면서 전반적으로 경제사정이 좋아진 노르웨이인들이 레저문화에 관심을 가지게 된 것도 보트판매의 급증과 관계가 있다.

〈표 3-17〉 노르웨이의 레저보트 수입현황

연 도 / 국 가	2001년		2002년		2003년	
	금 액	대 수	금 액	대 수	금 액	대 수
키프로스	2,176,556	22	1,608,466	14	657,601	5
독 일	9,621,833	20	66,798,188	121	24,334,129	41
덴 마 크	5,631,409	3	4,434,587	14	8,215,148	23
스 페 인	2,382,165	2	2,255,516	10	1,105,596	3
핀 란 드	37,281,667	163	42,684,113	212	37,778,417	128
프 랑 스	9,185,971	42	11,470,111	38	11,579,597	42
영 국	86,965,388	60	95,599,150	52	151,207,598	73
이탈리아	22,936,635	35	38,633,658	101	22,541,877	31
일 본	-	0	180,885	5	795,059	17
리투아니아	571,345	2	901,376	7	6,190,643	33
폴 란 드	14,059,168	127	10,451,542	120	26,453,789	231
스 웨 덴	63,301,689	213	112,528,490	346	91,631,125	205
슬로베니아			43,986	1	380,305	1
미 국	19,349,234	90	12,784,284	76	31,342,603	144
합 계	284,630,556	817	410,706,725	1144	437,796,536	1039

자료 : SSB 노르웨이 통계청

노르웨이의 연간 보트판매량은 모터보트, 요트 및 각종 공기주입식 보트까지 포함하여 1만~1만 2,000대로 이중 25% 정도를 수입한다. 이중 모터보트가 가장 인기가 있다. 주요 수출입국은 영국, 스웨덴, 프랑스, 핀란드, 덴마크 및 미국이고, 아시아 국가 중에서는 OEM으로 중국에서의 수입이 증가하고 있다. 노르웨이의 레저보트의 수입과 수출은 〈표 3-17〉에서 보는 바와 같다.

〈표 3-18〉 노르웨이의 레저보트 수출현황

연도 / 국가	2001년		2002년		2003년	
	금 액	대 수	금 액	대 수	금 액	대 수
오스트리아	2,676,400	3	880,000	1	5,362,962	7
스 위 스	52,252,221	90	29,981,570	44	27,550,433	36
독 일	99,919,196	137	65,592,041	78	64,068,499	96
덴 마 크	16,466,193	58	27,224,668	45	1,855,309	32
스 페 인	35,708,390	26	21,865,080	21	13,826,762	11
핀 란 드	4,395,660	9	3,992,539	7	4,687,919	7
프 랑 스	13,439,963	19	20,006,691	13	12,448,867	11
영 국	44,336,612	57	57,051,444	57	42,211,356	45
크로아티아	1,113,670	2	3,799,410	4	5,576,923	6
이 탈 리 아	4,131,919	6	8,865,466	3	1,622,829	8
네 덜 란 드	37,898,031	88	29,054,531	55	35,202,086	65
포 르 투 갈	3,043,099	24	5,598,084	4	4,602,130	3
스 웨 덴	61,880,456	192	69,262,156	188	64,421,389	96
미 국	2,500,810	2	1,152,420	2	6,028,852	8
합 계	395,161,759	744	363,825,875	558	323,616,835	450

자료 : SSB 노르웨이 통계청

현재 노르웨이의 보트 제조산업 종사자는 약 1만 2천명이다. NBF에 가입한 업체들은 약 370개로 보트와 장비 제조업체 뿐만 아니라 보트설계업체, 딜러, 공급업체, 수출입 업체, 보트대여와 수리업체를 포함한다. NBF는 국제기구인 ICOMIA의 핵심멤버로 해양산업의 안전 수칙은 물론 환경보호에 이르기까지 국내외적으로 노르웨이 등 분야산업을 대표하는 역할을 수행하고 있다.

그러나 노르웨이가 보트제조에 전통과 노하우가 많다고 하더라도 높은 인건비로 인해 인테리어를 포함한 많은 관련부품, 모터 엔진 등은 수입에 의존하고 있어, 현재 보트관련 전

품목의 생산규모 대 수입규모의 비율은 40대 60이다. 또한 최근의 수요량의 급증으로 생산업체나 판매업체 및 중고시장이 수요에 대처하지 못하여 그 대안으로 보트의 수입 문제가 크게 대두되고 있다.

현재 노르웨이의 보트 생산업체는 50여사로 세계적으로 인지도가 높은 업체들도 많은 편이다. 대표적인 업체로 윈디(Windy), 바이크선드 보트비게리(Viksund Boatbyggeri AS), 스칸드 보트(Scand Boats), 바이크네스(Viknes), 하이드로리프트(Hydrolift), 아스케라던마린(Askeladden Marine AS), 한즈바이크(Hansvik AS), 폴라보트(Polar Boat), 니델브(Nidelv AS) 등이 있다.

매출액 기존 연수익 2억 2천만 Nkr의 윈디보트(Windy Boat)사가 최고 규모이나 수량은 연간 10대에서 50여 대로 큰 규모의 배를 생산하고 있다. 경쟁사로는 영국의 프린세스(Princess)사와 스웨덴의 림버스(Nimbus)사가 있다. 아스케라던(Askeladden)사는 연간 2,000여 대의 배를 생산하고 있으며 일반인에게 인기 있는 중소형 배를 제조하는 업체이다. 경쟁사로는 야마하 모터사가 수입 공급하는 쟌마린(Jan Marine) 보트와 미국의 라이더스(Ryders)사의 보트가 있다. 이외에 노르웨이 생산업체중 한즈바이크(Hansvik)사의 경우 연간 보트 생산량은 400대이며, 바이크즈(Vikes AS), 바이크선드(Viksund AS), 엔비보트(NB Boat) 등도 시장의 수요에 따라 100여 대의 보트를 생산 공급하고 있다.

현재 노르웨이보트협회(NBF)에 가입한 협회 회원들 중 약 100여개 사가 수입업자이며 주로 스웨덴, 대만, 중국으로 물품을 공급해오고 있다. 그러나 완성된 보트를 수입하는 것이 아니고 제조에 필요한 부품이나 모터 엔진 등을 수입하는 수준이다. 일부 한국 업체도 노르웨이에 수출을 모색하고 있는데 가격 경쟁력에서 중국에 비해 열세에 놓여 있지만 상품의 실용성과 안정성 및 경쟁력이 뒷받침된다면 가능성이 있다.

전에는 남성적인 디자인과 모터 엔진이 크고 호화로운 요트가 관심의 대상이었으나 지금은 가족 구성원 모두가 함께 즐길 수 있는 다용도 기능을 갖춘 가족용 보트가 인기가 있다. 주요 구매자 층이 경제적으로 상류층에서 일반 가정의 가장들로 35~55세, 그리고 가격은 1만 4,300~4만 3,000 달러의 보트가 가장 많이 팔리고 있다.

보트의 갑판도 오픈된 것보다는 폐쇄형을 선호하며, 실내장식이나 주방시설이 잘 갖춰진 이상적인 보트를 찾는데 이는 레저용이지만 스포츠를 위한 것이라기보다는 휴식용으로 사용하려는 경향으로 보인다.

9. 대 만

대만의 요트산업은 회복세를 보이고 있다. 기존 중소형서 대형 호화보트 건조로 경쟁력 확보추세가 뚜렷하고 이탈리아, 미국과 함께 대형 호화요트 건조 3대 국가로 도약하고 있다.

대만의 요트산업은 30년 이상의 역사를 가지고 있다. 대만의 요트산업이 전성기를 구가하던 1980년대에는 100여개 이상의 요트건조업체들이 활동을 하기도 했으며, 연간 1,500여대의 요트를 수출해 당시 금액으로 1억 9,000만 달러 이상을 벌어들이기도 했다. 숙련된 기술과 저렴한 노동비용에 힘입어 대만은 세계적인 요트생산 왕국으로 불리기도 했다. 당시에 대만이 수출하던 거의 모든 요트들은 길이가 30피트 이하인 중소형들로서 한 척당 평균가격은 8만 달러 정도에 달했다.

그러나 1990년대에 들어와 대만의 통화가 꾸준하게 평가절상되기 시작하고 토지가격의 상승과 임금증가 등으로 경쟁력이 떨어지면서 대만의 요트산업 경기는 내리막길을 걷기 시작했다. 90년대 말에 이르자 기존 요트건조업체들 중 약 70% 이상이 경쟁력 저하로 문을 닫았으며 나머지 약 20% 정도의 업체들은 그들 제품의 부가가치를 올리거나 새로운 시장을 개척함으로써 겨우 살아남을 수 있었다.

이런 대만의 요트산업은 2005년 한해 동안 1억 8,000만 달러를 수출함으로써 다시 회복의 조짐을 보이고 있다. 최근 들어 대만은 기존추세에서 벗어나 대형의 호화요트를 건조하는 쪽으로 방향을 선회하고 있다. 대만의 요트산업협회에 따르면, 최근 요트제조업체들은 척당 가격이 60만 달러에 달하는 길이가 60피트 이상 되는 선박을 주로 건조하고 있다.

일례로, 세계적인 부호들과 저명인사들이 대만의 요트제조업체들로 하여금 자신들을 위한 환상적인 보트를 건조하게 하고 있는데, 세계 10위권 안에 드는 요트제조업체인 호라이즌요트(Horizon Yachts)사는 700만 달러에 달하는 요트생산 주문을 받았는가 하면, 제이드요트(Jade Yachts)사는 한 유럽의 고객으로부터 척당 가격이 3,000만 달러에 달하는 슈퍼급 요트생산 주문을 받아 놓고 있다.

이에 따라 요트건조 수량은 줄어들었지만 대형의 호화요트에 보다 치중함으로써 대만 업체들의 수익은 급격하게 늘어나고 있는 중이다. 또한 유로화의 평가절상에 힘입어 많은 유럽의 요트딜러들도 대만의 건조업체들에게 돌아오고 있다. 2004년 중 대만의 요트제조업체들은 길이가 80피트 이상 되는 44척의 요트생산 주문을 받았다. 대만업체들이 주문받은 이 요트들을 일렬로 세우면 길이가 총 4,096피트가 되는데 이러한 수주물량은 세계적으로 이탈리아, 미국, 네덜란드 및 영국에 이어서 제5위의 생산규모가 된다.

아울러, 카오슝현의 신다항구 내에 약 46.5헥타르에 달하는 규모로 조성예정인 신다요트 산업공단이 완공되게 되면 대만의 요트산업은 더욱 더 탄력을 받게 될 전망이다. 이 공단이 개발되게 되면 동남아시아에서는 처음으로 조성되는 요트제조공단이 된다. 대만경제부내 산업 개발국의 예측에 따르면 15개사 정도가 이 공단에 9,500만 규모의 투자를 실현할 것으로 보인다.

공단이 완공돼 가동에 들어가게 되면 새로운 조선소들이 대만의 요트생산규모를 연간 3억 달러 수준으로 끌어올리게 되어 대만은 이탈리아 및 미국에 이어 대형 호화요트건조 부문에서 세계 3위로 도약하게 된다. 이 공단은 선박건조, 부품 및 액세서리 제조와 아울러 관련 서비스 기업 등 전후방 연관 산업까지 함께 유치해 약 2,000여명의 추가적인 일자리를 창출해 낸다는 계획을 수립중이다.

이와 같은 분위기 고조에 힘입어 대만의 요트제조업체들도 도합 4천 8백만 달러를 투자하여 그들의 조선소를 확장하고 현대화하여 국제시장에서 더 큰 몫을 차지할 수 있도록 할 계획이다. 대만은 건조기술에 있어서는 대만이 확고한 경쟁력을 유지하고 있어 이런 야심찬 계획이 현실화 되는 데에는 어려움이 없을 것 같아 보인다.

10. 뉴질랜드

항해의 도시(City of Sail)라 불릴 정도로 많은 요트가 있으며 스포츠와 레저생활이 전국민으로부터 각광받는 뉴질랜드 시장은 호주와 함께 전반적인 요트 수요는 매우 높아 시장성이 있는 품목으로 파악되고 있다. 이로 인해 최근 한국 기업들의 시장동향에 대한 관심이 높아지고 있고 수출 가능성을 확인하려는 요청도 점차 많아지고 있다.

그러나 뉴질랜드 현지에서의 조사를 통해 나타난 바로는 몇 가지 면에서 한국 제품이 진출하기에는 부족한 요소가 많으며 지금도 한국 제품의 수출은 아주 미미한 정도에 머물고 있는 것으로 나타났다.

현지 여건을 보면 일단 이들의 제조 능력과 수량은 매우 제한돼 있다. 요트는 물론 소형보트조차 몇 명의 직원이 많은 시간을 투입해 소량 제작에 나서고 있을 뿐이며 대부분의 공산품과 마찬가지로 요트와 보트도 수요의 많은 부분을 수입에 의존하고 있는 것이다.

이러한 규모의 영세성과 제작 수량의 한계로 인해 이들 업체들과의 협력을 통한 진출은 아직은 시기상조이며 수출에 대한 기대로 눈을 돌릴 수밖에 없는데 이것 역시 쉽지 않다.

뉴질랜드 업체들을 일부 접촉한 결과 한국에 대해서는 조선강국이라는 점을 인식하고 있

고 이미지도 좋으나 요트는 물론 레저용 소형 보트분야에서는 인지도도 높지 못해 시장 진출의 여지가 없다는 점을 알 수 있었다.

아래 통계에서 보듯이 뉴질랜드에는 아주 많은 제조업체가 있음에도 불구하고 실제로는 소량 제조에 그치고 있어 상당한 규모의 수상 스포츠 제품들은 해외에서 수입되고 있으며 인구가 400만에 불과한 점을 감안해 볼 때 큰 규모라는 점은 인정된다.

통계분류상 HS 8903은 카누, 소형 보트 등을 포함하여 아주 범위가 넓은 관계로 정확한 통계확인 및 분석보다는 시장동향 및 수요를 점검하는 것을 가능할 것으로 판단된다. 그러나 이러한 수입 시장은 호주와 미국의 점유율이 60%를 넘을 정도로 압도적이며 프랑스 영국 등이 소량 수출하는 정도에 그치고 있고 우리 제품은 구명정 등에 그치고 있을 뿐 요트와 보트의 수입은 전무한 실정이다.

최근 2~3년간 특징적인 것은 많은 공산품들이 세계의 제조공장이라 할 수 있는 중국으로부터의 수입이 급증하고 있다는 점이며 저가를 무기로 시장공략은 계속되고 있다는 점이다. 다만 통계상으로는 어린이 용품으로 사용되고 있는 소형 제품들도 동 품목군에 포함되고 있어 요트나 소형 보트만의 정확한 수입추계가 곤란하다는 점을 감안해 볼 때 요트 및 소형 보트의 정확한 시장분석은 쉽지 않다는 제약이 있다.

이 품목은 다른 공산품과는 달리 뉴질랜드에서 소규모이기는 하지만 제조되고 있어 산업보호 차원에서 정부가 관세를 부과하고 있으며 일반 관세율이 7%에 이르고 있다.

그러나 자유무역협정 혹은 관세협정을 체결한 호주, 싱가포르, 캐나다 등과 인근 태평양 도서국가 그리고 저개발국에 대해서는 무관세의 특혜를 부여하고 있다. 한국은 개도국(LDC ; Lower Developed Countries)으로 분류되어 GSP수혜대상 국가이며 이들 품목의 수입에는 일반 관세율보다 소폭 낮은 5.5%의 수입관세가 부과되고 있다.

위에서 본 바와 같이 시장여건과는 달리 한국 제품의 현지진출에는 많은 어려움이 있을 것으로 보여 점차 고조되는 관심과는 대조를 보이고 있다. 효과적인 진출을 위해서는 단기적으로 뉴질랜드의 소형 제조업체들과의 협력여부를 파악하는 것이 긴요하다. 중장기적으로는 현지 시장에 부합하는 제품의 선정 및 개발과 디자인 등에서 뉴질랜드인들의 기호에 부합하도록 해야 하고 가격과 품질 면에서의 우위를 입증하는 과정도 필요할 것으로 판단된다.

〈표 3-19〉 국가별 요트수입 현황

〈최근 3년간 수입실적(HS 8903)〉 (단위 : 백만달러, %, CIF 기준)

순 위	국가명	수입금액			시장점유율			증감율 (04/03)
		2002	2003	2004	2002	2003	2004	
0	총 계	31.41	59.19	73.55	100.00	100.00	100.00	24.25
1	호 주	8.92	27.68	26.98	28.41	46.76	36.69	-2.51
2	미 국	5.54	10.30	20.76	17.63	17.40	28.22	101.49
3	프 랑 스	1.40	3.12	4.48	4.46	5.27	6.08	43.52
4	영 국	1.24	4.10	3.62	3.95	6.93	4.93	-11.61
5	캐 나 다	1.02	1.84	3.07	3.24	3.11	4.17	66.49
6	대 만	3.08	0.66	2.63	9.80	1.12	3.58	298.04
7	독 일	1.60	1.12	2.22	5.11	1.89	3.02	98.66
8	일 분	0.99	1.80	2.08	3.16	3.03	2.82	15.61
10	이탈리아	1.65	4.06	1.45	5.26	6.85	1.98	-64.19
15	한 국	0.06	0.08	0.24	0.18	0.13	0.32	208.31

자료 : 뉴질랜드 통계청(Statistics New Zealand)

11. 영 국

영국은 현재 유럽 요트시장에서 2번째로 큰 시장을 형성하고 있다.

하지만 영국에서 1990년대 초반에는 모터보트의 구매와 항해용 요트의 구매가 감소하였고, 보트를 포함한 17억 2천만 달러에 달하는 장비와 부품를 포함한 전체적인 판매가 소리 없이 눈에 띄게 줄어들었다. 그리하여 많은 기업들은 노동인력을 정리하거나 어떤 경우는 오로지 사업적인 측면에서 행해지거나, 회사를 긴축형태로 경영하고 있다.

그러나, 해외시장에 설립한 제작자들은 파운드 평가절하로 인해 수출이 가속화 되었다. 이 커다란 수혜자는 대형 모터보트의 제작자들인 것 같다. 지금껏 항상 조각나 버린 산업이었던 소형 조선소들은 수출 비용을 견뎌낼 수 없게 되었고, 그들은 영국에서 수요가 있을 때까지 기다려야만 했다.

자연스레, 파운드의 평가절하는 특히 스칸디나비아와 벨기에와 같은 곳은 파운드가 절상됨으로서 이익이 증대되어 미국과 유럽대륙에서 직수입되는 것 또한 줄어들게 되었다. 영국의 보트산업은 그 수출시장으로 지탱되어졌다.

이렇듯, 1990년대 영국의 후퇴는 영국 건조업자들의 국내시장 점유율로 들어오는 프랑스의 유럽계 라이벌의 쇠퇴를 가져왔다. 베네토(Beneateau)와 지노우(Jeaneau) 같은 프랑스 건조업자들의 판매로 인해 아주 많이 판매량이 감소했다. 그들의 전형적인 생산품들은 회복된 아마추어 요트맨들에게 호소력 있게 다가갔다.

2000년 들어 영국에서는 점차 레저산업이 활기를 띄기 시작하였고, 시간이 지날수록 유로화가 영국의 파운드보다 강세로 돌아감으로서 유럽 수출에서 더욱 박차를 가할 수 있었다. 그러나 파운드에 비해 미국달러가 약세이므로 미국 수출에는 쉽지 않을 전망이다.

2004년에 영국 해양산업은 8.5% 상승하였다. 총 19억 9,400만 파운드를 넘어섰다고 BMF(British Marine Federation)는 발표했다. 1999년부터 2004년까지 6년 동안 지속적으로 성장해왔기 때문에 영국레저산업으로 인한 세금 수입도 57% 증가하였다. 특히 수출산업에서 놀랄만한 강세를 보이고 있다. 8억 3,900만 파운드를 수출함으로 인해 영국경제를 약 5.6% 증가시켰다. 2005년에 3.3%가 더 성장할 것이라고 영국해양연합은 낙관하고 있어서 처음으로 해양산업으로 인한 세금 수입이 20억 파운드를 넘어설 것으로 예상하고, 산업 종사자의 수는 대략 3만 명 정도 된다.

그러나 영국은 날씨의 영향을 많이 받기 때문에 상대적으로 국외 시장보다 국내 시장이 약한 편이고, 요트는 제작에 소요되는 기간이 길기 때문에 영국은행의 높은 이자율은 소형요트의 사업자들에게 어려움이 있다. 그래서 영국의 소형 요트제조업은 그 규모가 영세해지고, 요트산업발전의 불균형을 낳고 있다.

그러나 영국은 전년도보다는 성장속도가 더 느려지기는 했지만 여전히 꽤 높은 수준의 성장률을 보이고 있으며, 앞으로도 영국에서 전망이 밝은 분야는 초호화 대형요트를 제작하는 것이며 특히 수출제작을 위한 생산성은 영국요트산업의 지속적인 발전으로 전개되어질 것이다.

12. 싱가포르

싱가포르는 보트나 요트 같은 수상스포츠 장비에 대한 수요가 크게 증가할 전망이다.

싱가포르 남쪽 아래에 있는 조그만 섬 센토사(Sentosa) 동남 지구에서 개발 중인 센토사 코브(Sentosa Cove) 프로젝트와 또 바로 근처 해안가에 건설 중인 케펠만 캐리비안 콘도 주거단지(Caribbean at Keppel Bay), 그리고 바다와 연결되는 마리나 하구를 막아 저수장을 만드는 1억 4,000만 달러 규모 물막이 프로젝트 등 이 모든 여건이 장차 싱가포르에서 수상스포츠가 활성화되리라는 것을 예고하고 있다.

북유럽이나 남유럽 혹은 미국, 호주를 보면 해안가에 위치한 주택이나 콘도 바로 앞에 전용선석(Berth)이 마련되어 있어, 가족이나 개인용의 레저 목적 보트가 즐비하게 늘어선 모습을 볼 수 있는데, 싱가포르에서도 이제 그런 풍경이 현실화될 것이다.

지금 캐리비안 콘도는 공사가 상당히 진행되어 모습을 갖추어 가고 있다. 센토사 코브는 이제 시작 단계인 2008년경에 완성되고 나면 여기서만 단독 선석을 보유할 주택수가 500채나 된다. 그리고 마리나 저수장 안에서는 요트 같은 스포츠 활동이 적당하다.

싱가포르에서 개최된 '보트아시아 2005' 전시회 참가기업 중 처녀 출전해서 눈길을 끈 부스는 호비(Ho Bee)와 케펠랜드(Keppel Land)라는 두 업체였는데 호비는 센토사 코브 프로젝트 사업자이고, 케펠랜드는 케펠만 캐리비안 콘도 주거단지 부동산 개발업체다. 수상레저가 가능한 주거단지를 개발하는 기업들이 보트 전시회에 참가한 것이다.

"주택 바로 앞에 넓은 해양이 펼쳐져 있다면 바로 해야 할 일은 배를 장만하여 전용선석에 갖다 두는 것뿐이다. 이런 라이프스타일이 싱가포르에서 아직은 낯설겠지만 선진국에선 흔히 볼 수 있는 현상이다. 9~12m 길이 보트가 앞으로 싱가포르 수요에 들어맞을 것으로 보고 있다."고 보트 중개인이 자기의견을 말했다. "그리고 여기 입주할 사람들이 처음부터 보트를 소유한 경우는 아주 드물겠지만, 입주하고 나서 얼마 지나지 않으면 대부분이 보트를 구입해서 이를 즐길 것으로 본다."고 덧붙였다.

보트아시아 2005에 참가한 기업들은 "이제 수상레저 산업이 97년 저점에서 벗어나 호황기에 진입했고, 2004년에는 동남아지역에서 중고와 새 것을 다 포함해서 보트 거래규모가 근래 최대치를 보였다."고 이구동성으로 말했다. 하지만 싱가포르는 수상 스포츠를 즐기는 레저인구 수가 그렇게까지 크지 않다는 점이 다소 약점이라고 볼 수 있다. 하지만 해안 주택에 대한 관심이 계속 증가하고 경제가 더 활성화되면 해양 스포츠 산업은 여기서도 도약할 가능성이 있다. 앞으로 몇 년 동안 싱가포르를 포함한 아시아 지역에서 수상 레저 스포츠 장비에 대한 수요가 매년 10~15% 이상 증가할 것이라는 것이 업계 의견이다.

13. 중 국

세계 최고의 갑부들이 보유하는 최고 사치품목 중 하나는 아무래도 바다 위의 별장과 다름없는 요트일 것이다. 최상품은 한대 당 천만달러를 쉽게 호가하는 이 요트 제작 산업에 중국이 뛰어 들었다.

연어 사육장, 오리농장, 쓰러질 듯한 나무집들이 연안을 메운 중국의 진주강 어귀에 어울리지 않게도 대형 고급 요트제조장 Kingship Marine이 정식 오프닝을 가졌다. 이 공장은 현재까지의 중국시장을 고려할 때 조금 특별한 의미를 갖는다고 볼 수 있는데, 지금까지 소비가 많은 저가품목 제조를 마스터한 중국이 이제는 고급 품목 시장으로 그 발길을 돌리고 있다는 상징으로 볼 수 있다.

이미 고급브랜드 신발, 의류, 가구 제품들이 중국에서 만들어지고는 있지만 대부분이 중국 내에서 유통을 위한 제품 일부만이 수출되고 있다. BMW 또한 중국에 조립공장을 두고 있지만, 중국 내 유통만을 위한 것이고, 벤츠와 유명회사도 같은 목적으로 조립 공장설립을 진행시키고 있다. 하지만, 홍콩의 호텔, 부동산 업자가 설립, 운영하는 이 고급 요트 제조산업은 중국 내수시장을 전혀 고려하지 않은 사업이다.

중국의 경제붐으로 인하여 이러한 요트를 구매할 능력이 충분히 되는 갑부들이 늘어난 것은 분명한 사실이지만 그들은 자신이 이러한 재산을 보유하고 있다는 것을 내세우려 하지 않는다. 탈세와 부정거래가 성행하고 이로 인한 부자가 다수인 것을 고려할 때, 정부의 눈길을 끄는 일은 최대한 피해야 하는 것이 당연한 현상이라고 할 수 있다. 게다가 중국은 요트를 즐기기는 거의 불가능한 조건을 갖추고 있다. 대만과의 관계로 인해 중국은 레저로 해안선에서 요트를 즐기는 것을 강력히 제제하고 있다. 강은 주요 운송수단으로 사용되기 때문에 교통량이 많다. 또한 요트를 관리할 수 있는 요트기술자가 턱없이 부족하기도 하다.

중국에 33m 이상의 요트 유통시장이 발달되기까지는 적어도 10년 이상이 걸릴 것으로 전문가들은 예상하고 있다. 이러한 이유 때문에 Kingship Marine은 수출만을 내다보며 설립이 된 제조장이며 현재 두 대의 요트가 절반 정도 완성된 상태인데, 한 대는 이미 유럽의 업체가 구매했고, 다른 한 대는 미국이 예약중이다. 요트 제작 기술이 다른 나라에 비해 약 20년 가량 뒤떨어진 것으로 분석되는 중국의 시장 진출 전략은 역시 저가격 고품질이다. 이탈리아, 독일, 미국의 제품들보다 약 1/3 정도가 더욱 저렴한 가격으로 제품을 제작하고 있는 Kingship Marine은 남반구에서 가장 큰 요트업체 중에 하나인 호주의 골드코스트시티 마리나(Gold Coast City Marina)를 통해 약 20~25명의 관심 바이어와 체결한 상태이다.

이미 15대의 중국산 소형 요트를 판매한 골드코스트시티 마리나는 중국의 제품이 처음에는 커튼, 카펫, 밧줄걸이, 손잡이 등의 수준미달로 어려움을 겪었으나, 지적을 통한 수정·보완으로 인해 현재는 전체적인 품질에서 만족할만한 수준이 되었다.

중국이 새롭게 시작하려는 요트 산업에서 Kingship Marine 역시 세계 각국에서 기술과 자원을 도입하여 적용하고 있다. 설립 및 운영자금은 현재 홍콩에서 조달하고 있고, 싱가포르 출신의 세일즈/마케팅 전문가를 고용했으며, 네덜란드의 유명한 요트 설계사들의 디자인을 사용하고 있다. 선체는 네덜란드의 코러스(Corus)사에서 주조하고, 같은 지역의 멀티 메탈(Multi Metaal)사에서 외형을 만들어 오고 있으며, 엔진은 미국의 카터필러(Caterpillar)사에서, 발전기는 시애틀의 알래스카 디젤 전기(Alaska Diesel Electric)에서 공급받고 있다. 조명, 의자의 쿠션용 천, 샤워실 도어 스프링 역시 미국에서 수입해 오고 있다. 이렇듯 대부분의 부품들을 수입해 오고 있는 Kingship Marine이지만, 앞으로 계속된 중국의 기술발전으로 위의 제품들이 중국에서 생산될 것으로 내다보고 있고, 철판도 코러스사나 멀티 메탈사에서 공급받고 있는 부품들의 컴퓨터 데이터를 토대로 중국 내에서 제조가 가능할 것으로 보기 때문에 충분히 경쟁력이 있다고 판단하고 있다. 그리고 무엇보다도 중국의 싼 노동력이 원자재 값을 충분히 만회하고 있다. 총 200명의 직원들 중 비교적 임금이 높은 수위직 임금이 한 달에 120달러 수준이고, 가장 임금이 높은 기술자들이 월 600달러의 수준이다. 유럽의 기술자들이 일주일에 버는 것보다 훨씬 적은 액수지만, 중국에서는 상당한 고임금 수준이다. 대부분의 노동자들이 공장근처의 창고를 개조한 기숙사에서 숙식하고 있는데, 한방에 4명이 거취하고 있다. 이렇게 공장근처에 노동자들이 생활하고 있으면 공장을 밤낮으로 운영할 수 있고, 제품에 문제가 생겨 수정작업이 필요할 경우 재빨리 노동력 충당이 가능하기 때문에 중국에서는 그리 어렵지 않게 볼 수 있는 광경이다. 약 20년이 뒤쳐진 중국의 요트 제조기술은 아직 서구의 요트 업체들을 위협하지는 못하고 있지만, 이미 다른 산업에서 보았듯이 중국의 재빠른 기술 복제능력은 안심할 수 없고, 한번 기술 개발이 완성되면 국내에서 수많은 동종 업체들이 순식간에 펴져 나가는 것을 여러 번 봐왔기 때문에 20년이라는 숫자는 과장된 것일 수 있다. Kingship Marine사 역시 '잘 팔리기 시작하면 순식간에 카피되는' 중국 실정 때문에, 어느 정도 시장성을 지니고는 있지만, 중국 내에서 요트산업이 활성화되지 못하는 것이 다행이라고 여기고 있다고 한다(자료원 : New York Times).

14. 일 본

일본은 13년 동안의 경제 불황이 서서히 벗어나기 시작하면서 해양요트산업에 있어서도 낙관적인 견해가 보이고 있다. 그러나 1997년 이후 소비자 세금 증가가 5% 늘었기 때문에 소비자들의 소비심리가 여전히 위축되어 있다. 그리고 해양산업에 대한 회복세가 아직 입증되지 않아 여러 문제들이 있는데 그 문제들은 보트를 단지 여가인 문화생활로 보기에는 무리가 있다는 사회전반적인 분위기가 형성되어 있다는 것이다. 게다가 최근 들어 중국의 도전도 받고 있다.

국내해양시장에서는 은퇴한 노동자들의 비율이 증가하여서 요트 구입에 대한 소득세 뿐만 아니라 소비세가 더 증가하지 않을까하는 불안감도 존재한다. 그러나 이런 문제점들에도 불구하고 소형 선박 부분에서는 계속적인 성장에 대한 기대가 있다. 판매의 저조가 끝없이 추락한 시점에서 앞으로는 꾸준한 판매가 있을 것이라 예상되어진다. 현재 일본에서는 부유한 젊은 소비층이 중형요트에 대한 구매를 늘리고 있어 잠재적인 성장 가능성이 엿보이며 등록시스템이 복잡하지 않다는 점 또한 성장에 낙관적이다.

일본 요트산업은 중고 요트 시장이 굉장한 영향을 미치고 있다. 심지어 일부 대형 동력유람선들은 공급물량이 부족한 상황이다. 성장에 대한 잠재력을 인식하면서 JBIA(일본선박산업협회)에서는 현재 가장 유명한 해양 여행지에 44개의 해양선착장을 만들고 있다고 한다. 레저관광으로서 친숙한 환경조성을 위해 노력하고 있는데, 요트를 사치로 보는 문화적인 거부감이 관건으로 파악된다. 일본선박산업협회가 어부협회와 서약(구역 침범)을 한 것처럼 이러한 약속들이 문화적 거부감이나 발전을 저해하는 요소들로 작용되지 않고 장애를 극복하고자 하는 노력으로 되어야 한다. 일본해양산업은 앞으로 서서히 발전해 나갈 것으로 전망하고 있다.

15. 프랑스

프랑스 시장은 긍정적이고 부정적인 요소가 모두 공존한다.

보다 높은 가격과 질, 성능, 대형 호화 요트산업이 가장 잘 되어 있다는 평가를 받고 있다는 것은 긍정적인 부분이다. 그러나 이와 반대로 영국의 경우처럼 소형요트 제조나 생산성이 거의 없는 불균형의 상태라는 것이다.

프랑스 산업기구 FIN에 따르면 2005년 프랑스 요트 산업은 대략 7% 정도 성장했다. 그러나 이 성장은 큰 대기업의 활발한 참여로 인한 성공의 뒷받침이 있었기에 가능하였다. 그 기업은 바로 베네토(Beneteau)이다. 대략 프랑스 레저요트산업의 60%를 베네토가 잠식하고 있다. 2006년 전망을 보면, 요트산업이 좀더 성장할 것으로 보이나 실상은 그룹 베네토의 낙관에 따른 것이다. 지난해 프랑스에서의 요트 등록률은 1%만이 성장하였다. 현재 프랑스 요트산업은 요트 마리나가 부족하기에 모든 사람들이 이 부분에 대하여 불평하고 있다. 요트 산업은 성장하는데 배를 정박할 장소가 부족한 현상이다. 요트 판매상들은 이

부분이 해결되기만을 기다리고 있는 실정이다. 칸느와 파리 쇼에서 이러한 부분에 대한 문제점을 제기하여 이 문제가 해결되기를 본격적으로 요구하고 나섰다. 프랑스의 전망은 좋지도 나쁘지도 않은 상황이다.

제2절 세계의 임대요트사업의 현황

1. 영 국

1) PembrokeshireCruising(http://www.pembrokeshirecruising.co.uk)

Pembrokeshire 요트임대회사는 요트학교와 요트임대사업과 요트의 판매와 요트여행을 취급한다. 영국의 유일한 해양국립공원에서 운항을 하고 있고, 때 묻지 않은 자연과 아름다운 해안선을 전문가와 항해할 수 있다.

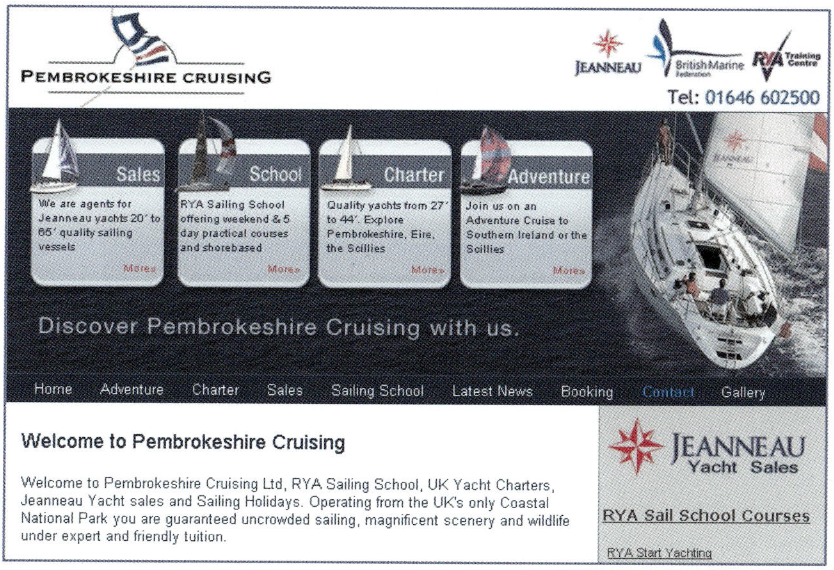

〈그림 3-1〉 Pembrokeshire homepage

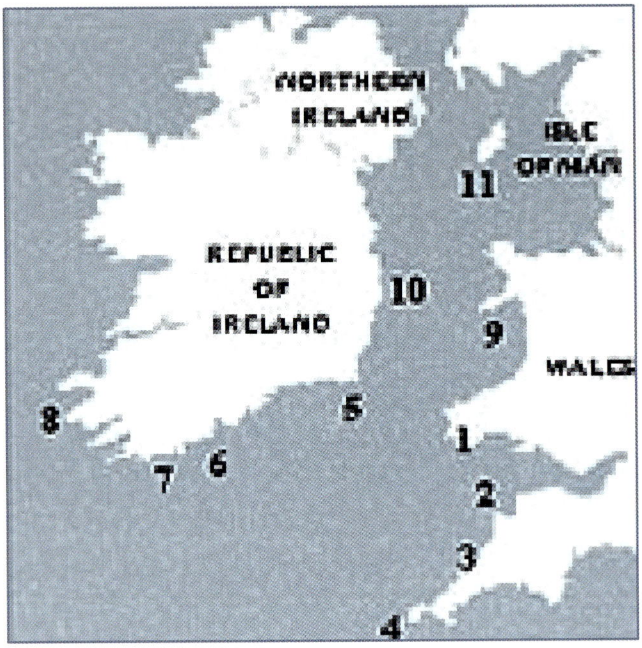

〈그림 3-2〉 주요항해지역

〈표 3-20〉 주요항해지역 거리

1. Neyland	1										
2. Lundy Island	44	2									
3. Padstow	76	40	3								
4. Tresco	120	94	65	4							
5. Kilmore Quay	66	92	114	130	5						
6. Kinsale	136	146	146	128	80	6					
7. Fastnet Rock	171	180	176	144	120	50	7				
8. Dingle	231	240	237	205	180	111	61	8			
9. Pwllheli	103	120	148	186	95	165	210	292	9		
10. Dun Laoghaire	116	142	170	200	84	165	207	265	78	10	
11. Douglas IOM	188	195	220	252	150	225	270	331	106	80	11

〈표 3-21〉 요금표

기 간	요트종류	전장(feet)	주말 2일	일주일	기 타
4월~9월	Hunter Horizon	27	£330	£750	£135
	Jeanneau Sun Odyssey	36	£615	£1385	£245
	NEW Jeanneau Sun Odyssey	37	£685	£1550	£275
	Jeanneau Sun Magic	44	£660	£1485	£265
10월~3월	Hunter Horizon	27	£285	£640	£115
	Jeanneau Sun Odyssey	36	£520	£1175	£210
	NEW Jeanneau Sun Odyssey	37	£595	£1350	£240
	Jeanneau Sun Magic	44	£560	£1260	£225

〈표 3-22〉 기타 요금표

방수복(Waterproofs)	£ 2.00 per day
슬리핑 백(Sleeping Bags)	£ 1.00 per day
선장(Skipper)	£ 90.00 per day
선외엔진(Outboard Engine)	£ 50.00 per week
보증금(Security Deposits on all yachts VAT not applicable)	£ 750.00(£1000 for 37')

2) Top Yacht(http://www.top-yacht.com)

가장 오래 정착되어온 영국의 많은 요트임대 여행 회사들 중에 하나인 탑 요트는 최고 품질의 요트들과 나무랄 데 없는 서비스를 전문으로 제공한다. 1981년 이후 탑 요트는 터키에서 선단을 관리해 왔다. 탑 요트의 선단들은 개인적으로 소유되며, 배의 설계와 장비들은 고객이 원하는 대로 해주고 있다. 탑 요트는 개인 소유의 요트를 이용하지 않고 대여를 원할 경우에는 무디 54(Moody 54)를 대여해 주고 있다.

〈그림 3-3〉 Top-Yacht homepage

〈표 3-23〉 요금표

GULET	C/W	길이	5월	6월	7월	8월	9월	10월
Kaya Guneri 3	8/8	29.80m	£816	£1,167	£1,387	£1,476	£1,167	£816
Yaselam	8/8	25.50m	£699	£859	£973	£1,140	£859	£699
Kaya Guneri 2	8/8	25.20m	£699	£865	£993	£1,168	£865	£660
Ulucinar	8/8	24.00m	£699	£859	£973	£1,140	£859	£699
Kaya Guneri 4	6/6	34.60m	£1,857	£2,088	£2,584	£2,584	£2,088	£1,857
Cevri Kaptan 2	6/6	26.00m	£675	£849	£1,044	£1,248	£934	£675
Tilsim 1	6/6	25.00m	£869	£976	£1,079	£1,276	£976	£869
Liarya	6/6	24.00m	£559	£736	£889	£1,010	£743	£559
G. lrmak	6/6	24.00m	£616	£718	£959	£1088	£806	£616
Ariva 1	6/6	23.00m	£532	£683	£813	£912	£698	£532
Cumhur	6/6	22.50m	£581	£775	£894	£1,096	£775	£643
Kaya Guneri	6/6	20.00m	£545	£623	£739	£884	£654	£552
Heaven	6/6	20.00m	£526	£650	£740	£875	£650	£526

Yadigar	6/6	20.00m	£471	£555	£669	£784	£576	£471
Sardunya	6/6	20.00m	£471	£555	£669	£784	£576	£471
Xenos 3	5/6	29.50m	£1,580	£1,849	£2,419	£2,419	£1,849	£1,580
Lady ipek	5/5	24.40m	£899	£899	£1,199	£1,299	£1,015	£759
Sirena	5/5	24.00m	£639	£771	£986	£1,096	£771	£639
Pavurya	5/5	18.10m	£373	£448	£538	£634	£455	£373
Xenos 2	4/4	24.00m	£742	£814	£996	£1,010	£869	£742
Xenos	4/4	20.00m	£602	£699	£912	£912	£771	£602
Melanurya	4/4	18.60m	£366	£442	£538	£644	£461	£367
Magnolia	4/4	17.30m	£353	£431	£519	£611	£431	£353
M. Barbaros	4/4	17.55m	£348	£423	£515	£576	£423	£348

3) Everard Yacht Charter(http://www.everardyachtcharter.co.uk)

〈그림 3-4〉 Everard homepage

Everard 요트임대회사는 영국에 본거지가 있고 그리스, 터키와 크로아티아에서 요트임대와 동지중해 요트의 승무원으로 일하던 유능한 직원들을 보유한 회사이다. 탑승 인원과 가격에 따라 배의 종류도 다양하다. 자신들이 보유한 요트에 대한 상세한 설명과 유능한 승무원을 바탕으로 하는 차별화 되고, 개별적인 서비스(윈드서핑, 제트 스키 등)가 특징이라 할 수 있다. 그리고 제공하는 음식이나 서비스가 고급화 되어 있고, 여행뿐만 아니라 비즈니스상의 요트 대여도 가능하다. 선상에서의 회의는 색다르면서도 효과적인 회의 진행이 이루어질 수 있을 것이다. 그리스 요트(Greek Yachts)와 홈페이지를 연동하여 그리스에서의 여행일정과 자세한 사항들을 살펴볼 수 있다.

4) Yacht Cruises(http://www.yachtcruises.co.uk)

짧은 코스로 포츠머스항구(Portsmouth harbour), 소렌트 지역(Solent area), 영국해협(English channel)이 주요 운항지역이고, 2005년부터 프랑스, 스페인, 포르투갈, 카나리군도(The Canaries)와 카리브지역으로 확대 운영하고 있다. 최고급의 럭셔리 요트가 운영되고 있으며, 매일 항해하는 선장과 승무원들은 모두 자격증을 가지고 있다. 또한 요트 스쿨을 운영하고, 코타리(Kotari) 요트를 이용 7일, 9일, 주말 크루즈로 즐길 수도 있다.

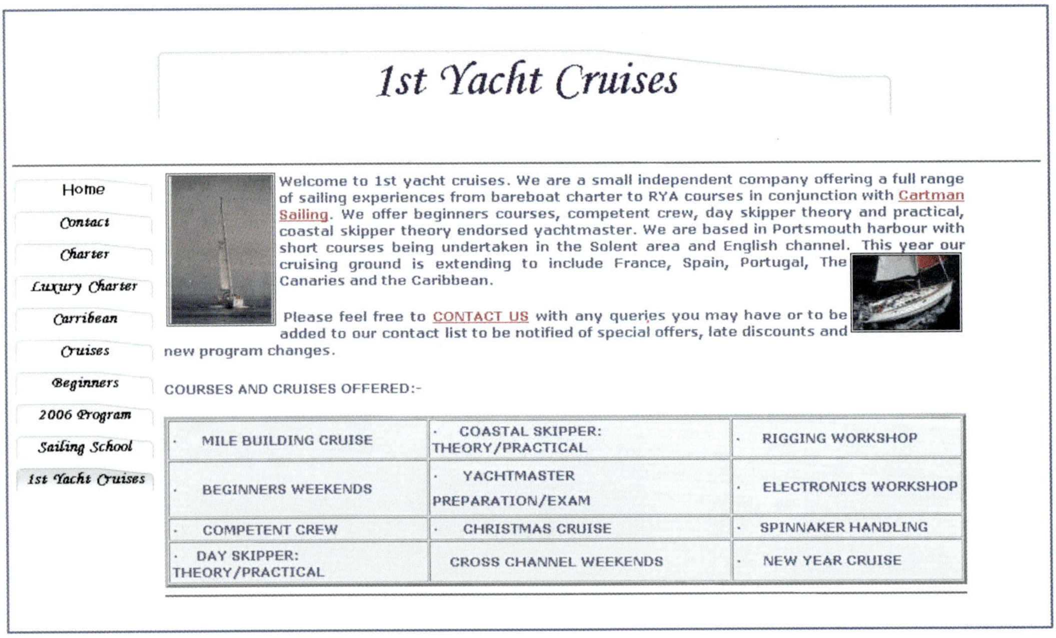

〈그림 3-5〉 Yacht Cruises homepage

〈표 3-24〉 요금표

선 명	조선사	길 이	선 실	침대수	건조년도	가 격	임대형태
MR TINKLES	BENETEAU FIRST 345	35FT	3	8	1987	£325 W/E	승무원 불포함
CARTMAN	BENETEAU FIRST 35S5	36FT	2	6	1991	£325 W/E	승무원 불포함
WHITE HAWK	JEANNEAU SUNFAST 36	36FT	3	8	1995	£425 W/E	승무원 불포함

LIONESS	JEANNEAU SUN CHARM 39	39FT	3	8	1989	£425 W/E	승무원 불포함
LADY LOSTRIS	JEANNEAU SUN ODYSSEY 43 DS	43FT	3	8	2000	£900 W/E	승무원 불포함
KARILIA	BENETEAU 50	50FT	4	10	1998	£1000 W/E	승무원 불포함
CHEETAH	JEANNEAU SUN ODYSSEY 49	49FT	3	8/14	2004	£1100 W/E	선장만 포함
KOTARI	JEANNEAU SUN ODYSSEY 49	49FT	4	10/14	2004		선장만 포함

5) Solent Yacht Charter(http://www.solentyachtcharter.com)

항해에 필요한 날씨 정보를 제공해 주고 있으며, BBC 기상 사이트와 연결을 통한 지역별 실시간 날씨 정보를 제공한다. 또한 항해 방법을 가르쳐 주는 요트학교로서 2~7일 동안 100마일 코스로 초보자들을 위한 교육시스템도 마련되어 있다. 요트를 이용하고자 하는 고객들로 하여금 요트에 대한 자신감을 심어주고 회사에 대한 신뢰감을 가질 수 있도록 도와준다.

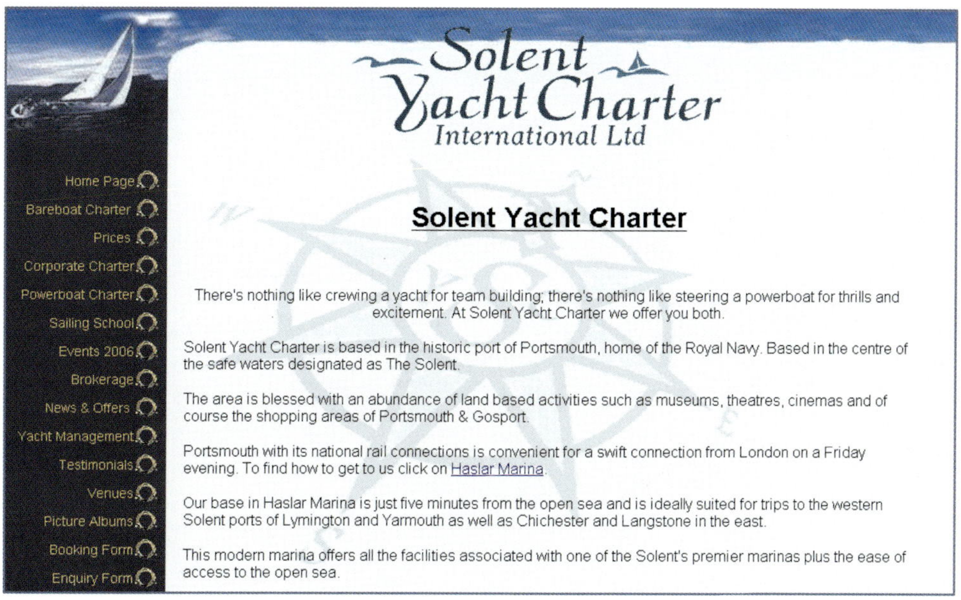

〈그림 3-6〉 Solent Yacht Charter homepage

〈표 3-25〉 요금표

디자인	건조년도	선 명	침대수	성수기	중간시즌	비수기
Jeanneau 49	2006	First Charge	12+2	Price	on	Request
Jeanneau 43	2001	Sparkling Spirit	11	£2150	£1835	£1520
Jeanneau 40	2001	Elle Dehors	9	£1800	£1520	£1265
Jeanneau 40	2002	Halcyon Sea	9	£1800	£1520	£1265
Jeanneau 40	2002	High Spirits	9	£1800	£1520	£1265
Jeanneau 40	2002	Just Jazz	8	£1800	£1520	£1265
eanneau 40	2002	Aqua Vitae	9	£1800	£1520	£1265
Jeanneau 37	2005	Trinco of Haslar	8	£1500	£1250	£1065
Jeanneau 37	2005	Dream Chaser	8	£1500	£1250	£1065
Jeanneau 37	2005	Northern Spirit	8	£1500	£1250	£1065
Jeanneau 37	2006	Merlin of Mylor	8	£1500	£1250	£1065
Jeanneau 37	2006	TBC	8	£1500	£1250	£1065
Jeanneau 34	2000	Ithaca	8	£1250	£1050	£900
Bavaria 46	2005	Malay Girl III	10	£2350	£2000	£1700
Bavaria 46	2005	TBC	10	£2350	£2000	£1700
Bavaria 44	2002	Aquarian Quest	10	£2150	£1835	£1520
Bavaria 40	2002	Toucan Tango	8	£1800	£1520	£1265
Bavaria 36	2004	Hayley Louise	8	£1450	£1250	£1025
Bavaria 36	2003	May Breeze	8	£1450	£1250	£1025
Bavaria 36	2005	No Optimist	8	£1450	£1250	£1025
Bavaria 34	1999	Malay Girl	8	£1250	£1050	£900
Dehler 39	2004	Renaissance	8	£1800	£1520	£1265
Hanse 371	2005	Aslan	7	£1500	£1250	£1065
Halberg Rassey 36	2002	Minke II	6	£1550	£1325	£1100
Sunseeker 46	2005		6/10	Price	On	Request
Prestige 46	2003	Kings Ransom	8/12	Price	On	Request
Prestige 46	2005	Blue Ray	8/12	Price	On	Request

6) Global-Yacht-Charter(http://www.global-yacht.com)

이곳은 요트와 차터요트의 예약을 담당하고, 요트를 판매하고 있는 사이트다. 또한 세계의 여러 나라를 요트와 차터를 이용하여 여행을 할 수 있기도 하다. 오직 인터넷만을 이용한 사업을 하는 곳이기도 하다. 수많은 요트를 보유하고 있으며 세계의 여러 곳까지 손길을 뻗고 있다.

〈그림 3-7〉 Global-Yacht-Charter homepage

7) Isicia II(http://www.sailaway.eu.com)

이시시아 Ⅱ호라는 전통적이고 호화스러운 항해 요트를 타고 여행할 수 있는 정보를 제공하고 있다. 이시시아 Ⅱ호는 혼자가 아닌 동료, 가족 등 여러 명이 항해하고 싶은 장소와 기간을 정해서 여행하는 것이 특징이다. 약 6명 정도 승선 가능하고, 2명의 선원이 동반한다.

항해 지역은 유럽 대서양 해안을 따라 서쪽 지중해연안의 장소까지 포함한다. 여행의 종류에는 밤에도 이동하여 200해리 이상 가는 항해, 특정 지역에서 많은 시간 휴식을 하는 여가 항해, 항해와 잠수를 같이 하는 항해 등 3가지로 구성되어 진다. 보통 항해기간은 7일이고 코르시카의 경우엔 14일 동안 할 수 있다. 또한 2주전 예약하거나 4명 이상의 단체, 일주일마다 2475£ 이상 임대할 경우 10% 할인된다.

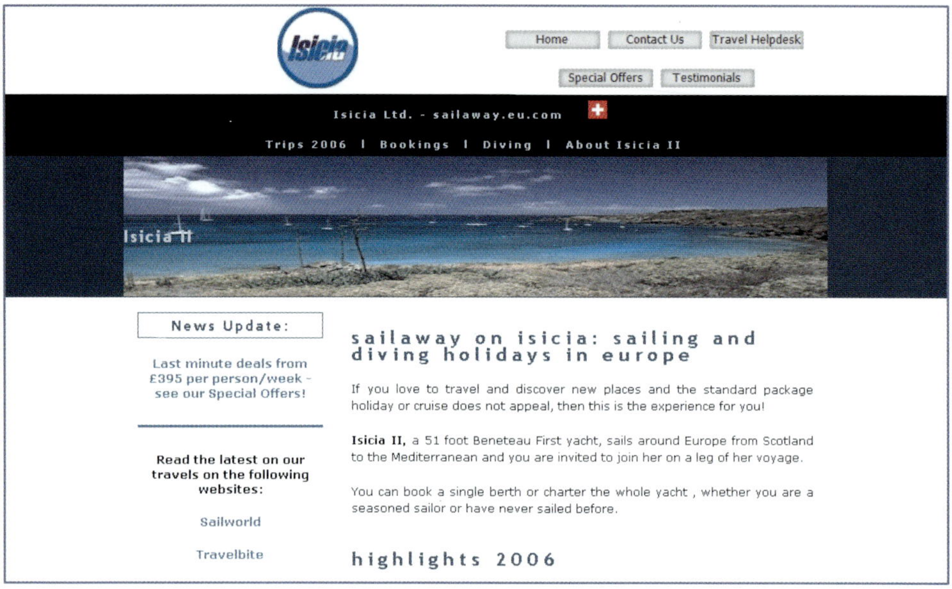

〈그림 3-8〉 Isicia II homepage

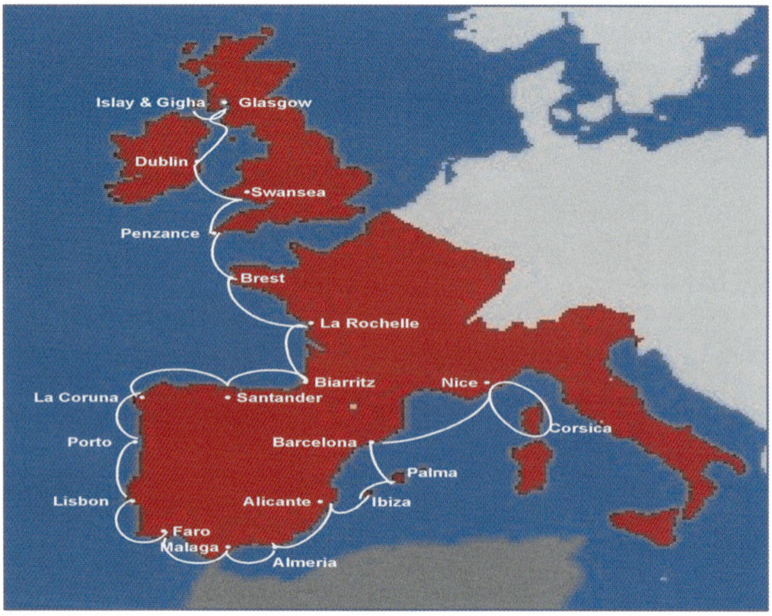

〈그림 3-9〉 Isicia II 항해경로

8) Boats4ever.com(http://www.boats4ever.com)

영국 남부지역의 가장 중요한 요트임대 회사 중 하나이다. 요트임대 외에 여러 종류의 보트와 선박판매에도 주력하고 있는 것이 특징이다.

해당 요트에 대해서도 선장의 이름을 실명으로 표기하여 신뢰도를 높였고, 항구와 운항지역이 여름과 겨울에 따라 나뉘어져 있다. 버진 아일랜드에서 정박하고 주로 캐리비안 지역과 뉴잉글랜드 주변이 운항 지역이다.

〈그림 3-10〉 Boats4ever.com homepage

9) CharterWorld.com(http://www.charterworld.com)

차터월드에서는 이탈리아, 프랑스, 그리스, 크로아티아, 터키를 포함한 지중해에서 호화로운 요트를 제공한다. 이 회사에서는 고급요트임대, 요트임대 휴가, 요트임대, 모터보트 등의 임대사업을 하고 있다.

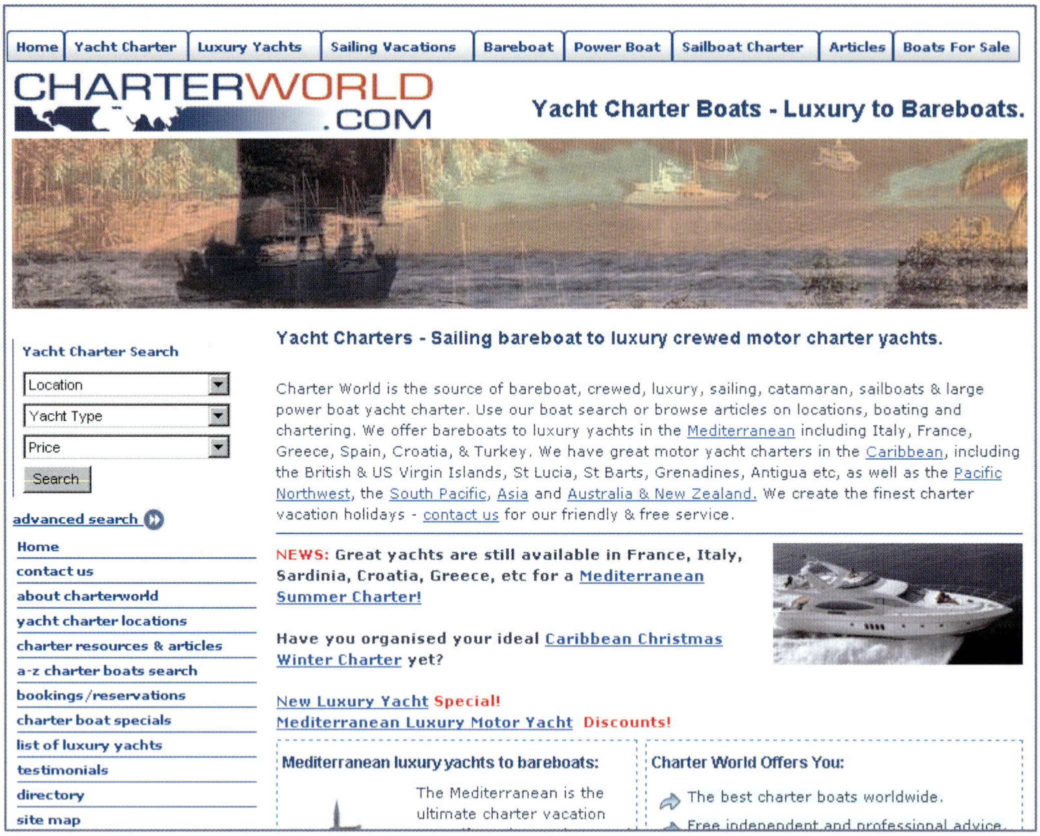

〈그림 3-11〉 CharterWorld.com homepage

2. 프랑스

1) YachtingPerformance S.A.R.L(http://www.yachting-performance.fr)

깐느의 도시의 중심에 있는 오래된 항구에 위치해 있으며, 주차장, 상점, 편의시설과 인접해 있다. 또한 니스국제공항과도 30분 거리에 있으며, 열차역은 항구로부터 5분 내에 위치하고 있어 여행을 더욱 편하게 만들어 준다. 이 회사는 그들 자신의 항로를 가지고 있고, 쾌적한 여행을 위해서 많은 노력을 하고 있다.

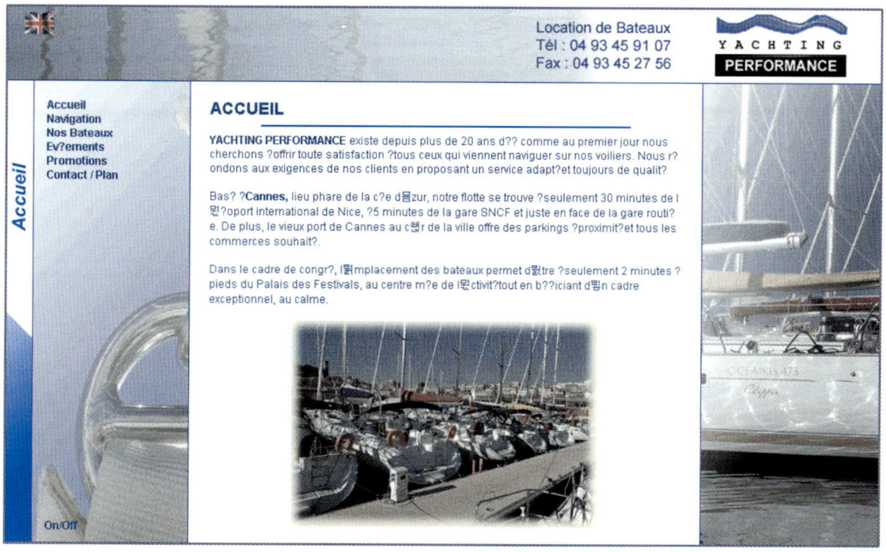

〈그림 3-12〉 YachtingPerformance S.A.R.L homepage

2) bookayacht.com(http://www.bookayacht.com)

bookayacht.com은 임대자들을 위해 많은 규칙들에 따라 보트를 고르고, 전문가와 관계를 이어주며, 최상의 상태로 임대를 위한 자문과 항해지역의 많은 정보를 제공한다.

〈그림 3-13〉 bookayacht.com homepage

3) Sparkling Charter(http://www.sparkling-charter.com)

브르타뉴 지역의 지리적 여건 상 카리브연안을 바라보고 있으며, 대서양을 지나가므로 대부분이 선원을 포함하는 크루즈형태의 임대사업이 이뤄지고 있다. 브르타뉴의 'DINARD'에서 출항이 이뤄지고 반대로 마르티니크와 과달루프의 항에서도 출항하여 브르타뉴 지역의 9개 항에 도달할 수 있다.

〈그림 3-14〉 Sparkling Charter homepage

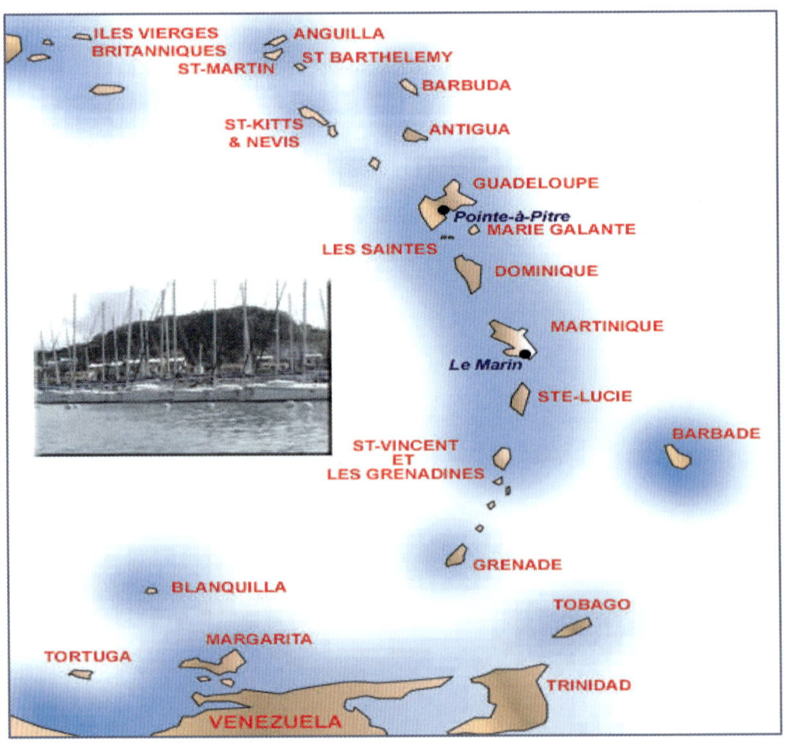

〈그림 3-15〉 Sparkling Charter homepage

4) Moody Yachts France(http://www.elmarine.com)

안티베(Antibes)와 깐느 사이에 위치해 국제공항과 30분 거리에 있다. 무디요트 프랑스는 프랑스, 모나코, 스위스 무디요트 프랑스의 배급자이다. 또한 프랑스의 리비에라(Riviera), 지중해, 카리브해, 전 세계를 항해할 수 있는 요트 임대 뿐만 아니라 호화로운 요트항해와 모터 요트의 중개업도 전문적으로 다루고 있다. 55대의 요트가 있으며 모두 임대가 가능하다.

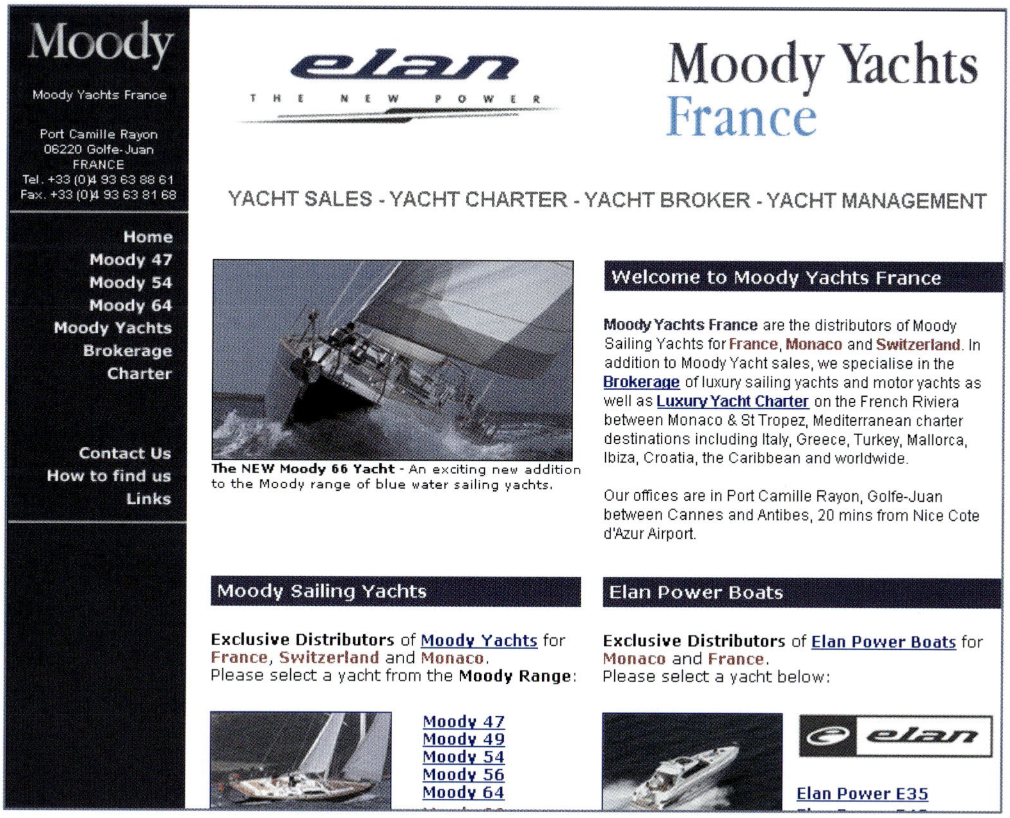

〈그림 3-16〉 Moody Yachts France homepage

5) AVP Yachting(http://www.avpyachting.com)

1993년부터 30년 넘게 프랑스를 대표하고 있는 요트회사로 40개 이상의 이용 가능한 요트를 보유하고 있다. 크게 카타마란 모터요트로 구성되어 있다.

〈그림 3-17〉 AVP Yachting homepage

6) Motyvel(http://www.motyvel.com)

루이 마듀란(Luis Mas Duran)에 의해 30년 전에 창립되었고, 현재 그의 아들에 의해 경영되고 고급 브랜드인 Dufour, Grand Soleil, Carnevall, ACM의 수입과 다양한 중고 요트·돛·모터의 구비, 목공, 전자회로, 전기설치, 엔진 유지보수 등의 전문가에 의한 수리와 시설 등의 서비스를 제공한다.

〈그림 3-18〉 Motyvel homepage

3. 스페인

1) Premier Yachts Spain(http://www.premieryachts-spain.com)

데니아 마리나(Denia Marina)와 이비자(Ibiza)에 새롭게 위치한 사무실에서 판매와 판매 보증, 정비까지 제공한다. 유럽이나 영국에서 판매중인 중고 보트를 찾고 있다면 항상 사무실을 통하여 판매대기 중인 다양한 보트를 구입할 수 있다. 볼보 펜타(Volvo Penta), 맨(Mann), 캐터필라(Caterpilla)에 대한 직원과 서비스 뿐만 아니라 전문적인 공인된 서비스와 보증을 자신하고 있다. STCW95와 RYA, Red Ensign은 전반적인 안전교육코스를 제공한다.

〈그림 3-19〉 Premier Yachts Spain homepage

4. 네덜란드

1) Maran Yachtcharter(http://www.maran.nl)

Maran Yachtcharter는 차터권을 25년 이상 보유한 경험이 있는 회사로서 50대 이상의 선박이 완벽하게 그들의 항구 안에 준비되어 있다. 항해는 호수와 그 지역 안에 편리하게 놓아 직접적으로 연결되며, 위치는 A7/A50의 접속점에서 무료주차를 한 후 10분 안에 이 회사의 항구에 도달할 수 있다. 그리고 어떠한 일이 일어날 것에 대비해 항해지역에 항상

도우미를 배치해 두고, 또한 다른 지역에서 문제가 발생될 수 있는 것에 대비해 연합 회사인 'Top of Holland'의 지원을 얻을 수 있도록 조치해 두었다.

그리고 자사의 모든 선박들을 매년 검사한다. 이 검사는 독립된 E.C.B(유럽 Certification Bureau)에서 하는데 이 연구소에서는 엄격한 규칙의 명세서를 작성하였다. 배의 전체적인 등급도 또한 검사되는데 모든 것은 연구소 연구원들에 의해 주의 깊게 검사된다. 고객들이 즐거운 항해를 최우선으로 하고 만약 불충분한 것을 느끼면, 임대하였던 배에 대해 지식을 얻을 수 있다. 그리고 대부분의 경우 3시간의 교육은 필요한 경험을 얻기에 충분하다.

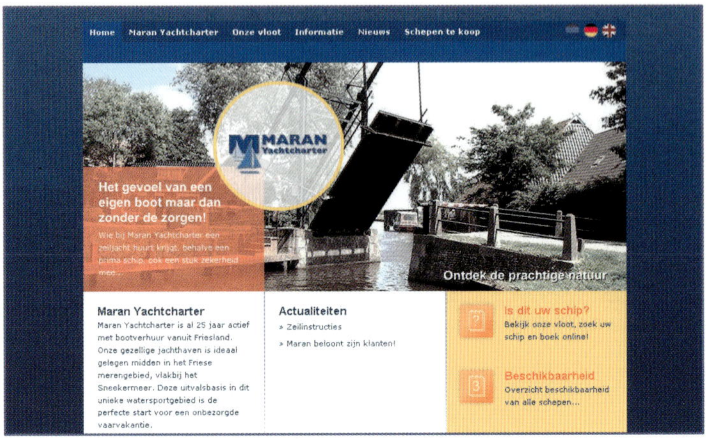

〈그림 3-20〉 Maran Yachtcharter homepage

〈표 3-26〉 요금표

Charges 2006 per week	10. 13~4. 07	4. 07~4. 28 9. 22~10. 13	4. 28~6. 30 9. 01~9. 22	6. 30~9. 01
Jeanneau S.O. 34.2	1040	1175	1295	1350
Jeanneau S.O. 26	630	725	825	865
Jeanneau S.O. 24.2	510	565	650	710
Friendship 33	855	985	1055	1145
Friendship 28 MK III	725	865	940	995
Friendship 26 Free	625	715	815	865
Friendship 26 Sport	515	575	675	725
Friendship 22 Free	445	525	590	635
Friendship 22 Sport	315	390	445	495
Bavaria 32 Holiday	930	1040	1115	1215
vande Stadt 27	495	555	610	675
Wibo 830 Extra	420	480	530	595

*요금은 유로(£)로 계산해야 하며 19% 세금이 부과된다. 또한 £400로 모든 선박의 보험을 들어야 하며, 카드(MasterCard, Visa) 사용이 가능하다

2) Frisian sailing(http://www.frisian-sailing.com)

2000년도에 신설된 회사로서 화려한 색채의 함대와 다양하고 유명한 조선소를 보유하고 있다. 개조되어진 고귀하고 호화스러운 객선으로 고객들을 끌어들이고 있으며, 레머(Lemmer), 스타보렌(Stavoren), 할겐(Harlingen)과 발트 해 지역 그리고 오랜 전통이 있는 도시들을 항해한다. frisian-sailing의 배들은 북유럽의 항구들을 방문하고 있으며, 학교 단체나 회사 단체, 그리고 가족이나 연인끼리, 그들의 고객이 되는 그룹의 특성에 맞게 프로그램을 운영하고 있다.

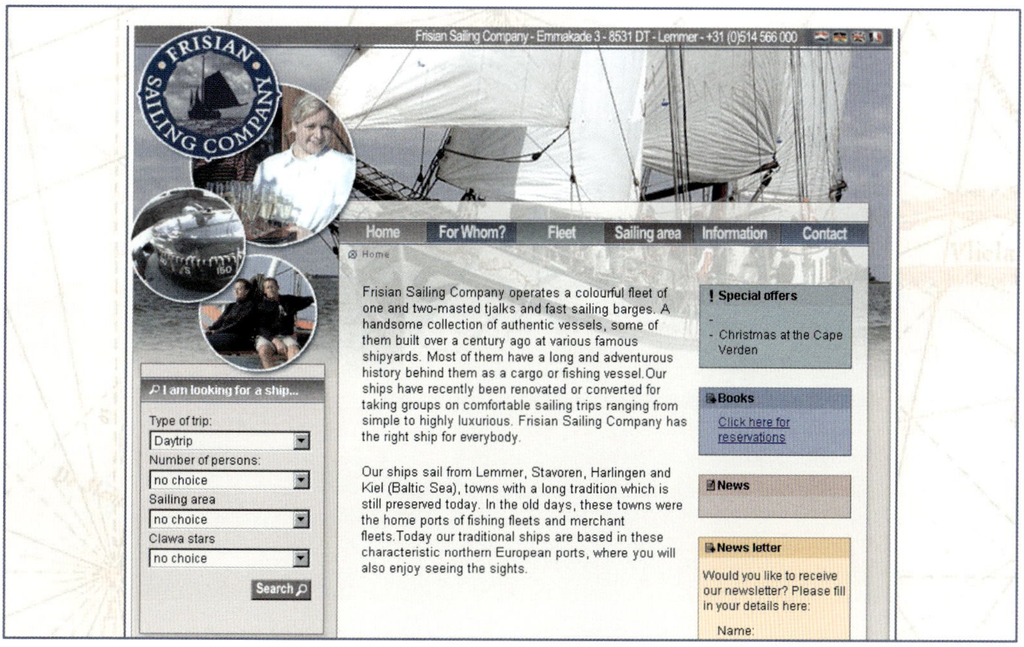

〈그림 3-21〉 Frisian sailing homepage

5. 터 키

1) Turkuaz-Guide.net(http://www.turkuaz-guide.net)

"Blue Cruise", 전통 터키식의 gullet에 의해 서남 터키의 아름답고 손상되지 않은 연안선을 탐험할 수 있는 경험을 제공한다. 태양, 수영, 좋은 음식과 성대한 풍경 아래에서 긴

장을 풀고, 맑은 물 위에서 새로운 모험을, 그리고 미지의 곳인 푸르른 관광지가 그 즐거움의 보답을 드릴 것이다. 편안하게 적응하며 얼굴을 매끄럽게 마사지 받으며, 다이빙, 스노클링, 또는 낚시와 같은 흥미로운 활동을 경험할 수도 있다.

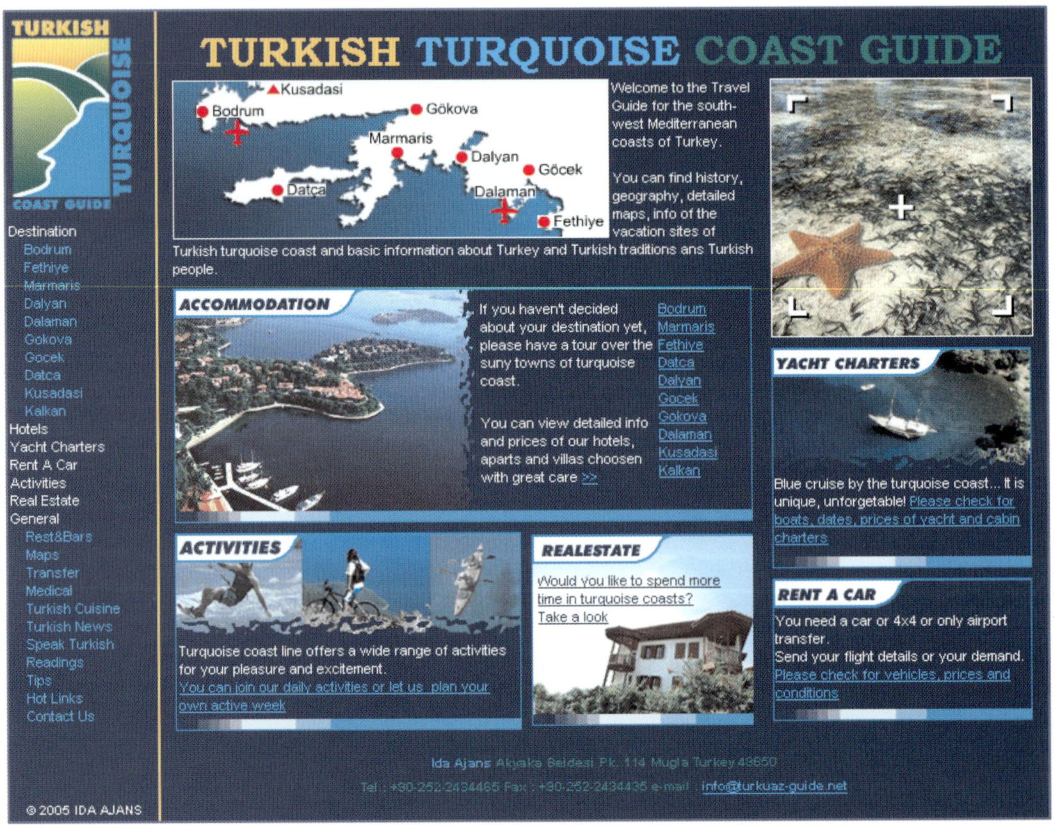

〈그림 3-22〉 Turkuaz-Guide.net homepage

2) Yachtingturkey.com(http://www.yachtingturkey.com)

좋은 해상여행과 놀라울 정도로 멋진 수목으로 덮인 소나무가 연결되어 있는 해양의 경관을 제공한다. Blue Cruise는 터키의 에게 해와 지중해연안 지역을 주로 항해하고, 선상 위에 올라 대륙쪽을 바라보면 태양, 바다, 역사를 두루 갖춘 환상의 지역을 보면서 그 낭만에 빠져볼 수 있는 최고의 여행이 될 것이다.

〈그림 3-23〉 Yachtingturkey.com homepage

〈표 3-27〉 요금표

가격표 (단위 : 유로)						
선 명	4월/5월	6월	7월	8월	9월	10/11월
Hera	400	455	520	575	455	400
Simgecan	600	650	700	700	650	600
Felix	850	850	1000	1000	850	850
Lara	460	540	650	750	600	460
Maranda	700	900	1000	1000	900	700
Okoto	900	1000	1200	1250	1150	900
Nurten	1625	1625	1750	1750	1625	1625
Galip	1500	1500	1650	1650	1500	1500
K.Sevket	1200	1400	1650	1875	1550	1200

6. 그리스

1) Yachting-Greece.com(http://www.Yachting-Greece.com)

그리스의 아테네에서 출발하여 그리스의 섬 미코노스(Mykonos), 산토리니(Santorini), 로데(Rhodes), 코스(Cos), 이타카(Ithaca)를 주요 운항거점으로 하며 크로아티아와 터키, 지중해연안으로 항해할 수도 있다. 메가요트, 모터요트, 세일요트 등의 임대 및 판매 서비스를 제공한다. 그리고 이외에 헬리콥터 서비스도 해주는 비교적 규모가 큰 종합 요트회사이다.

〈그림 3-24〉 Yachting-Greece.com homepage

2) S/Y Kyknos(http://www.yacht.gr)

S/Y 키크노스는 1990년 레이싱 크루즈요트의 45ft를 매우 성공적인 시리즈로 만들어 알려진 회사 중 하나인, 프랑스의 베네토(BENETEAU)에 의해 설립되었다. 그리스 주요 해안에서 세일링을 즐길 수 있으며, 승무원들은 고객들에게 선상에서의 흥분과 많은 즐거움을 제공해 줄 것이다.

〈그림 3-25〉 S/Y Kyknos homepage

〈표 3-28〉 요금표

기 간	1주	2주	3주	4주	보증금 환불
A	3,380	6,760	9,630	12,170	1800
B	3,130	6,260	8,920	11,270	" "
C	2,250	4,500	6,420	8,110	" "
기간 A		기간 B		기간 C	
2002. 7. 20 ~ 9. 13		2002. 4. 05 ~ 7. 19 2002. 9. 14 ~ 11. 10		2002. 4. 05 이전 2002. 11.10 이후	

7. 이탈리아

이탈리아 지역에서의 요트 임대회사 현황은 아말피(amalfi)지역이 50개로 가장 많았으며, 그 다음 시칠리아 섬(sicily)이 9개사, 지중해 6개사, 아드리아 해(adriatic) 4개사, 로니아(Lonian) 4개사, 에리안 섬(Eolian of islands) 3개사, 나폴리만 3개사, 살레르노(salerno) 3개사, 티레니안(tyrrhenian) 2개사, 베니스만 1개사 수순으로 되어 있다.

1) Sailing in Italy(www.sailing-it.com)

이 회사의 사무실은 로마 가리발디 거리 27번가에 위치하였고, 투스카니(Tuscany Archipelago), 코르세(Corse), 사르데냐(Sardinia), 폰자 군도(Ponza Islands), 나폴리(Naples Archipelago), 시실리(Sicily), 에어리안 군도(Eolian Islands), 에가디 군도(Egadi Islands) 등의 환상적인 항로를 항해하며, 지역의 신비로운 역사물들을 발견하며 고객을 즐겁게 해준다. 이탈리아 전국에 걸쳐 7개의 항구를 가지고 있고, 크로아티아 3곳, 그리스 3곳, 프랑스 2곳, 스페인 1곳을 가지고 있는 대규모의 글로벌 요트 회사이다.

〈그림 3-26〉 Sailing in Italy homepage

2) CATABOAT(http://www.cataboat.com)

캣보트가 운영하는 본사는 문화와 흥미 있는 역사의 놀랍고 아름다운 장소를 짧은 기간에 여행할 수 있는 최고의 출발지점이다. 최고의 아름다운 섬과 근접해 있는 테레니안 해(Thyrrenian Sea)는 항해하는 동안 풍부한 모험의 기회를 고객에게 제공한다.

〈그림 3-27〉 CATABOAT homepage

3) InterCharter(http://www.intercharter.com)

인터차터는 1995년 경쟁사로부터 살아남은 세계적인 요트 임대회사이다. 인터차터의 모든 요트는 가장 호화롭고 럭셔리한 것을 기본으로 만들어졌으며 능력 있는 요원들의 주의 깊은 관심과 세심한 관리, 그리고 전문성으로 만들어지고 관리되고 있다.

주요 노선인 카리브 해, 크로아티아, 이오니아 그리스(Ionian Greece)의 각 지역을 항해하면서 연계한 특색 있고 좋은 관광을 즐길 수 있을 것이다.

〈그림 3-28〉 InterCharter homepage

〈표 3-29〉 요금표

선 명	선체길이	지 역	목적지	성수기	중간시즌	비수기
Sun Odyssey 54 DS	16.75m	CROATIA	Zadar (Croatia)	Eu 6350	Eu 5500	Eu 4700
Sun Odyssey 52.2	16m	GREECE CYCLADES	Athens (Cyclades)	Eu 6700	Eu 6090	Eu 4450
Beneteau 510	15.5m	CARIBBEAN	Antigua (Leeward Islands)	USD 5295	USD 4495	USD 3395
Gib'Sea 51	15.5m	CARIBBEAN	Le Marin (Martinique)	Eu 5275	Eu 4250	Eu 2350
Bavaria 50	15.4m	CROATIA	Trogir (Croatia)	Eu 4500	Eu 4050	Eu 2400
Bavaria 50	15m	ITALY-TYRRHENIAN SEA	Olbia (Italy-Sardinia)	Eu 6075	Eu 4400	Eu 3075
Bavaria 49	15m	CARIBBEAN	Grenada (Windward Islands)	USD 5995	USD 4895	USD 3795

4) Bluesail Charter(http://www.bluesail.it)

〈그림 3-29〉 Bluesail Charter homepage

고객의 완벽하고 멋진 항해 휴일을 위해 투스카니(Tuscany)와 그 주변 경치의 아름다운 마술과 같은 푸른 빛 바다를 여행하기 위한 모든 주요 요소들을 제공해 준다. 그리고 가치 있는 상품을 저렴한 가격에 내 놓는 것이 특징이다. 또한 프랑스어, 영어, 스페인어, 독일어 등의 언어 지원으로 고객의 휴가를 가장 완벽하게 도울 수 있다. 곧 고객의 휴가에 초점을 맞추도록 블루 세일 차터는 다양한 추가 서비스를 제공할 것이다.

8. 미 국

1) Fraser Yachts Worldwide(http://www.fraseryachts.com)

젊은 데이비드 프레져(David Fraser)는 오랜 시간 일에 대한 열정과 노력으로 1947년 사무실을 열고 요트 중개업을 설립하였다. 오늘날 미국, 모나코, 프랑스, 뉴질랜드, 영국, 밀라노, 그리스, 그리고 러시아에 걸쳐 참여기업만 해도 100개에 이르는 기반이 탄탄한 회사이다. 연간 중개업으로 인한 수입으로 총 3억 5천만 달러 이상 판매한다. 임대사업을 위해 40척 이상의 요트가 일 년의 거래액 중 천만 달러 이상이 예약으로 이루어진다. 메가요트 크루즈 5척과 차터로 이용되는 요트는 모터요트 380척, 세일요트 119척을 현재 보유 중이다. 요트판매 사업으로는 모터요트 1395척, 세일요트 356척이 등록되어 있다.

〈그림 3-30〉 Fraser Yachts Worldwide homepage

2) Seven Sea Yacht Charter(http://www.sevenseascharters.com)

세븐 씨 요트 임대회사의 모기업인 세븐 씨 그룹은 19년 이상 기업을 이끌어 왔다. 게다가, 카리브 해에서 소형요트 항해를 전문으로 다루는 버진아일랜드 세일링사를 운영하고 있으며, 전 세계적으로 임대요트사업을 해오고 있다. 세븐 씨는 미국 플로리다주(주) 중서부에 있는 휴양도시 새러소타 남부 노코미스(Nokomis)란 곳에 사무실이 위치해 있다. 세븐 씨의 요트 중개업 회장을 맡고 있는 팀 넬슨(Tim Nelson)은 100피트 이상의 럭셔리 메가요트를 전문화시켰다. 요트 차터부분은 크게 모터요트(779척)와 세일링요트(132척)로 나뉘어 운영되며, 소형, 중형, 대형 등 크기별로 잘 분류되어 있고, 요트 종류도 매우 다양하다. 운항지역은 바하마, 플로리다, 캐리비안, 뉴잉글랜드, 미국서부연안, 푸켓, 태국, 지중해, 그리스, 터키 등이다.

〈그림 3-31〉 Seven Sea Yacht Charter homepage

3) All Yachts Worldwide, Inc(http://www.allyachtsworldwide.com)

올 요트 월드와이드(All Yachts Worldwide)의 사장인 카렌(Karen Kelly Norman)은 20년 이상 요트회사 경영과 임대요트 서비스를 해오고 있다. 모터요트 124척, 세일요트 22척을 보유하며 알래스카, 바하마, 캐리비안, 지중해, 뉴잉글랜드, 플로리다, 남태평양 등을 주요 목적지로 서비스를 제공하고 있다.

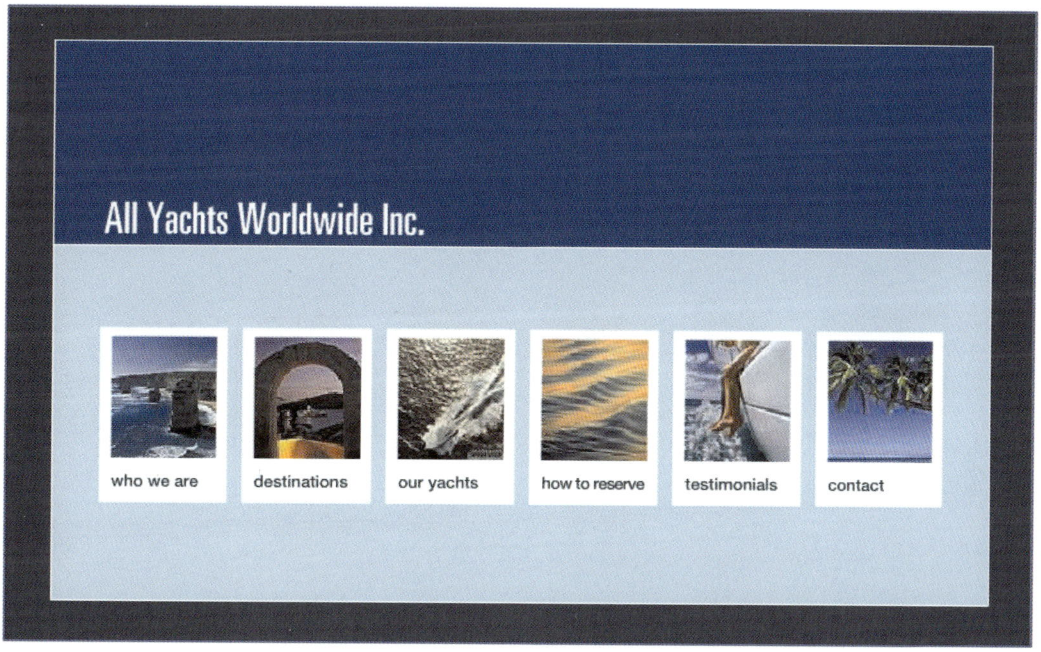

〈그림 3-32〉 All Yachts Worldwide homepage

4) Blue Reef(http://www.bluereefyachting.com)

급성장하고 있는 세계적인 요트 임대회사로서 질 높은 최상의 서비스를 제공하는 것에 초점을 맞추고, 가장 적당한 가격에 요트를 제공하는 것을 목적으로 하고 있다. 현재 회사 본부는 미국, 영국, 스페인에서 동시에 운영되어지고 있으며, 대행 온라인 예약을 통하여 약 2500척의 요트를 이용, 유럽에서 카리브 해 및 각지로 항해가 가능하다. 항해는 항상 똑같거나 정해져 있지 않기 때문에 변동도 가능하다. 현재 대행 업무를 제외한 회사소유의 요트로는 세일요트로서 20대가 임대요트로 이용되고 있다.

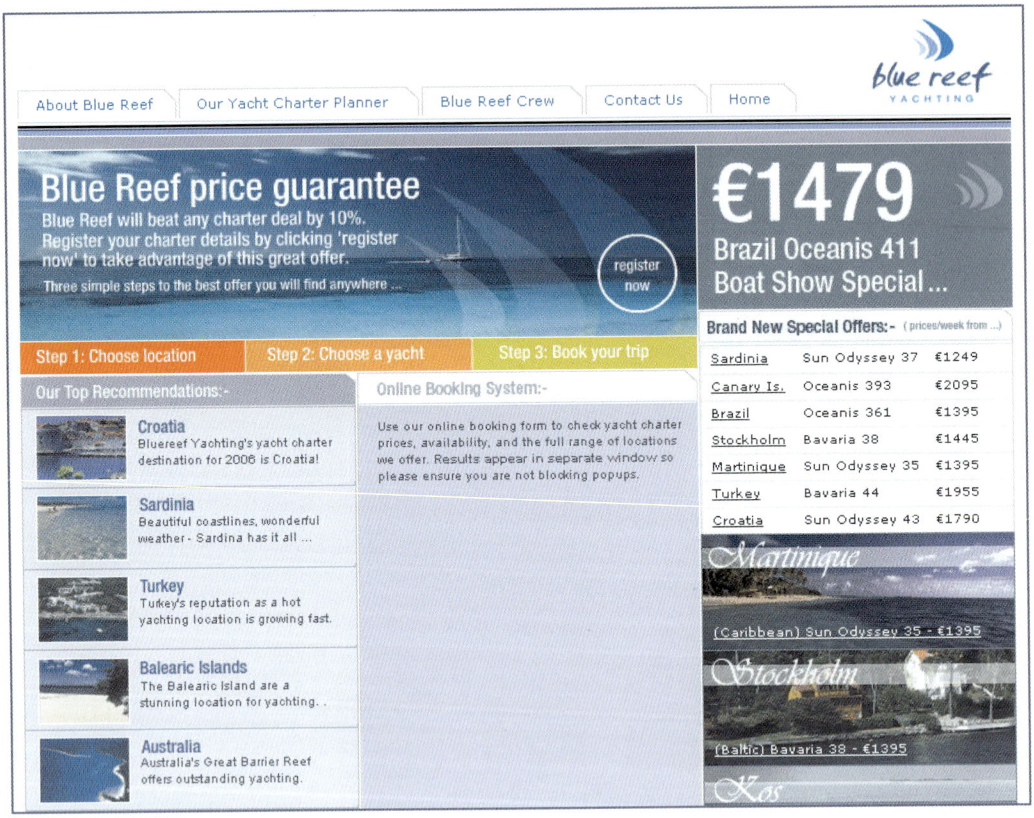

〈그림 3-33〉 Blue Reef homepage

5) Caliber Yacht Charter(http://www.caliberyachtcharters.com)

캘리버(Caliber)의 럭셔리 요트 임대회사는 고객에게 추억과 흥미있는 독특한 이벤트를 제공하기 위해 항상 준비하고 있는 회사이다. 고객들은 멋진 Dinner 크루즈와 아름다운 차터 요트에서 장엄한 뉴욕항을 항해할 수 있으며, 뉴욕항에서 가장 새로운 뉴욕의 요트에서 편안함과 우아함을 즐기면서 멋진 경험의 시간으로 채워질 것이다. 장대한 자유의 여신상을 배경으로 항해하며, 대형 크루즈요트와 보트를 이용하여 최대 1,200명까지 수용하여 결혼식, 졸업식, 기타 각종 연회장소로서 이용 가능하다. 1989년 임대요트사업의 시작으로 현재 보유중인 선박은 럭셔리 모터요트 36척, 세일요트 5척, 클래식 6대, 외륜선 3척으로 운영 중이다.

〈그림 3-34〉 Caliber Yacht Charter homepage

6) Boat Miami(http://www.boatmiami.com)

보트 마이애미(Boat Miami)는 플로리다 마이애미항구에서 보트임대 및 각종 요트임대를 빠르고 신속한 고품격 서비스와 캐리비안에서 세일요트, 베어보트로 항해할 수 있고, 허니문 크루징도 제공한다. 다양한 요트를 이용하여 목적에 맞는 휴일의 경험을 맛볼 수 있다는 것이 특징이다. boatbvi.com, luxuryachtvacation.com, miamiyachtweddings.com, and floridabahamasyachts.com과 함께 온라인으로 연동되어 운영되어지고 있다.

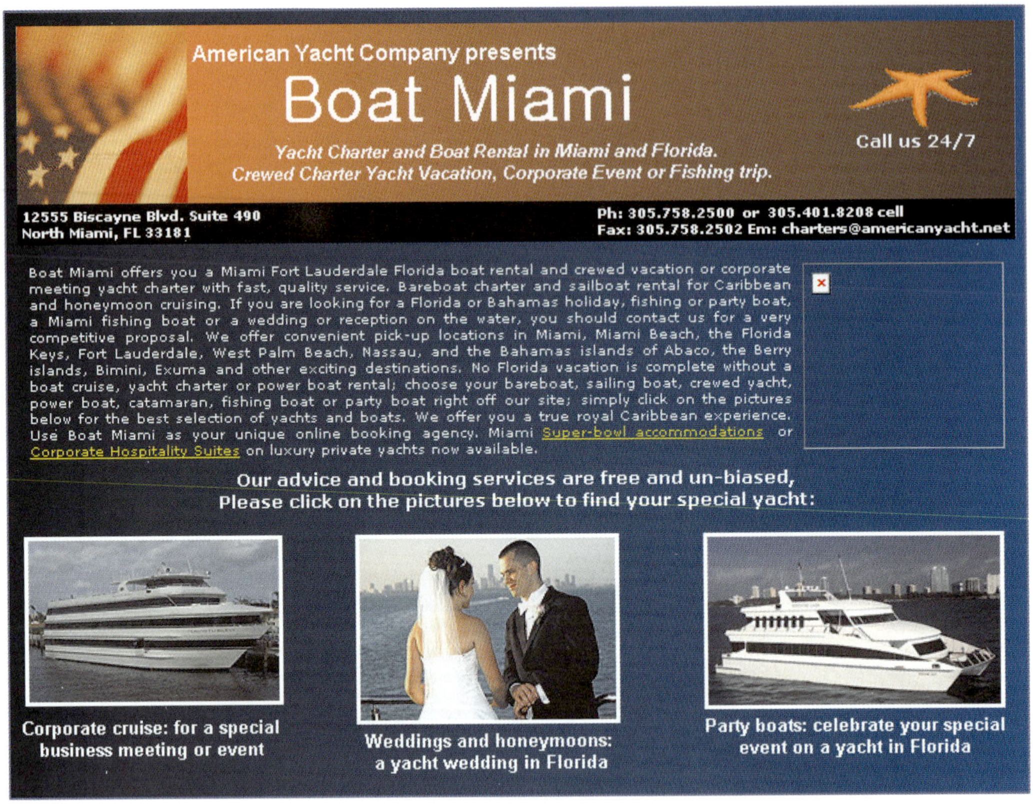

〈그림 3-35〉 Boat Miami homepage

7) Bay Breeze Charters(http://www.sailsfbay.com)

샌프란시스코의 금문교 아래에서 석양을 보며 낭만적인 분위기에 매료될 수 있다. 낮에는 역사적인 알카트라즈(Alcatraz) 섬, 소살리토 등 살아 숨쉬는 샌프란시스코의 해안지역을 항해하며, 밤에는 지평선의 화려한 모습들을 볼 수 있다. 샌프란시스코 만에서 "Glory Days" 요트를 승선하여 항해하고, 엔젤(Angel) 섬에서 단체이벤트, 회식, 결혼식, 세일링 조정경기 등을 전문으로 한다.

〈그림 3-36〉 Bay Breeze Charters homepage

〈표 3-30〉 요금표

기 간	
월요일 ~ 금요일	$325.00
토요일, 일요일	$350.00
공휴일	$375.00

8) Holiday of Magic Charters(http://www.holidayofmagic.com)

홀리 오브 매직차터(Holiday of Magic Charters)에서는 엔터테인먼트를 위한 요트 임대회사를 제공하고 있다. 선상 웨딩을 포함한 칵테일과 디너 크루즈, 개인 임대회사와 단체 임대회사 등을 전문으로 한다. 마이애미 매직 요트(승선인원 350명)와 홀리데이 오브 매직 요트(승선인원 35명)로 마이애미를 주요 운항지역으로 운영되고 있다.

〈그림 3-37〉 Holiday of Magic Charters homepage

9) Treasure Harbor Marine, Inc(http://www.treasureharbor.com)

미국 플로리다에 위치해 있으며, 19피트에서 41피트에 이르는 중소형 요트를 이용하여 임대요트사업을 진행하고 있다. 임대요트는 베어보트[4) 요트 세일링에 이용되는 요트 8대를 포함하여 카타마란 등 총 13대로 운영되고 있다.

〈그림 3-38〉 Treasure Harbor Marine homepage

4) 베어보트(bareboat) : 선장이나 선원없이 요트만 임대하는 것

〈표 3-31〉 요금표

플로리다 차트 요금						
Bareboat Sail	선 명	성수기 11/15-04/30		비수기 05/01-11/14		보증금
선 박		일 일	일주일	일 일	일주일	Keys | Bahamas*
Cape Dory 19	Typhoon	$110.	$450.	$95.	$400.	$200.
Hunter 23.5	Sara Jean	$150.	$650.	$120.	$550.	$400.
Watkins 25	Springtide	$175.	$850.	$150.	$750.	$600.
Watkins 32	Sea Mist	$225.	$1100.	$200.	$1000.	$800.
Watkins 33	Sans Souci	$250.	$1200.	$225.	$1100.	$800.
Morgan 413	South Wind	$300.	$1500.	$250.	$1350.	$1200.
Morgan 416	Trade Wind	$350.	$1900.	$300.	$1650.	$1200.
Morgan Classic 41	Rainbow Connection	$400.	$2100.	$360.	$1850.	$1200.
Captain Sail	선 명	성수기 11/15-04/30		비수기 05/01-11/14		보증금
선 박		일 일	일주일	일 일	일주일	Keys | Bahamas*
Morgan 512 Out Island	Traveler	$550.	$3250.	$500.	$2950.	$400. $800.*
Bareboat Catamaran	선 명	성수기 11/15-04/30		비수기 05/01-11/14		보증금
선 박		일 일	일주일	일 일	일주일	Keys
Antiqua 37	Zephyr	$450.	$2700.	$420.	$2300.	$1200.
Leopard	Sloop De Jour	$750.	$4500.	$650	$3800.	$2500.
Bareboat Power	선명	성수기 11/15-04/30		비수기 05/01-11/14		보증금
선 박		일 일	일주일	일 일	일주일	Keys
Mainship 39	Shaboom 35	$700.	$3800.	$600.	$3400.	$2500.
Chen-Hwa 35	Compass Rose	$400.	$2000.	$350.	$1750.	$1200

10) 아메리칸 사파리 크루즈(American Safari Cruise)

사파리 크루즈는 1996년에 설립되었으며, 본사는 미국의 시애틀과 워싱턴에 위치하고 있다. Safari Quest, Safari Escape, Safari Spirit, Safari Explorer, Safari Legacy 등 총 5척의 요트를 소유하고 있다. 멕시코 및 하와이에서는 스노클링 및 스쿠버다이버를 즐길 수 있으며, 또한 해양에서 카약을 이용할 수 있다. 최고의 요리사들이 신선하고 훌륭한 음식을 제공하며, 또한 와인 및 다양한 음료를 제공한다.

〈표 3-32〉 노선별 여행일정 및 기간

여행일정	선박명	기 간
Alaska's Inside Passage		
Juneau Roundtrip	Safari Explorer	8days / 7night
Juneau to Sitka	Safari Quest	8days / 7night
Juneau to Petersburg	Safari Spirit	8days / 7night
Juneau to Prince Rupert	Safari Escape	9days / 8night
Seattle to Juneau	Safari Spirit, Safari Quest Safari Escape	15days / 14might
Juneau Roundtrip	Safari Legacy	8days / 7night
Mexico's Sea OF Cortes		
La Paz to Loreto	Safari Quest	8days / 7night
Loreto to San Carlos(Guaymas)	Safari Quest	10days / 9 night
Hawaiian Islands		
Kailia-Kona, Big Island to Kahului, Maui	Safari Explorer	8days / 7night
Pacific Northwest		
Friday Habor, WA Round Trip	Safari Escape	8days / 7night
Columbia & Snake River		
Lewiston to Astoria	Safari Spirit	9days / 8night
Astoria to Lewiston	Safari Spirit	9days / 8night

〈표 3-33〉 요금표

Mexico's Sea Of Cortes				
Mariner	Captain	Admiral	Single	Full Yacht Charter
$ 5,495	$ 6,495	$ 7,495	$ 6,495	$ 127,895
Hawaiian Island				
Mariner	Captain	Admiral	Single	Full Yacht Charter
$ 4,895	$ 5,895	$ 6,995	$ 5,895	$ 209,995
Pacific Northwest				
Mariner	Captain	Admiral	Single	Full Yacht Charter
$ 4, 295	·	$ 6, 295	·	$ 58,995
Columbia & Snake River				
Mariner	Captain	Admiral	Single	Full Yacht Charter
$ 4,995	$ 5,995	$ 7,195	·	$ 68,995
요금포함사항				
Exclusive shore excursions, Premium wine, beer, liquor, All meals aboard ship, Kayaking and small boat exploration, Onboard Expedition Leader, Airport transfers, All taxes, port charges and fees				

〈표 3-34〉 아메리칸 크루즈 사파리 요트

Safari Quest

	Safari Quest
승 객	22guest
선 원	9crew
선석길이	120feet
선 폭	28feet
속 력	10.5knot

Safari Explorer

	Safari Explorer
승 객	37guest
선 원	16crew
선석길이	145feet
선 폭	36feet
속 력	10knot

Safari Spirit

승 객	12guest
선 원	6crew
선석길이	105feet
선 폭	24.5feet
속 력	10.5knot

Safari Escape

승 객	12guest
선 원	6crew
선석길이	112feet
선 폭	20feet
속 력	9knot

Safari Legacy

승 객	6guest
선 원	4crew
선석길이	105feet
선 폭	20feet
속 력	12knot

11) 프레이져 요트임대회사(Fraser Yachts)

〈그림 3-39〉 Fraser Yachts homepage

프레이져 요트임대회사는 1947년 David Fraser에 의해 설립되었다. 1975년에는 Fort Lauderdale에서 Fraser Yachts Florida를 설립하였다. 1994년 요트 경영에 대한 이해를 제공하며 요트임대회사의 미국 최초로 ISM 경영증명서를 받았다. 현재 United States, Monaco, France, New Zealand, Great Britain, Milan, Greece and Russia등 각 지점을 두고 있으며 전 세계적으로 요트 중개업을 경영하고 있다. 고객은 300척 이상의 요트를 구입할 수 있으며, 477척의 요트를 임대할 수 있다.

〈표 3-35〉 Fraser Yachts 선박

Lady Lora	

전 장	62.59m
건조회사	Oceanco
건조년도	2002
속 력	15.00(최대), 12.00(일반)
선 원	15
선 실	5
여름시즌 사용요금 및 항해지역	지중해 서부 $380,000
겨울시즌 사용요금 및 항해지역	지중해 서부 $365,000

Force Bule

전 장	62.30m
건조회사	Royal Denship
건조년도	2002(2006재정비)
속 력	17.00(최대), 14.00(일반)
선 원	19
선 실	6
여름시즌 사용요금 및 항해지역	지중해 서부 €245,000
겨울시즌 사용요금 및 항해지역	지중해 서부 €245,000

Beluga

전 장	59.44m
건조회사	Palmer Johnson
건조년도	1998(2007재정비)
속 력	17.00(최대), 14.00
선 원	13
선 실	6
여름시즌 사용요금 및 항해지역	지중해 동부 $250,000
겨울시즌 사용요금 및 항해지역	지중해 동부 $250,000

Dolce Far Niente	

전 장	58.83m
건조회사	J.K. Smit
건조년도	1957(2006재정비)
속 력	13.00(최대), 12.40(일반)
선 원	15
선 실	6
여름시즌 사용요금 및 항해지역	중앙아메리카 $220,000
겨울시즌 사용요금 및 항해지역	캐리비안 $220,000

Insignia	

전 장	55.50m
건조회사	Elsflether Werft
건조년도	1979(2003재정비)
속 력	14.00(최대), 11.00(일반)
선 원	13
선 실	7
여름시즌 사용요금 및 항해지역	지중해 서부 €205,000
겨울시즌 사용요금 및 항해지역	지중해 서부 €185,000

Seagull II

전 장	54.00m
건조회사	Uljanik
건조년도	1952(2006재정비)
속 력	14.00(최대), 12.00(일반)
선 원	9
선 실	6
여름시즌 사용요금 및 항해지역	지중해 동부 $90,000
겨울시즌 사용요금 및 항해지역	지중해 동부 $60,000

Katharine

전 장	53.95m
건조회사	Trinity
건조년도	2001(2007재정비)
속 력	21.00(최대), 15.00(일반)
선 원	12
선 실	6
여름시즌 사용요금 및 항해지역	지중해 서부 $340,000
겨울시즌 사용요금 및 항해지역	캐리비안 $245,000

Passion	

전 장	52.75m
건조회사	Swedeship
건조년도	1986(2003재정비)
속 력	16.00(최대), 14.00(일반)
선 원	14
선 실	6
여름시즌 사용요금 및 항해지역	지중해 서부 $254,000
겨울시즌 사용요금 및 항해지역	캐리비안 $210,000

Splendido	

전 장	51.82m
건조회사	Abeking & Rasmussen
건조년도	1999(2007재정비)
속 력	16.00(최대), 14.00(일반)
선 원	13
선 실	6
여름시즌 사용요금 및 항해지역	지중해 동부 $250,000
겨울시즌 사용요금 및 항해지역	지중해 동부 $250,000

Dream

전 장	51.74m
건조회사	Feadship
건조년도	2003
속 력	15.00(최대), 13.00(일반)
선 원	13
선 실	8
여름시즌 사용요금 및 항해지역	지중해 서부 $290,000
겨울시즌 사용요금 및 항해지역	캐리비안 $240,000

Dionea

전 장	51.70m
건조회사	Felszegi
건조년도	1962(2002재정비)
속 력	14.00(재정비), 13.00(일반)
선 원	9
선 실	6
여름시즌 사용요금 및 항해지역	지중해 서부 $98,000
겨울시즌 사용요금 및 항해지역	지중해 서부 $90,000

TELEOST	

전 장	49.07m
건조회사	Feadship
건조년도	1998(2002재정비)
속 력	15.00(최대), 13.00(일반)
선 원	10
선 실	6
여름시즌 사용요금 및 항해지역	지중해 서부 $225,000
겨울시즌 사용요금 및 항해지역	지중해 서부 $225,000

NEWVIDA	

전 장	48.77m
건조회사	Delta Marine
건조년도	2001(2007재정비)
속 력	15.00(최대), 13.00(일반)
선 원	11
선 실	5
여름시즌 사용요금 및 항해지역	바하마 $222,000
겨울시즌 사용요금 및 항해지역	캐리비안 $222,000

CYAN

전 장	48.70m
건조회사	Codecasa
건조년도	1997(1999재정비)
속 력	17.40(최대), 15.00(일반)
선 원	10
선 실	5
여름시즌 사용요금 및 항해지역	지중해 서부 €175,000
겨울시즌 사용요금 및 항해지역	캐리비안 €175,000

JANIE

전 장	47.85m
건조회사	Trinity
건조년도	2004
속 력	22.00(최대), 18.50(일반)
선 원	9
선 실	5
여름시즌 사용요금 및 항해지역	지중해 서부 $200,000
겨울시즌 사용요금 및 항해지역	캐리비안 $175,000

DAYBREAK	

전 장	46.71m
건조회사	Feadship
건조년도	1997(2001재정비)
속 력	14.00(최대), 12.00(일반)
선 원	10
선 실	6
여름시즌 사용요금 및 항해지역	지중해 서부 $195,000
겨울시즌 사용요금 및 항해지역	캐리비안 &185,000

AMORAZUR II	

전 장	45.72m
건조회사	Palmer Johnson
건조년도	1994(1999재정비)
속 력	16.00(최대), 14.00(일반)
선 원	9
선 실	6
여름시즌 사용요금 및 항해지역	지중해 서부 $155,000
겨울시즌 사용요금 및 항해지역	지중해 서부 $155,000

MY IRIS	

전 장	45.72m
건조회사	Trinity
건조년도	2003
속 력	21.50(최대), 18.00(일반)
선 원	9
선 실	5
여름시즌 사용요금 및 항해지역	지중해 서부 $195,000
겨울시즌 사용요금 및 항해지역	캐리비안 $165,000

ARIETE PRIMO	

전 장	45.00m
건조회사	Custom Built
건조년도	1967(2006재정비)
속 력	15.00(최대), 12.00(일반)
선 원	9
선 실	6
여름시즌 사용요금 및 항해지역	지중해 서부 €120,000
겨울시즌 사용요금 및 항해지역	지중해 서부 €110,000

FOUR WISHES	

전 장	43.89m
건조회사	Palmer Johnson
건조년도	2004
속 력	16.00(최대), 14.00(일반)
선 원	9
선 실	5
여름시즌 사용요금 및 항해지역	지중해 서부 $150,000
겨울시즌 사용요금 및 항해지역	캐리비안 $150,000

DEEP BULE	

전 장	43.70m
건조회사	Oceanco
건조년도	1996(2006재정비)
속 력	19.00(최대), 16.00(일반)
선 원	10
선 실	5
여름시즌 사용요금 및 항해지역	지중해 서부 €125,000
겨울시즌 사용요금 및 항해지역	지중해 서부 $125,000

ECLIPSE	

전 장	43.00m
건조회사	Feadship
건조년도	1993(1997재정비)
속 력	14.40(최대), 12.00(일반)
선 원	11
선 실	5
여름시즌 사용요금 및 항해지역	지중해 서부 €135,000
겨울시즌 사용요금 및 항해지역	지중해 서부 $135,000

SIRAHMY	

전 장	43.00m
건조회사	Benetti
건조년도	1981(1998재정비)
속 력	14.00(최대), 12.00(일반)
선 원	7
선 실	5
여름시즌 사용요금 및 항해지역	지중해 서부 €85,000
겨울시즌 사용요금 및 항해지역	지중해 서부 €80,000

PARAMOUR	

전 장	42.60m
건조회사	CMN
건조년도	2002(2007재정비)
속 력	13.80(최대), 12.00(일반)
선 원	10
선 실	5
여름시즌 사용요금 및 항해지역	지중해 서부 €125,000
겨울시즌 사용요금 및 항해지역	캐리비안 $154,000

TALON	

전 장	40.54m
건조회사	Siar Moschini
건조년도	1988(1999재정비)
속 력	14.00(최대), 11.50(일반)
선 원	11
선 실	6
여름시즌 사용요금 및 항해지역	지중해 서부 $138,000
겨울시즌 사용요금 및 항해지역	지중해 서부 $122,000

SOLALA	
전 장	40.00m
건조회사	Hakvoort
건조년도	2001(2005재정비)
속 력	13.00(최대), 12.00(일반)
선 원	7
선 실	4
여름시즌 사용요금 및 항해지역	북 유럽 €88,000
겨울시즌 사용요금 및 항해지역	캐리비안 €80,000

CV-9	
전 장	39.93m
건조회사	Delta Marine
건조년도	1995(1999재정비)
속 력	14.00(최대), 12.00(일반)
선 원	8
선 실	5
여름시즌 사용요금 및 항해지역	잉글랜드 $75,000
겨울시즌 사용요금 및 항해지역	바하마/캐리비안 $75,000

CHARISMA	

전 장	39.62m
건조회사	Hatteras
건조년도	1995(2007재정비)
속 력	24.00(최대), 18.00(일반)
선 원	7
선 실	5
여름시즌 사용요금 및 항해지역	바하마 $85,000
겨울시즌 사용요금 및 항해지역	캐리비안 $85,000

LADY ZELDA	

전 장	39.62m
건조회사	Christensen
건조년도	1993(2006재정비)
속 력	16.00(최대), 14.00(일반)
선 원	7
선 실	5
여름시즌 사용요금 및 항해지역	지중해 서부 $98,000
겨울시즌 사용요금 및 항해지역	캐리비안 $85,000

SOJOURN	

전 장	39.62m
건조회사	Gambol Industries
건조년도	1999(2003재정비)
속 력	22.00(최대), 14.00(일반)
선 원	5
선 실	4
여름시즌 사용요금 및 항해지역	남태평양/알래스카 $70,000
겨울시즌 사용요금 및 항해지역	바하마 $70,000

SARITA SI	

전 장	38.60m
건조회사	CRN Ancona
건조년도	1973(2004재정비)
속 력	13.00(최대), 11.50(일반)
선 원	9
선 실	6
여름시즌 사용요금 및 항해지역	지중해 서부 유로64,400
겨울시즌 사용요금 및 항해지역	캐리비안 $80,000

LE MONTRACHET	

전 장	38.40m
건조회사	Broward
건조년도	1986(2002재정비)
속 력	15.00(최대), 12.00(일반)
선 원	7
선 실	5
여름시즌 사용요금 및 항해지역	바하마 $57,500
겨울시즌 사용요금 및 항해지역	캐리비안 $57,500

PERLE BLEUE	

전 장	37.95m
건조회사	Hakvoort
건조년도	2007
속 력	13.00(최대) 11.00(일반)
선 원	7
선 실	4
여름시즌 사용요금 및 항해지역	바하마 $145,000
겨울시즌 사용요금 및 항해지역	캐리비안 $145,000

LIGHT BULE

전 장	37.80m
건조회사	RODRIQUEZ
건조년도	2005
속 력	25.00(최대), 17.00(일반)
선 원	7
선 실	5
여름시즌 사용요금 및 항해지역	지중해 서부 €100,000
겨울시즌 사용요금 및 항해지역	지중해 서부 €95,000

COCO LOCO

전 장	36.58m
건조회사	Broward
건조년도	2007
속 력	
선 원	6
선 실	5
여름시즌 사용요금 및 항해지역	지중해 서부 $125,00
겨울시즌 사용요금 및 항해지역	캐리비안 $100,000

IMPETUOUS	

전 장	36.30m
건조회사	Crescent Beach
건조년도	2004
속 력	22.00(최대), 18.00(일반)
선 원	4
선 실	4
여름시즌 사용요금 및 항해지역	잉글랜드 $65,000
겨울시즌 사용요금 및 항해지역	플로리다/바하다 $65,000

SUNLINER X	

전 장	36.00m
건조회사	Siar Moschini
건조년도	1990(2004재정비)
속 력	35.00(최대), 20.00(일반)
선 원	6
선 실	4
여름시즌 사용요금 및 항해지역	지중해 서부 €46,000
겨울시즌 사용요금 및 항해지역	지중해 서부 €42,000

TRUE NORTH	

전 장	35.97m
건조회사	Broward
건조년도	2001(2003재정비)
속 력	19.00(최대), 14.00(일반)
선 원	5
선 실	4
여름시즌 사용요금 및 항해지역	잉글랜드 $49,500
겨울시즌 사용요금 및 항해지역	캐리비안 $49,500

SURPRISE	

전 장	35.05m
건조회사	McMullen&Wing
건조년도	2001
속 력	12.20(최대), 10.00(일반)
선 원	7
선 실	4
여름시즌 사용요금 및 항해지역	남태평양 $62,500
겨울시즌 사용요금 및 항해지역	남태평양 $62,500

PACIFIC YELLOWFIN	

전 장	35.00m
건조회사	Army Corp of Engineers
건조년도	1943(2002재정비)
속 력	11.00(최대), 10.00(일반)
선 원	5
선 실	4
여름시즌 사용요금 및 항해지역	남태평양/알래스카 $55,000
겨울시즌 사용요금 및 항해지역	남태평양/알래스카 $49,000

FREEMONT	

전 장	35.00m
건조회사	Benetti
건조년도	1983(2005재정비)
속 력	13.00(최대), 11.00(일반)
선 원	7
선 실	5
여름시즌 사용요금 및 항해지역	지중해 서부 €50,000
겨울시즌 사용요금 및 항해지역	지중해 서부 €45,000

SENSATION	

전 장	34.14m
건조회사	Westport
건조년도	2004
속 력	26.00(최대), 15.00(일반)
선 원	4
선 실	4
여름시즌 사용요금 및 항해지역	남태평양/알래스카 $40,000
겨울시즌 사용요금 및 항해지역	중앙아메리카 $40,000

PRINTEMPS	

전 장	34.14m
건조회사	Heesen
건조년도	1987(2003재정비)
속 력	18.00(최대), 15.00(일반)
선 원	5
선 실	5
여름시즌 사용요금 및 항해지역	지중해 서부 €55,000
겨울시즌 사용요금 및 항해지역	지중해 서부 €30,000

EXUMA C	

전 장	33.96m
건조회사	Christensen
건조년도	1993(1998재정비)
속 력	12.00(최대), 10.00(일반)
선 원	5
선 실	5
여름시즌 사용요금 및 항해지역	지중해 서부 $75,000
겨울시즌 사용요금 및 항해지역	N/A

SUDAMI	

전 장	33.83m
건조회사	Inace
건조년도	2007
속 력	13.50(최대), 10.00(일반)
선 원	6
선 실	5
여름시즌 사용요금 및 항해지역	지중해 서부 $80,000
겨울시즌 사용요금 및 항해지역	캐리비안 $65,000

9. 캐나다

1) Blue Pacific Yacht Charters(http://www.bluepacificcharters.ca)

캐나다 브리티시 컬럼비아에 위치한 밴쿠버 요트 임대회사로서 베어보트, 세일보트와 파워보트 임대를 전문적으로 한다. 선장, 또는 강사와 함께 할 수도 있고 고객을 위해 모형 요트 차터를 타고 잊지 못할 추억을 담을 요트항해 교육도 한다. 요원들은 5가지 언어를 유창하게 하고 브리티시 컬럼비아 또는 위싱턴 주의 근해안들을 순항한다.

〈그림 3-40〉 Blue Pacific Yacht Charters homepage

〈표 3-35〉 요금표

선 명	맴버쉽 요금	보증금	표준기간 한달요금	특별기간 한달요금
SAILBOATS				
Catalina 27	1200	2000	250	415
Catalina 34	1200	3000	440	735
Beneteau 393	1400	4000	600	1000

Bavaria 40	1400	4000	600	1000
Maple Leaf 42	1400	3000	540	900
Samarkand	2500	7000	850	1420
POWERBOATS				
Bayliner 28	1100	3000	375	630
Bayliner 32	1400	3000	570	950
Silverton 34C	1500	4000	750	1245
Grand Banks 36 (GB)	1400	5000	620	1030
Bayliner 37	1400	5000	600	1000
Meridian 381	1500	5000	830	1378
Nordhavn 40	2000	5000	1480	2460
Grand Banks 42	1500	5000	710	1200
Bayliner 4587	1700	5000	950	1580
Maxum 4600	1700	6000	950	1580
Meridian 490 (KY)	2000	7000	1540	2560
Meridian 490 (FD)	2000	7000	1540	2560
Carver 53	2500	10000	2000	3320
Carver 57	2500	10000	2300	3820
Kha Shing 65	2500	12000	2500	4150
모든 가격은 캐나다 달러($)로 계산되며 세금은 포함되지 않는다.				

2) Desolation Sound Yacht Charters

(http://www.desolationsoundyachtcharters.com)

본부는 벤쿠버 섬 안에 있는 코모스(Comox)에 있으며 밴쿠버로부터 북쪽으로 3시간 거리의 선착장과 도로쪽에 위치하며 모든 중요한 9개의 항공을 매일 연결한다. 전세를 낼 수 있는 배는 24대로 이루어져 있고, 항해용 배 16대, 25' to 45'에 이르는 규모의 배가 8척이 있다. 순항 지역은 북서태평양 지역으로 그곳의 가장 장엄한 크루즈 지역을 경험할 수 있다.

〈그림 3-41〉 Desolation Sound Yacht Charters homepage

〈표 3-36〉 요금표

	비수기 7월 2일 이전 9월 2일 이후	성수기 7월 2일 ~ 9월 2일
선명	$ US*	$ US*
25' Mirage	$836	$1,077
31' Hunter 310	$1,677	$2,052
31' Catalina 310	$1,677	$2,052
32' Beneteau Oceanus 311	$1,772	$2,148
32' Catalina 320	$1,867	$2,237
35' Hunter 35.5	$1,957	$2,428
35' Hunter 356	$2,237	$2,708
35' Catalina 350	$2,237	$2,708
37' Jeanneau Sun Fast 37	$2,428	$2,893
37' Beneteau 373	$2,518	$2,989
38' Hunter 38	$2,613	$3,174

3) Island Cruising(http://www.islandcruising.com)

밴쿠버 섬의 끝에 있는 시드니(Sidney)안의 B.C에 위치한다. 공항과 선박장에 가까운 거리에 위치하고 있으며 걸프(Gulf)와 산쥬안 섬(San Juan Islands) 사이에 있다. 시드니 마리나 항구는 충분하고 쾌적한 서비스를 통해 임대요트를 이용하는 고객에게 최고의 상품 가치를 제공한다. 또한 초호화 세일, 모터요트와 완벽한 세일링 교육 과정과 함께 어드벤처 휴가패키지를 제공한다. 항해 순항 중 한 지역 안에서 바다 공원, 해변 도시 및 세계적인 행락지를 즐길 수 있다.

〈그림 3-42〉 Island Cruising homepage

〈표 3-37〉 요금표

Bareboat 차트요금	보증금	봄	여름		가을, 겨울
		5월 7일~ 7월 1일	7월 2일~ 9월 2일	9월 3일~ 9월 30일	10월 1일~ 5월 6일
항 해		일주일 요금	일주일 요금	일주일 요금	일주일 요금
Hunter 310 - 1999	$2,000	$2,380	$2,646	$2,513	$1,981
Hanse 311 - 2003	$2,500	$2,681	$2,821	$2,541	$2,114
Bavaria 32- 1998	$2,000	$2,520	$2,793	$2,660	$2,093
Bavaria 32- 2005 *	$2,500	$2,695	$2,996	$2,849	$2,247
Catalina 320	$2,500	$2,695	$2,996	$2,849	$2,247
Beneteau 323 - 2005	$2,500	$2,695	$2,996	$2,849	$2,247
Beneteau 331 - 2001	$2,500	$2,730	$3,031	$2,877	$2,275
Beneteau 343 - 2006	$3,000	$2,940	$3,269	$3,108	$2,450
Bavaria 34 - 2002	$3,000	$2,940	$3,269	$3,108	$2,450
Catalina 350 - 2003	$3,000	$3,122	$3,472	$3,297	$2,604
Bavaria 36 - 2002	$3,000	$3,122	$3,472	$3,297	$2,604
C & C 36 - 1996	$3,000	$2,786	$3,094	$2,940	$2,324
Beneteau First 36.7 - 2002	$3,700	$3,297	$3,675	$3,493	$2,758
Bavaria 37 - 2006	$3,700	$3,465	$3,850	$3,661	$2,891
Nauticat 37 - 2006	$6,000	$3,794	$4,228	$4,018	$3,171
Hanse 371 - 2003	$3,700	$3,297	$3,675	$3,493	$2,758
2 x Beneteau 373 - 2005	$3,700	$3,339	$3,710	$3,528	$2,786
Bavaria 38 - 2000 *	$3,700	$3,297	$3,675	$3,493	$2,758
Hunter 386 - 2003 *	$3,000	$3,122	$3,472	$3,297	$2,604
2 x Bavaria 40 - 2001	$4,000	$3,661	$4,067	$3,864	$3,052
Hanse 400 - 2006	$4,000	$3,752	$4,165	$3,955	$3,122
2 x Hunter 410 - 1998	$4,000	$3,647	$4,053	$3,850	$3,038
Tartan 4100 - 2006	$5,500	$4,676	$5,194	$4,928	$3,899
Catalina 42 MKII - 2000 *	$4,000	$3,794	$4,228	$4,018	$3,171
Beneteau 461 - 2001	$4,000	$4,585	$5,096	$4,844	$3,822

4) CYC(http://www.cycnorth.com)

캐나디안 요트 임대회사는 25년 동안 북쪽 해협(North Channel)의 휴런호에서 높이 평가되는 회사로 인식되어져 왔으며, 회사의 세일보트와 파워보트 함대는 세계에서 가장 맑고 세일링하기 좋은 담수지역의 중심부에 위치하고 있다. 25년 동안 축적된 노하우와 친절한 스탭들은 전문적인 임대요트 서비스를 제공해 준다.

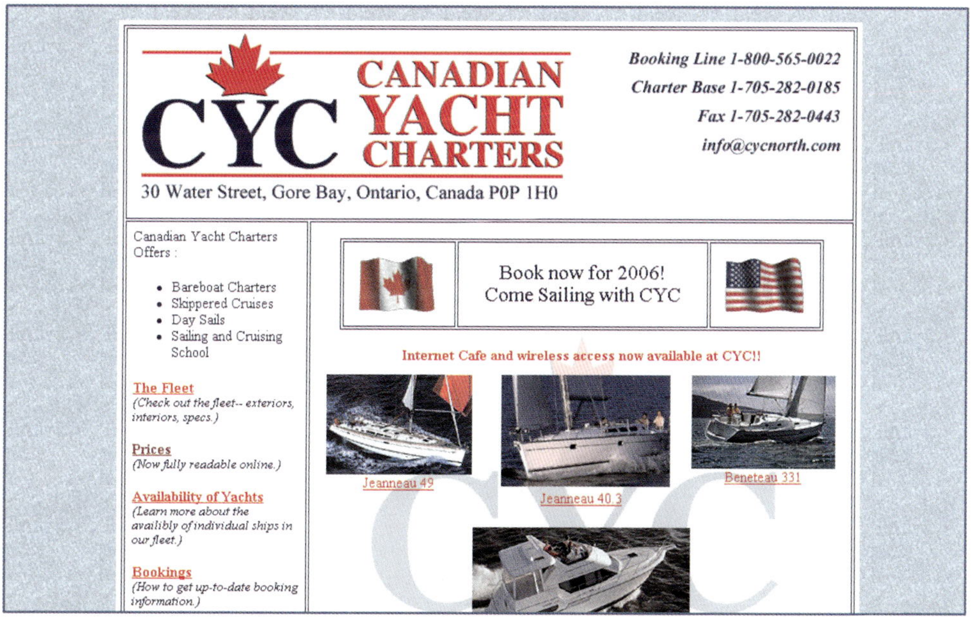

〈그림 3-43〉 CYC homepage

〈표 3-38〉 요금표

선 명	비수기 5월 1일~ 6월 23일	중간시즌 6월 24일~ 7월 7일	성수기 7월 8일~ 8월 18일	중간시즌 8월 19일~ 9월 1일	비수기 9월 2일~ 10월 22일	선 석
Pearson 27	1500	1700	1900	1700	1500	4
Hunter 29 2000	1800	2000	2300	2000	1800	4~5
Hunter 31 2000	2000	2300	2500	2300	2100	4~6
Beneteau 331 NEW! 2004	2500	2700	2900	2700	2500	4~5

Hunter 33 NEW! 2004	2500	2700	2900	2700	2500	4~5
Hunter 34 2000	2400	2600	2800	2600	2400	4~6
Hunter 356 2003	2800	3000	3200	3000	2800	4~6
Catalina 350 NEW! 2004	2800	3100	3300	3100	2800	4~6
Hunter 36 NEW! 2004	2900	3200	3400	3200	2900	4~6
Hunter 386 2002	3300	3500	3700	3500	3300	6~8
Jeanneau 40.3 NEW! 2005	3600	3900	4100	3900	3600	6
Hunter 426 2003	3900	4200	4400	4200	3900	6~8
Jeanneau 49 NEW! 2004	5000	5300	5600	5300	5000	6~8
Grand Banks 32	2700	2900	3100	2900	2700	4
Oceania 35	3400	3600	3850	3600	3400	6
CT 35 Cruiser	3400	3600	3850	3600	3400	4~6
Albin 36	3400	3600	3850	3600	3400	6
Monk 36	3400	3600	3850	3600	3400	6
Mainship 390 NEW! 2003	3900	4100	4300	4100	3900	4~6
Sealord 42	3800	4200	4200	4000	3800	7

10. 호 주

현재 호주에서 운영되고 있는 요트 임대회사를 지역별로 보면 New South Wales가 66개사로 가장 많으며 퀸스랜드 위트선데이(Queensland-Whitsunday)가 44개, 퀸스랜드(Queensland)가 39개, 빅토리아(Victoria) 24개, 호주서부(Western Australia)가 24개, 호주남부(South Australia)가 23개, 타스마니아(Tasmania)가 6개, 킴벌리(Kimverley)가 6개, 그리고 마지막으로 노턴 테리토리(Northern Territory)는 2개였다.

1) Australian Yacht Chaters

호주 요트 임대회사는 그레이트 배리어 리프(Great Barrier Reef)의 마린 파크(Marine Park)를 포함한 호주 내의 주요 크루즈 지역에서 보트와 요트를 대여하고 있다. 이 호주 요트임대는 그레이트 배리어 리프의 마린 파크의 중심에 위치하고 있어서 관광객들에게 세상에서 가장 안전하고 아름다운 산호초와 열대어를 볼 수 있는 기회를 제공해 준다고 하고 비용은 하루에 200불에서 3,000불(호주달러)까지 아주 다양하다.

2) Sydney Harbour Creative Tours

신나는 스포츠를 즐기고 싶어하는 젊은이를 포함하여 모든 연령대의 사람들도 즐길 수 있는 스포츠이다. 시드니 오페라 하우스에서 아름다운 항해용 요트를 타보면 시드니의 부유하고 유명인들이 많이 살고 있는 지역을 지나가며, 시드니 하버 주위의 경치를 즐기거나 낙하산을 단 스피드 보트를 타고서 요트 주변을 돌 수도 있다. 비용은 선택사항에 따라 다양하다.

3) Whitsunday Rent A Yacht

20년 이상 가족이나 단체 여행객의 휴가를 잘 조정해 온 요트 임대회사이다. 이곳에서는 아름다운 휘트선데이 제도에서 관광객들이 요트 등 해양스포츠를 즐길 수 있도록 알선, 요트 대여 등 모든 업무를 도와준다. 크고 화려한 요트도 대여해 주며, 전문가들이 여행객들 각자 적절한 요트를 고를 수 있도록 도움을 주기도 한다. 이곳에서는 낙원에서 지내는 것 같은 아주 독특한 휴가를 보낼 수 있을 것이다. 비용은 하루에 보트 한대를 빌리는데 300불(호주달러)라고 한다.

4) Whitsundays Sailing Charter

위트선데이 세일링 요트 임대회사는 북 열대지역 퀸스랜드에서 요트항해를 전문적으로 하는 회사이며, 빠르고 현대적인 요트와 카타마란, 파워보트를 타볼 수 있다. 직접 요트선장이 되어 즐겁고, 편안한 항해를 할 수 있으며, 여러 종류의 요트 안에서 뿐만 아니라 헤이만 섬(Hayman island), 데이드림 섬(Daydream island), 롱 아일랜드(Long island) 등에서 다양한 음식과 음료를 먹을 수 있다. 70개가 넘는 섬에서 항해, 낚시, 스노클링, 산호초 다이빙, 야생 돌고래, 고래, 거북이를 볼 수 있고 무인도 해변에서 휴식을 취할 수 있다.

5) Magnetic Palm Island Rent a Yacht

대보초에 자리잡은 매그네틱 팜 군도는 일년에 300일 동안 햇빛을 볼 수 있는 곳이다. 전 세계에서 가장 다채로운 산호초들 틈에서 스노클링을 즐길 수도 있다. 또한 멋진 곳에서 닻을 내려 원시의 야생상태를 체험하고 소수만의 환상적인 보트탐험을 즐길 수도 있다. 32피트에서 44피트 사이의 고급 베네토(Beneteau) 요트와 바바리아(Bavaria) 요트 중에서 선택할 수 있다.

6) Sunsail Australia

선세일은 호주에서 가장 아름다운 유람지들 가운데 두 곳 즉, 국제적인 시드니 하버와 웅장한 위트선데이 군도에 본부를 두고 있는 특급 요트 임대회사이다. 직접 요트항해를 즐기거나 선원이 딸린 요트를 임대하여 항해를 즐길 수 있다. 요트 항해 학교에서 요트 항해법을 배우거나 회사의 전문 요원들이 벌이는 요트 경주의 짜릿함을 즐겨 볼 수 있다.

7) Victorian Yacht Charters(http://www.victoriayachtcharters.com.au)

〈그림 3-44〉 Victorian Yacht Charters homepage

빅토리아주 멜버른의 포트필립만(Port Phillip bay)을 고급스럽고 호화로운 요트로 항해할 수 있다. 모든 요트는 고급스러움과 쾌적함을 갖추어 항해하는 동안 즐거움과 안락함을 준다. 멜버른 안의 브라이튼(Brighton)에 위치하고 있어 도시사람들이 쉽게 찾아와 항해할 수 있다. 많은 것을 보고 경험할 수 있으며 역사적인 윌리암스 타운(Williams town)을 비롯하여 많은 곳을 둘러 볼 수 있고, 물개나 돌고래가 지나가는 것도 볼 수 있다.

11. 뉴질랜드

1) Sail NZ-On the Edge

On the Edge는 Paihia와 Russell에서 매일 특별한 요트항해를 한다. 뉴질랜드에서 가장 빠른 쌍동선이 고객들을 태우고 바다로 나간다. 그리고 맛있는 BBQ 점심이 제공되고 스노클, 해변산책, 수영을 체험할 수 있다.

2) Sail NZ-Lion New Zealand

Lion New Zealand의 항해는 식사와 이틀간의 숙박을 포함한다. 그리고 요트를 배울 수 있으며 스노클, 낚시, 수영, 바다 속 구경하기 등을 체험하게 해준다. 라이언 뉴질랜드는 토요일, 월요일, 수요일 Auckland와 Paihia에서 출발한다.

3) Caprice Yacht Charters

이 회사에서 보유하고 있는 요트는 20명의 승객을 수용할 수 있고 승객들이 편안하게 취침할 수 있는 선실도 있다. 요트는 기분을 들뜨게 하는 속도로 Hauraki만으로 항해를 한다.

4) Pride of Auckland Co. Ltd.

오클랜드의 Waitemata 항구에서 항해를 시작하며 선상에서 식사를 할 수 있도록 서비스한다. 그리고 오클랜드의 멋진 경관을 즐길 수 있으며 어떤 날씨라도 상관없이 항해한다. 매일 출발하며 재킷이 제공된다.

5) Trisail Charters

Coromandel Peninsula와 아름다운 섬들로 둘러싸인 Trifecta를 항해한다. 하루나 반나절 동안의 여행을 제공하고 점심, 해변산책, 워터스키 등이 포함된다. 요트는 Heards Bay Beach에서 출발해 Te Kouma Road에서 끝난다.

6) Tauranga Sailing School and Yacht Charters

요트 항해를 배우고 싶거나 즐기고 싶은 사람들을 위해 다양한 체험 기회를 제공한다.

Harbour를 여행하거나 아름다운 시골 경치를 보고 싶다면 점심과 저녁을 제공하는 투어에 참가할 수 있다. 그리고 이 회사는 고객의 요구에 따라 일정을 조정할 수도 있다.

7) Maritime Adventure Co. NZ Ltd.

개인이나 그룹에 상관없이 웰링턴 하버(Wellington Harbour), 쿡 해협(Cook Strait), 말보로 사운드(Marlborough Sounds), 드빌 섬(d'Urville Island), 골든 베이(Golden Bay) 등을 구경할 수 있도록 항해한다. 특별한 항해경험을 할 수 있도록 요트 항해술을 가르쳐 주기도 한다.

8) Charterlink Yacht Charters Marlborough

말보로(Marlborough)의 아름다운 경치를 즐길 수 있는 항해를 제공한다. 만약 휴가가 짧다면 하루 동안의 항해를 즐길 수 있다. 그리고 돌고래와 펭귄을 볼 수 있으며 수영, 낚시, 다이빙 등을 체험할 수 있다. 또한 리조트로 가서 와인과 멋진 식사를 먹을 수 있도록 해준다.

9) Platinum Sailing Tours

이 회사는 고객들을 위해 최고의 투어를 준비하고 있다. 목가적인 지역과 호수를 10~14일간 항해하고 오지만 손님들의 요청에 따라 일정을 바꿀 수도 있다. 투어는 Christchurch와 Marlborough Sounds, the Abel Tasman, Lakes Brunner, Wanaka, Tekapo, Franz Josef Glacier, Milford Sound 등에서 진행된다.

10) Lake Wanaka Yacht Charters

Wanaka 호수는 남부에서 요트를 탈 수 있는 얼마 안 되는 지역 중 한 곳이다. 이 회사는 Wanaka 호수에서의 항해를 위한 모든 서비스를 제공하고 아름다운 호수와 산을 구경할 수 있는 투어를 준비한다.

11) Talisker Charters

3개의 선실을 보유하고 있는 Talisker Charters의 요트는 Stewart Island와 Fiordland를 항해한다. 이곳에서 자연경관도 구경하고 역사적 현장도 둘러본다. 또한 다양한 해양스포츠를 즐길 수 있도록 서비스를 제공한다.

12) Pacific Charters(www.pacificcharters.co.nz)

Pacific Charters는 휴일에 있어서 모터보트, 요트, 낚시배 등 모든 종류의 선박을 제공한다. 약혼, 결혼식, 생일파티, 각종행사 등을 시행할 수 있으며, 제트스키, 스쿠버 다이빙, 수상스키등 스포츠 활동 또한 즐길 수 있다. 아름다운 풍경, 깨끗한 수질, 다양한 해양공원, 야생동물, 대 산호초 섬(Great Barrier Island) 등을 보고 체험할 수 있으며, New Caledonia, the Solomon Islands, Vanuatu, Fiji and Tonga. 섬을 방문하여 이국적은 생활을 느낄 수 있다.

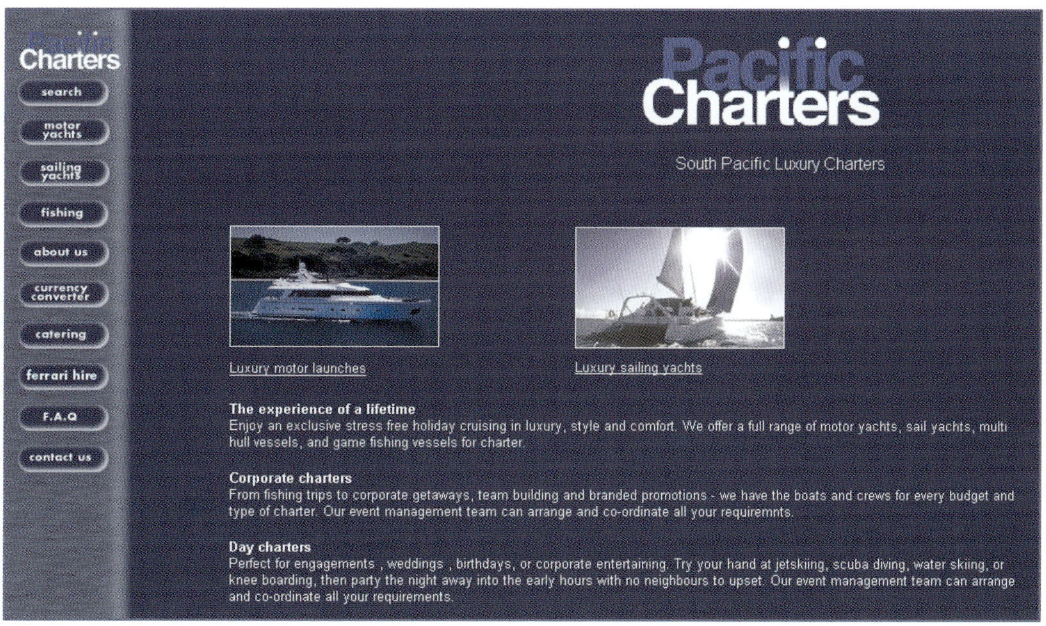

〈그림 3-45〉 Pacific Charters homepage

13) Great Boating Holidays(www.charterlink.co.nz)

〈그림 3-46〉 Great Boating Holidays homepage

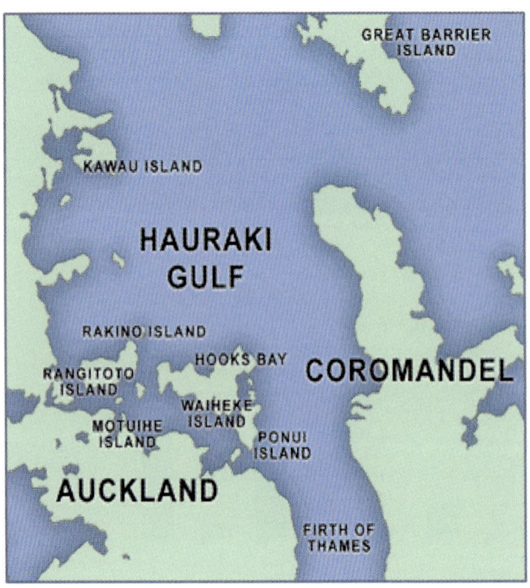

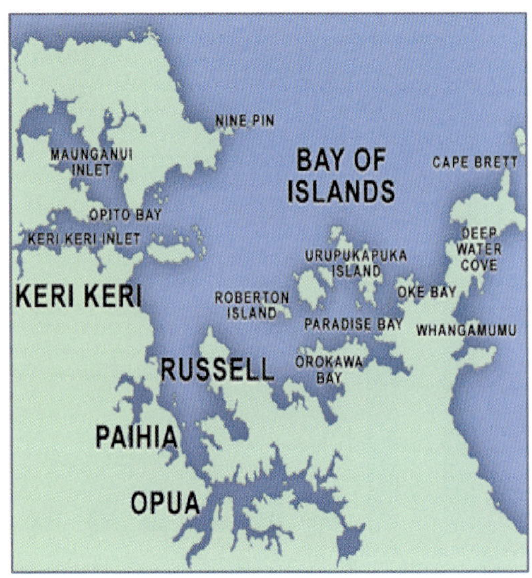

〈그림 3-47〉 Great Boating Holidays 항해 목적지

14) Charter Guide(www.charterguide.co.nz)

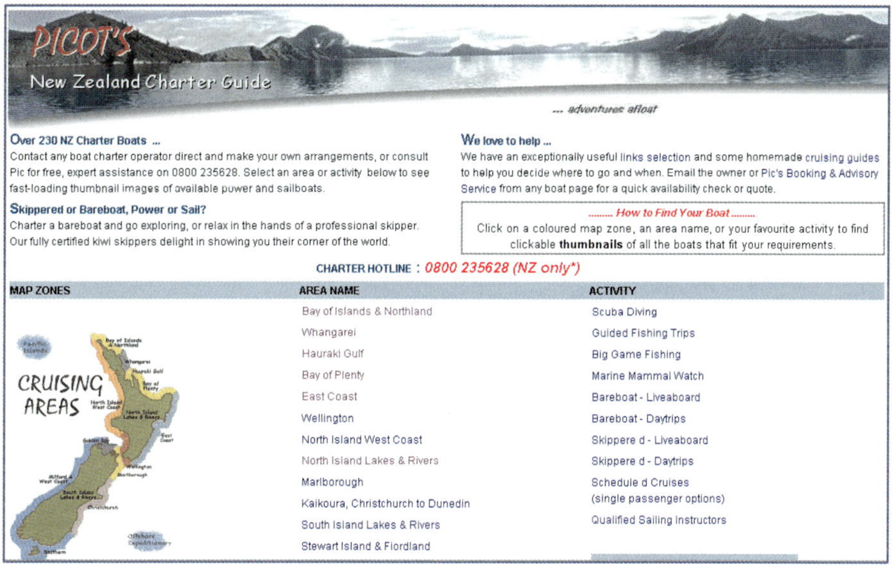

〈그림 3-48〉 Charter Guide homepage

15) Charter Link(www.charterlinksouth.co.nz)

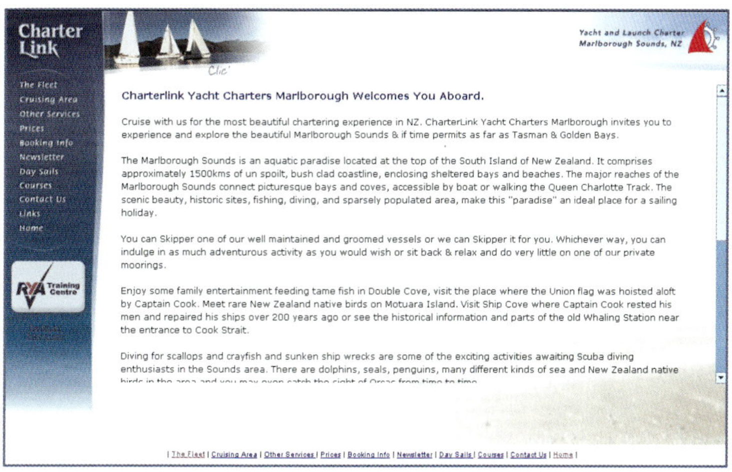

〈그림 3-49〉 Charter Link homepage

Charter Link는 뉴질랜드의 아름다운 경관 등을 제공한다. Marlborough Sounds 및 Tasman & Golden Bays가 대표적인 한 예이다. 뉴질랜드 북 섬 꼭대기에 위치해 있는 Marlborough Sounds는 수생생물의 천국이라 할 만큼 다양한 수생생물이 있으며 대략적 1500km나 되는 아름다운 해안선은 세계최고라 할 수가 있다. Marlborough Sounds는 요트 및 Queen Charlotte Track에서 도보로 도착할 수가 있다. 또한 수심이 깊어 스쿠버 다이빙, 수상스키, 낚시 등 다양한 해양스포츠 활동을 하기 적합하다.

〈표 3-39〉 요금표

BAREBOAT	선 명	겨 울	봄/가을	여 름	선석/최대
Waianawa	Carpenter 29	$305	$390	$425	4/6
Waiari	Carpenter 29	$305	$390	$425	4/6
Red Jacket	Lotus 9.2	$350	$420	$460	4/6
Zig Zag	Raven 31	$380	$450	$485	4/6
Rapport	Jeanneau 31	$400	$465	$500	4/6
Syrena	Lotus 10.6	$400	$500	$570	6/7
Vis a Vis	Jeanneau 36	$550	$675	$750	6/8
Mashava	Beneteau 432	$625	$760	$820	6/8
Alacalufe	Bavaria 390	$610	$715	$775	8
manzi	Warwick 36	$630	$710	$795	8/9
Tsunami	Salthouse 760	$285	$340	$385	2/4

16) Compass Charters(www.compass-charters.co.nz)

Compass Charters는 뉴질랜드 Marlborough Sounds 지역을 중심으로 보트임대를 서비스한다. 태평양 지역의 넓은 지역을 항해를 할 수 있으며, 다양한 보트의 종류가 있다. Waikawa Marina를 바탕으로 뉴질랜드 남 섬의 여러 섬들을 항해할 수 있다. 또한 정박시설 또한 안전하며, 최고의 시설을 갖추고 있다.

〈그림 3-50〉 Compass Charters homepage

〈표 3-40〉 요금표

Peak :	12월 20일 ~ 2월 15일 & 부활절
Shoulder :	2월 16일 ~ 5월 1일
Economy :	5월 1일 ~ 12월 19일

Yachts	Design	Peak	Shoulder	Economy
Southern Endurance	Herroshoff 28	$325.00	$290.00	$250.00
Zachary Hicks	Carpenter 29	$420.00	$380.00	$300.00
Chieftain or Chinook	Chieftain 38 (x 2)	$600.00	$550.00	$480.00
St Paul	Raven 39	$770.00	$700.00	$610.00
Metaxa	Beneteau 390	$770.00	$700.00	$610.00
Launches	Design	Peak	Shoulder	Economy
Phoenix	Resort 35	$650.00	$590.00	$510.00
E.J.	Salthouse 35	$680.00	$625.00	$550.00
Tasman Ranger	Pelin Ranger	$795.00	$740.00	$640.00
Topaz	Pelin 45	$850.00	$800.00	$700.00
Runabouts	Design	Peak	Shoulder	Economy
Compass Rose	McLeod	$320.00	$260.00	$230.00
Huntsman	Huntsman S 6000	$360.00	$300.00	$270.00
Aluminium Power Cats	Design	Peak	Shoulder	Economy
Cut Cat	"Modified"	$370.00	$310.00	$270.00

12. 일 본

1) Sailing Holiday(http://www.yachtcharter.jp)

도쿄에 본부를 두고 태평양 인근 주변의 세계 여러 지역을 항해하며 요트 임대사업을 하고 있다. 타히티, 푸켓, 랑카위, 뉴질랜드, 피지, 하와이, 카리브 해 등 따뜻하고 세일링하기에 가장 좋은 곳으로 고객을 안내한다.

〈그림 3-51〉 Sailing Holiday homepage

2) Charter Yacht OKINAWA(http://www.yacht-okinawa.com)

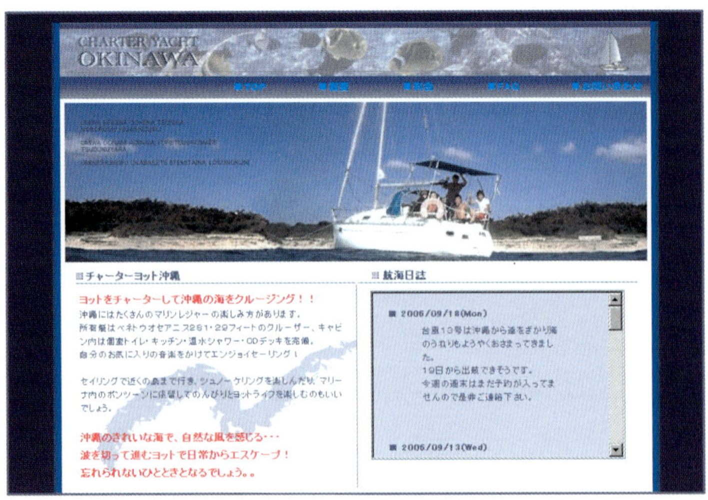

〈그림 3-52〉 Charter Yacht OKINAWA homepage

오키나와현 기노완시 마시키의 기노완항 마리나 내에 위치하였고, 오키나와에는 많은 마린 레저를 즐길 수 있다. 보유 요트는 베네트 28.29피트의 크루저 요트로써 선실 안에는 개인실, 화장실, 키친, 온수샤워, CD 데크를 완비하였고, 세일링으로 인근 섬까지 가서 스노우클링을 즐기거나 마리나 내의 평저선에 계류해 한가롭게 요트 라이프를 즐길 수 있는 매력이 있다.

〈표 3-41〉 요금표

일일 무인도 항해 シュノーケリング 코스
10시에 출발 16시 항구에 돌아올 때까지 음료 및 식사를 제공한다.
1인 9000엔 シュノーケリング과정은 수상스키 및 해양장비 임대를 제공한다.
Sun set 항해 코스
17시에 출발 20시에 항구에 돌아온다. 또한 음료 및 식사를 제공한다.
1인 5000엔
외딴 섬 항해 및 1박 2일 숙박 코스
음료 및 식사제공
1인 1일 숙박 10,000엔, 서양식 여관은 6500엔 예약 가능하다.

3) 우미마루(http://www.umimaru.net)

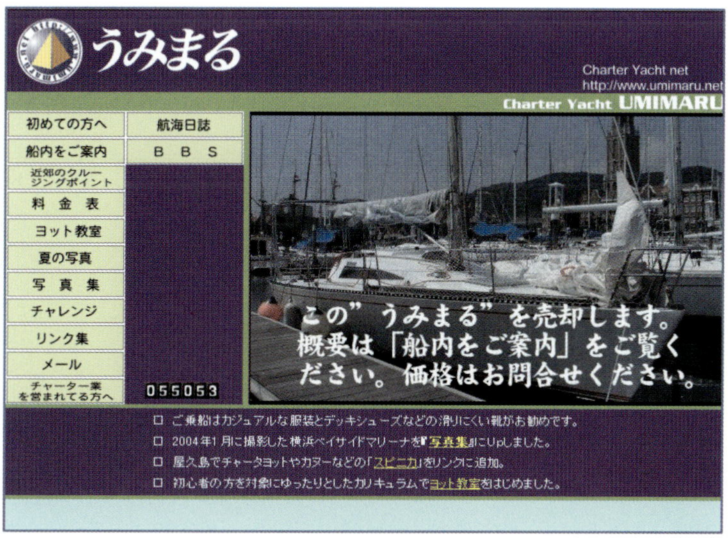

〈그림 3-53〉 우미마루 homepage

우미마루호 선장인 마츠무라가 직접 운영하며, 가고시마 현과 오키나와 현을 주로 왕복하는 요트 임대회사이다. 인근에 하우스 텐 보스의 테마파크가 있다. 상품으로는 체험 크루징, 선셋 크루징, 나이트크루즈, 차터크루즈가 있으며, 큐슈 섬 지방의 자연을 만끽할 수 있는 코스와 아름다운 모래사장과 자연의 사슴의 섬 카미고토 섬과 노자키 섬 코스 등을 경험해 볼 수 있다. 또한「마음 편한 요트 교실」을 운영하여 체험 항해술도 배울 수 있다.

Yacht Tourism

Chapter

4

한국의 요트산업의 규모와 전망

요트관광의 이해

한국의 요트산업의 규모와 전망 제4장

제1절 한국의 요트산업의 현황

1. 요트마리나의 현황과 과제

한국은 약 3170여개의 섬과 2660여개의 항구 360개의 해수욕장 12,000km의 긴 해안선을 갖고 있는 삼면이 바다로 둘러싸인 해양국가이다. 특히 중국과 일본과의 거리가 비행거리로 1시간 30분 정도의 가까운 지리적 입지를 가지고 있는 세계에서 유래가 없는 천혜의 교통로에 위치한 관계로 관광산업 측면에서 성공가능성이 월등한 지리적 장점을 보유하고 있다.

그러나 이제까지 한반도는 남북분단의 정치적 상황과 조선산업과 수산업중심의 해양정책으로 인하여 해양관광에 관한 인식이나 투자가 서구의 해양국가에 비하여 현저하게 차이를 보이고 있는 것이 현실이다.

해양관광의 가장 기본적인 기반시설은 마리나로서 “마리나”는 “작은 항구”라는 의미로 현대에 와서는 모든 해양관광이나 해양 레저스포츠를 위한 편의시설이 완비된 항구시설을 의미한다. 따라서 마리나의 존재는 해양관광산업이나 요트산업의 존재나 규모를 측정하는 기준이 되며 요트산업의 발전을 위한 필수불가결한 시설이라고 할 수가 있다.

한국의 경우 국제적 수준의 요트마리나로 평가하기는 부족하지만 올림픽 경기를 위한 용도로 건설된 요트계류장인 부산의 수영만 요트장과 함께 통영의 금호마리나, 진해 등이 육상 및 해상계류시설을 갖춘 마리나로 존재하고 있으며 그밖에 완전한 시설은 아니지만 11개소의 간이 형태의 요트마리나가 건설되어 있다.

그러나 대부분이 요트관련 시설과 서비스시설이 계획적으로 완비된 것이 아니고, 국제적으로 홍보되고 있는 마리나가 아닌 이유로 외국의 요트항해자나 내국인들에게 까지도 잘 알려져 있지 않아서 제기능을 다하고 있지 못하고 있는 실정이다. 이들 마리나의 시설현황은 아래의 표와 같다.

〈표 4-1〉요트마리나 현황

마리나	소재지	건립년도	계류능력	시 설
부산 수영요트경기장	부산 (해운대)	'86.04	448척 (육상:155/해상:293)	부잔교 8열 954m·크레인 3조·계측실·각종사무실(해양스포츠, 영화 관련 등) 등
통영 마리나리조트	경남 (통영)	'94.07	70척(육상:40/해상:30) *태풍매미로 인한 부잔교(폰툰) 파손으로 인한 해상계류 감소	부잔교 1열 40m·클럽하우스·적치소·콘도·스포츠센터 등
진해 마리나리조트	경남 (진해)	'04.07	50척 (육상:30/해상:50)	부잔교 3열 180m·클럽하우스·적치소·수리소 등

자료 : 해양수산부(2007)

〈표 4-2〉소형 마리나 현황(11개소)

소재지	시설 명	소유기관	관리주체	부지 면적(㎡)	건축 면적(㎡)	연 면적 (㎡)	준공 연도
서울	난지 요트장	서울시	서울시	320	110	120	'01
경기	평택호 요트훈련장	평택시	평택시	138,561	8,990	13,612	'86
인천	왕산요트장	인천시	시 체육시설 관리과	13,211	411	322	'01
강원	사천 요트장	강릉시	강릉시	593	296	296	'97
충북	충주 요트경기장	충주시	충주시	14,333	316	404	'04
충남	보령 요트경기장	보령시	보령시 직영	3,620	382	514	'01
전북	부안변산 요트경기장	부안군	부안군 직영	7,852	427	427	'03
전남	소호 요트장	여수시	시 체육시설 관리과	2,146	395	1,742	'87
경남	거제 요트장	거제시	위탁 (윈드서핑협회)	13,413	1,121	1,1214	'98
경북	경북 요트장	경상북도	후포군	1,881	605	1,351	'92
제주	중문 요트장	서귀포시	중문관광단지	입구폭 15m	파일계류 20척		'94

자료 : 해양수산부 자료참고 저자 작성(2008년)

2. 향후 마리나 개발계획

현재까지 마리나시설에 관한 국가차원의 계획은 수립중에 있으나 마리나의 중요성을 간파한 지자체를 중심으로 해양레져 시설비의 지원 건의 등으로 인하여 새로운 마스터 플랜의 수립이 시급한 실정이다. 이러한 마리나를 건설하기 위해서는 시설의 활용도에 대한 심층적인 연구와 한국의 현실에 어민의 생업공간과의 충돌로 인하여 야기되는 문제 등과 더불어 관련 법규에 대한 정비 등이 연구되어야 할 것이다. 해양수산부에서는 지자체 등과의 협의에 의하여 잠정적으로 아래의 그림과 같이 현재 운영중인 부산 수영만, 금호마리나, 진해마리나 외에 12개소를 아래와 같이 중점적으로 개발할 계획을 수립중에 있다.

〈표 4-3〉 마리나 개발계획

특 성	지 역	계	비 고
무역항내 마리나 시설 예정지구	삼척항, 서귀포항, 평택·당진항	3	항만기본계획
어항구역내 마리나 시설 예정	대변항(기장군), 지세포항(거제시), 국동항(여수시), 격포항(부안), 홍원항(서천)	5	다기능어항
균특 회계지원 마리나 시설	당항포(고성군), 목포북항(목포), 함평마리나	3	항만기본계획 포함(목포)
지방자치단체 건설 마리나 시설	전곡항(화성)	1	경기도, 화성시(120척 규모)
운영중인 마리나 시설	수영만(부산), 진해, 금호마리나(통영)	3	

자료 : 해양수산부(2007)

3. 관련 법규의 이해와 정비

마리나를 건설하기 위한 관련 법률은 총 20여종으로 분석이 되어진다. 이러한 법률중에서 마리나를 건설하는 과정에서 참고해야 되는 법률은 항만법 등과 함께 14종에 이르고 있다. 또한 마리나를 운영·관리하면서 참고하여야 하는 법률은 수상레저 안전법을 포함하여 총 6종의 법률을 우선적으로 고려하여야 한다.

1) 마리나 건설과 관련된 법률(총 14종)

① 입지에 따라 어촌어항법과 항만법에 대한 검토를 비롯하여 연안관리법, 공유수면관리법, 공유수면매립법을 각각 검토하여야 함.

② 입지제약과 관련하여 해당 수역 및 육지부에 대한 검토를 위하여 수산업법, 자연공원법, 자연환경보전법, 국토의 계획 및 이용에 관한 법률, 습지보전법, 관광진흥법, 문화재보호법, 해양오염방지법, 공익사업을 위한 토지 등의 취득 및 보상에 관한 법률 등

2) 마리나 경영과 관련된 법률(총 6종)

① 시설 운영과 관련된 법률은 수상레저안전법, 체육시설의 설치 및 이용에 관한 법률 등 2종

② 보트 운항과 관련된 법률은 선박안전법, 해상교통안전법, 유선 및 도선 사업법, 낚시·잠영어선법 등 4종

3) 마리나 건설과 관련된 각종 규제 법률

(1) 연안 이용 관련 규제 법률

연안 이용에 관한 규제적 법률로는 공유수면매립법 제9조와 공유수면관리법 제5조, 연안 관리법 제8조에 의한 규제를 받게 된다.

즉, 공유수면을 매립하여 마리나를 개발하거나 수역시설을 설치하여 해당 공유수면을 점용하고, 토지의 굴착, 성토 기타의 행위에 대하여 혹은 수면에 있어서 시설 혹은 공작물을 신설하려는 경우는 공유수면관리자의 허가를 받지 않으면 안 됨. 공유수면관리자는 신청의 내용이 해안의 보전 등 공익에 지장을 줄 우려가 없다고 인정되는 경우에 허가하는 것으로 되어 있다.

연안관리법은 바다의 개발제한 구역이라고 볼 수 있기 때문에 연안구역이 설정된 경우에 연안보전구역, 준 연안 보전구역으로 각각 한번 설정된 경우에는 보전구역이 해제되기 전까지는 어떠한 행위도 불가능하기 때문에 각종 해양관광 시설을 건설하는 경우 매우 어려운 환경을 제공하고 있다.

(2) 자연공원법

자연공원법은 국립공원, 도립공원 중에서 마리나 시설 등이 먼저 공원 계획에 반영이 되

어야 이들 지역에서 건설이 가능해진다(제12조~제14조). 또한 국립공원, 도립공원 내의 일정의 규모 이상의 공작물을 신축, 증축하는 경우에도 동일하다(제23조).

(3) 문화재보호법

문화재 보호법에 의하면 명승, 철새 등 천연기념물보호구역, 국가문화재 등 문화재보호구역으로 지정된 구역의 경우에는 반경 500m 이내의 사업에 대하여 문화재위원회의 승인을 득하여야 하므로 문화재 보호지역에서의 마리나 개발 사업은 사실상 어렵게 된다.

4) 선박 운항과 관련된 규제

선박의 운항에 관하여는 선박법, 선박안전법 등의 법률이 있어 마리나의 건설에 있어서 법 규정에 의거 특정항(흘수가 깊은 선박이 출입하는 항 혹은 외국 선박이 상시 출입하는 항)내 혹은 특정항 인근에서 공사를 행하는 경우에는 항만관리의 장의 허가를 받지 않으면 안 되는 것으로 되어 있다.

〈표 4-4〉 해양관광관련 각종 법령

일반사항	국토계획 · 이용	국토기본법, 국토의 계획 및 이용에 관한법률 등
	사업주체 및 권리관계	선박등기법, 공유수면매립법, 국유재산법, 민법, 부동산등기법, 사회기반시설에대한민간투자법 등
수역관리에 관한법	설치장소	어촌 · 어항법, 항만법, 연안관리법, 개항질서법, 공유수면관리법, 해양수산발전기본법, 자연공원법, 군사시설보호법, 도로법, 공익사업을위한토지등의취득및보상에관한법률, 농지법, 산지관리법 등
	환경보전	해양오염방지법, 연안관리법, 습지보전법, 어업자원보호법, 자연환경보존법, 폐기물관리법, 환경 · 교통 · 재해 등에 관한 영향 평가법, 온천법 등
해양 건축 및 이용	시설이용	항만법, 선박법, 수산업법, 해양수산발전기본법, 국토의 계획 및 이용에 관한법률, 건축법, 관광진흥법, 체육시설의 설치 · 이용에 관한법률, 공유수면관리법, 하수도법 등
안전에 관한법	시설의 안전 및 이용자 안전	해상교통안전법, 수상레저안전법, 해운법, 유선 및 도선사업법, 건축법, 선박안전법, 소방기본법, 공중위생관리법, 식품위생법, 의료법, 정보통신법 등

자료 : 해양경찰청

제2절
요트면허와 수상레저 활동 현황

1. 수상레저활동 추세 및 전망

향후 한국의 요트산업 및 마리나의 발전을 위한 기본시장으로서 수상레저인구의 동향은 중요한 지표가 될 수 있다. 수상레저인구의 동향과 관련사업자의 등록현황과 요트면허 취득현황을 통해서 요트산업의 발전전망을 예측할 수가 있다.

2006년 우리나라 1인당 국민소득이 18,372달러에 달했고 곧 2만 달러에 이를 것으로 전망되어 2010년경 부터는 해양레저의 수요가 급증할 것으로 예상되고 최근 수상레저 활성화를 위한 각종 정책과 관련법령 등이 만들어지는 등 수상레저사업이 국가의 전략적 동력산업으로 급부상 되고 있다. 아울러 수상레저를 산업으로 발전시킬 수 있는 지리적, 경제적, 문화적, 환경적 인프라도 개선되고 있어 수상레저 안전관리에 대한 해양경찰의 역할도 점점 증대되고 있다.

수상레저에 대한 국민의 관심이 증대됨에 따라 수상레저 스포츠 활동인구가 급속히 증가하고 특히 가족단위의 레저생활이 일반화되고 있다. 또한 레저스포츠를 선호하는 20~30대 세대가 많아지면서 레저패턴도 적극적이고 모험적 형태로 발전해 가고 있으며 2006년 이후에는 그 변화의 속도가 더욱 커져 더 자극적인 스피드와 스릴을 추구하는 수상레저 활동이 증가함에 따라 수상레저 활동자의 안전의식을 제고시킬 필요가 한층 높아졌다.

해양관광 참여인구는 지속적으로 증가하고 레저활동 참여형태도 과거 해수욕장이나 바다낚시 위주에서 벗어나 수상레저·스포츠 활동의 비중이 크게 늘어날 것이며 이들의 활동형태도 매우 다양할 것으로 전망된다.

2. 레저활동의 변화

수상레저사업의 패턴이 세계적으로 보편화되어 왔던 윈드서핑 등 무동력 레저기구에서 모터보트와 기관이 장착된 워터슬래드 중심의 레저기구로 변화하고 있다. 워터슬래드도 과거 속칭 바나나보트라는 단순한 형태에서 땅콩보트, 플라이피쉬 등으로 다양화되고 있고 사고 위험이 높은 카이트 서핑이나 파워스키도 점차 증가추세에 있다.

〈표 4-5〉 수상레저기구 종류

- 레저기구의 세분화 : 수상스키 ⇨ 양발스키, 외발스키, 웨이크보드
  워트슬래드 ⇨ 바나나보트, 땅콩보트, 플라이 피쉬
- 새로운 레저기구의 등장 ⇨ 카이트 서핑, 파워스키 제트보트

자료 : 해양경찰청

또한 원거리 수상레저활동이 가능한 크루즈요트, 호버크래프트를 이용한 수상레저사업이 등장하고 레저보트가 대형화·고급화되며 수상레저단체나 동호회가 증가하여 영해선 인접해역까지의 원거리 활동도 증가 추세에 있다.

〈표 4-6〉 수상레저사업 등록현황

기구별 / 연도별	총계	모터보트	요트(동력)	수상오토바이	고무보트	스쿠터	수상스키	패러세일	카누	카약	워터슬래드	수상자전거	서프보드	노보트	래프팅보트
2006	7,518	1,174	30	253	93	31	281	16	13	86	796	137	5	905	3,698
2005	7,921	1,279	11(2)	313	108	1	654	13	18	92	1,124	289	24	831	3,164
2004	6,662	1,153	4	311	118	-	543	18	26	154	1,039	273	20	865	2,138
2003	6,541	1,038	4	369	106	-	631	13	41	98	867	207	64	803	2,273
2002	5,055	813	4	237	55	-	401	13	24	52	616	180	24	575	2,061
2001	4,129	734	2	226	218	-	415	16	19	-	537	141	28	328	1,465

자료 : 해양경찰청

아울러 내수면 수상레저사업장의 경우 일부 지자체에서 관광객 유치를 위해 래프팅 사업장 466개소를 등록시켜 관광객의 증가를 도모하였으며, 매년 래프팅 활동을 즐기는 동호인의 수가 증가 추세에 있다.

〈표 4-7〉 내수면 및 해수면 레저사업체 현황

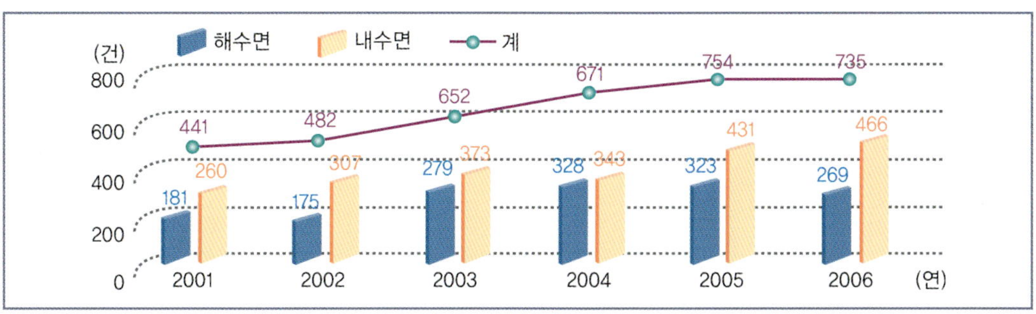

자료 : 해양경찰청

3. 조종면허시험 확대시행

수상레저안전법 제4조에 의거해서 동력수상레저기구를 조종하는자는 조종면허를 받아야 하며, 그 종류는 모터보트 등의 조종을 위한 일반조종면허로서 1급과 2급이 있으며, 요트 조종을 위한 요트조종면허로 분류된다. 응시인원은 2000년부터 2004까지는 큰 변화가 없었으나 2005년부터 증가폭이 두드러졌고 2006년에는 22,567명(필기시험 응시자 기준)이 응시하여 2005년 15,788명 대비 약 42% 증가한 것으로 이는 출장시험 확대 등 국민편의 위주의 면허행정 지속적 추진과 적극적인 홍보활동의 결과로 분석된다. 특히 요트시험 응시자는 2005년에 비해 65%나 증가하였는데 이는 요트활동이 최근 부산, 경남지역일원부터 급속히 확산되고 있는 것을 보여주고 있다.

〈표 4-8〉 조종면허 발급현황

연 도	총 계	1급	2급					요 트				
			소계	비면제	필기 면제	실기 면제	전부 면제	소계	비면제	필기 면제	실기 면제	전부 면제
계	76,113	25,165	49,994	41,444	3,355	4,630	565	954	899	54	–	1
2006	12,534	2,636	9,753	7,781	1,189	706	77	145	130	15	–	–
2005	16,402	4,971	11,140	8,605	966	1,285	284	291	277	14	–	–
2004	11,943	3,962	7,807	6,427	500	788	92	174	165	8	–	1
2003	11,950	4,827	6,982	6,089	235	619	39	141	138	3	–	–
2002	10,598	4,197	6,294	5,608	218	437	31	107	104	3	–	–
2001	12,686	4,572	8,018	6,934	247	795	42	96	85	11	–	–

자료 : 해양경찰청

〈표 4-9〉 조종면허 지역별 발급 현황

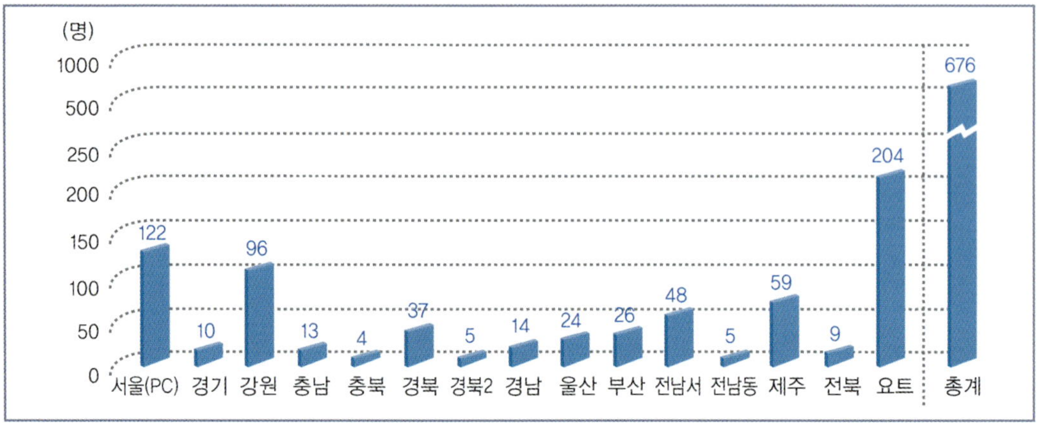

자료 : 해양경찰청

2006년도 조종면허시험은 3월 7일부터 12월 28일까지 전국 15개 조종면허시험장에서 443회(정기 274회, 특별 10회, 출장 159회)를 실시하여 필기시험은 13,539명이, 실기시험은 9,791명이 각각 합격하였다.

또한, 고령 · 문맹자를 위한 구술시험과 외국인들을 위한 영어필기시험을 실시하는 등 맞춤형 시험제도를 구축하고 적극적인 홍보활동을 한 결과 그동안 응시를 기피하던 국내거주 외국인과 노령층 응시자가 증가하였다.

조종면허 시행 이후 10명 내외이던 외국인 취득자 수가 일본 국적의 단체 취득으로 2005년부터 대폭 증가하였고, 영어 필기시험 시행 이후 최득자들의 국적이 다양화 되고 있다.

〈표 4-10〉 외국인 면허발급 현황

연 도	계	미 국	일 본	중 국	대 만	호 주	독 일	캐나다	태 국	영 국	노르웨이
계	815	18	777	2	6	3	3	1	1	1	2
2006	614	6	603	–	–	1	–	–	–	1	2
2005	186	8	172	–	1	1	2	1	1	–	–
2004	4	2	–	1	–	–	1	–	–	–	–
2002	6	1	1	1	3	–	–	–	–	–	–
2001	5	1	1	–	2	1	–	–	–	–	–

자료 : 해양경찰청

제3절
국내 요트의 현황

1. 요트보급현황

요트협회에 등록된 경기정을 제외한 레저로서 즐기는 동호인들이 보유하고 있는 요트의 현황은 자세히 파악되지 않고 있으며, 현재 활동하고 있는 클럽들을 기준하여 조사한 것으로는 딩기를 제외한 20피트 이상의 크루즈 요트의 경우 부산 수영만(약 76척), 경기 화성 전곡항(30척) 등을 포함하여 150척 내외가 되는 것으로 파악되고 있다.

〈표 4-11〉 크루즈 요트 현황

마리나	척 수	비 고
부산 수영만	76척	
화성시 전곡항	30척	20ft 이상 53ft
금호마리나	15척	
오천항	12척	
기 타	여천(2), 제주(8), 마량(2), 진해(2), 강릉・대천・목포(각1척)	
총 계	약 150대	2008,1월(현지 및 탐문조사)

〈부산 수영만 요트경기장〉

〈전곡항〉

〈금호마리나〉

〈제주 중문요트 계류장〉

〈오천항〉

2. 동호인 활동현황

부산과 서울 그리고 경기도 화성의 전곡항을 중심으로 한 요트 동호인 클럽들이 현재 활동 중에 있으며 인터넷 동아리 등을 포함하여 전국적으로 10여개의 동호인 클럽이 활동 중인 것으로 파악되고 있다.

3. 요트 장비 제작업체 현황

1980년대 현대그룹의 자회사인 경일산업과 미원 그룹에서 외국 주문자 형식(OEM)으로 세일과 모터요트를 생산하고자 생산라인을 가동하였으나 몇 대의 시제품을 생산하고 중단되었다. 원인은 외국 주문자의 품질검사에 통과하지 못한 것이 이유였다. 이때 경일요트에서 만든 파랑새호(35피트)는 노형문과 이재웅씨가 1980년 울산을 출항하여 76일만에 태평양을 횡단하여 샌프란시스코에 도착 최초의 태평양 요트횡단 항해 기록을 남기었다. 현재 경일산업에서 만든 요트가 부산에 한척, 미원에서 만든 요트가 부산과 여수 각각 1척씩 남아 있다.

최근에는 충남 서천에 위치한 "신화마린테크"에서 호주와 기술제휴를 통하여 10.3m 길이의 쌍동선을 제작하였다.

요트장비는 크게 선체와 리깅, 세일 등으로 나눌 수 있으며 장비의 보급을 위해서는 이 세 가지가 균형적으로 제작되어야 하나 현재 국내에서는 선체를 제외한 리깅과 세일 등의 제작업체는 전무한 형편이다. 그나마 영세한 요트 제작업체들은 낙후된 기술력으로 인하여 요트인들의 요구를 충족할 만한 요트를 생산하지 못하고 있는 현실이다. 그럼에도 불구하고 일부의 제작업체에서는 실험적인 시도를 하고 있으며, 향후 이에 대한 정책적인 지원이 절실히 요구된다.

Yacht Tourism

Chapter

5

세계의 요트대회

요트관광의 이해

세계의 요트대회 제5장

제1절 요트경기의 의의

1. 요트경기 입문

요트경기는 주말을 이용하여 여가생활로써 즐기는 것에서부터 TV중계와 상금이 걸린 전문 그랑프리 경기까지 다양하게 즐길 수 있는 스포츠이다. 항해자들은 바다에서 항해를 시작한 순간 주위를 항해하고 있는 요트와 경주를 해본 경험이 있을 것이다. 스포츠로서 자리잡기 위한 요트항해는 세일요트 경기로 공인되어 1800년대부터 시작되었다. 다음 세기로 바뀔 때쯤 가장 명성이 높은 아메리카스 컵에서 영국과 미국의 세일요트 경기는 우발적으로 추정되는 사건(미국 항해자가 정정당당한 항해를 하지 않는다는 영국항해자의 주장)으로 인하여 세일요트 경기 전쟁으로까지 열기가 달아올랐다.

요트경기는 이러한 스포츠로서의 의미만이 아니라 관광객을 유인하고 관광수입을 올릴 수 있는 중요한 관광자원으로서의 가치도 올라가고 있다. 예를 들어, 2007년 아메리카스 컵 요트대회가 열린 스페인의 발렌시아에는 6백만 명의 관광객이 방문하였고, 시청자도 40억명으로 추산하고 있다. 또한 스페인 경제에 영향을 준 경제적 효과도 40억 유로로 추산할 정도로 올림픽이나 월드컵 축구대회와 함께 최고의 세계적 스포츠 이벤트중의 하나이다.

1) 모두가 즐길 수 있는 세일요트 경기

경기용 세일요트는 남녀노소를 불문하고 누구나 쉽게 이용할 수 있다. 비록 아메리카스 컵의 전문적인 선원(grinder)들과 같은 특정 세일요트에 유능한 선원이 위치하는 경우 육체적인 요구가 선행되지만 가장 중요한 세일요트 경기자의 기본 요건은 집중력, 민첩성, 배우고자 하는 열망, 즉 정신력에 있는 것이다. 심지어 세일요트 경기는 신체 장애인들도 참여할 수 있다.

남성과 여성은 다양한 세일요트 경기에서 동등하게 기량을 겨룰 수 있다. 1995년, 팀 구성원이 전부 여성으로 이루어진 JJ팀은 아메리카스 컵에 참여할 수 있는 엄청난 기회를 얻었다. 지역 세일요트 경기에서 성대결은 쉽게 찾아볼 수 있는 일이지만 이는 최초로 전문 스포츠에 있어서 여성이 남성과 정면으로 맞선 수준 높은 경기였다.

2) 스포츠맨 정신을 키워주는 세일요트 경기

세일요트 경기는 부정한 행위에 대한 벌칙을 적용하는 우선권 규칙이 적용되기 때문에 경기자들에게 페어플레이 정신을 심어준다. 심판이 경기를 치르고 있는 요트와 함께 경기장에 있는 경우가 있기도 하지만 대부분의 경기는 경기자들의 스포츠맨 정신을 서로 믿고 심판 없이 경기를 한다.

3) 환경친화적인 세일요트 경기

세일요트 경기는 자동차 경기에서와 달리 소음도 없고, 고무의 연소, 화석 연료의 연소 없이도 격렬함을 느낄 수 있다. 그리고 세일요트 경기자는 트랙의 중심을 벗어난 자동차 경주자와는 다르게 자연의 중심을 벗어나는 일이 없으며, 항해자는 자연 환경에 피해를 주지 않는다. 요트가 지나간 뒤 남는 것은 오직 요트의 항적 뿐이다.

세일요트 경기에서 좋은 성적을 내기 위해서는 풍향의 변화를 피부로 느끼며 수면상태의 변화를 읽을 수 있도록 항해 감각을 넓혀야 한다. 경주에 있어서는 어느 방향으로 항해할지 주변을 살피고 계획을 세워서 최대한 빠르게 항해하여야 한다.

4) 항상 새로운 것을 배우고 있는 경기자들

파도와 바람이 빈번하게 변화하는 물 위에서 축구경기가 열린다고 상상해 보자. 그것이 바로 요트경기다. 또한 요트경기는 체스판의 말들이 계속적으로 움직이는 3D체스 게임과도 유사하다. 아메리카스 컵은 1대 1 경기방식으로 공중에서 벌어지는 전투기의 싸움과 같이 'Match racing'으로 치루어진다. 어떠한 방식의 경기든 기상과 조류, 돛과 요트에 작용되는 수력 및 공기역학, 전술, 변화에 어떻게 대처할 것인가를 꾸준히 배워나가야 한다.

5) 최적의 장소에서 열리는 세일요트 경기

세일요트 경기는 세계 여러 곳에서 개최된다. 이미 알고 있듯이 최적의 장소인 호주의 퍼스(Perth), 프랑스의 상 트로페(Saint-Tropez) 그리고 세일링을 즐길 수 있는 대부분의 멋진 해안은 그 자체를 방문하는 것만도 만족스러운 것이다. 이러한 아름다운 해안을 즐길 수 있는 것 때문에 우리가 세일요트 경주를 최고의 스포츠라 부르는 이유 중에 하나이다.

2. 경기 규칙

다른 사람들과 함께 게임을 즐기기 위해서는 게임의 규칙에 동의해야만 한다. 세일요트 경기의 규칙들은 스포츠 관리 기구인 국제세일링연맹(International Sailing Federation, ISAF)에서 지정한다. ISAF는 4년마다 경기 규칙을 업데이트 한다. 1997년에 ISAF는 경기 규칙을 보다 쉽게 이해하도록 만들려고 노력을 기울였다.

국가기관 혹은 각 지역 해양 전문 상점에서 얻을 수 있는 국제 세일요트 경기규칙 사본을 갖고 있다면 세일요트 경기를 할 수 있을 것이다. 다음 목록은 세일요트 경기의 기본적인 일곱 가지 규칙을 보여주고 있다.

1) 다른 요트, 부표 또는 회전지점과의 충돌을 피해야 한다.

우리가 항해하는 요트는 놀이동산의 범퍼요트가 아니다. 상대요트나 부표에 충돌을 해서는 안된다.

2) 정당한 출발을 해야 한다.

출발 신호가 있은 후에 출발선을 통과해야 한다. 신호가 있기 전에 출발선을 통과한다면 다시 돌아와서 출발해야 한다.

3) 우현으로 택킹하는 요트가 좌현으로 택킹하는 요트보다 우선권이 있다.

이 규칙과 다음에 나올 두 가지의 규칙은 교통규칙과 경기규칙에 유효하다.

4) 풍하로 항해하는 요트가 풍상으로 항해하는 요트보다 우선권이 있다.

두 대의 요트가 같은 방향으로 택킹할 때 이 규칙이 적용되며 반대 방향으로 택킹하고 있다면 앞서 말한 규칙이 적용된다.

5) 추월하고 있는 요트를 방해하지 않는다.

추월하고 있는 요트를 방해하는 것은 생각조차 하지 못할 일이다.

6) 어느 한 지점을 회전할 때에는 안쪽에 있는 요트가 우선이다.

만일 반환점 또는 장애물에 두 대의 요트 혹은 그 이상의 요트가 겹쳐서 접근한다면 안쪽 코스에 있는 요트가 우선권을 갖는다.

7) 반칙에 대한 대가를 치른다.

세일링 지침에 따라 다양한 페널티가 적용된다. 요트 경기에서는 반칙에 대한 책임은 지정된 원을 두 바퀴 돌게 하거나 최종적으로 획득한 점수에 페널티를 부과하는 경우가 있지만 대부분의 경기에서는 다른 요트에 반칙을 범했을 경우 페널티를 부과하지 않고 곧바로 퇴장처분과 함께 경기자격을 박탈당한다.

3. 경기에 이기는 방법

1) 전문 서적을 통한 연구

올림픽 경기 우승자들의 노하우가 담긴 책이나, 각종 관련 잡지를 통하여 연구한다.

2) 요트경기 세미나 참가

Kolius Racing School과 같은 세계적인 세미나에 참석해 본다.

3) 좋은 요트 선택

경기가 이루어지는 장소나 형태에 따라 사용되는 요트는 변한다. 주말 저녁, 가볍게 경기를 즐길 수 있는 딩기요트는 훌륭한 부부 팀을 구성하게 해 준다. 여러 종류의 요트를 접해보고 경주에 대한 감각을 익힌다.

4) 경기규칙에 대한 이해

요트 경기에서 미리 전략을 세운 팀은 많은 이점을 얻을 수 있다. 예를 들면, 반환점에 가까이 있을 때 전략적 이점을 얻기 위해 우현으로의 택킹을 시도한다(우현으로 택킹하는 요트에 우선권이 주어진다).

5) 충분한 연습

팀원들과 함께 빠르게 항해하는 방법, 전략적으로 완벽한 택킹 기술, 요트 조종술 등을 익히기 위해 많은 시간을 보내야 한다. 최고의 경기자는 많은 시간을 실제 경기보다 연습하는 것에 더 많이 사용한다.

6) 선원으로 참가

대부분의 사람들은 초면인 사람보다 친구와 함께 요트경기에 참여하는 것을 더 원한다. 따라서 자주 항구에 나가 요트경기 항해자들에게 자신을 소개한다면, 더 많은 선원이 필요하게 될 경우 인원을 충당하여 경기에 참가할 수 있는 기회를 얻을지도 모른다.

제2절 외해 요트경기(OFFSHORE CLASSICS)

1. 파스넷(Fastnet)

파스넷 레이스(Fastnet race)는 영국에서 열리는 요트 경기이고, 전통적인 요트경기의 대표적인 것이다. 이것은 2년마다 개최되고, 600마일(1111km)의 코스를 항해한다. 코스는 코웨(Cowes)에서부터 아일랜드 남쪽 연안에 떨어져 있는 파스넷 락(Fastnet rock)까지 한 바퀴 돌고, 샐리(Scilly)섬의 남쪽을 거쳐 플리머스로 돌아오는 것이다.

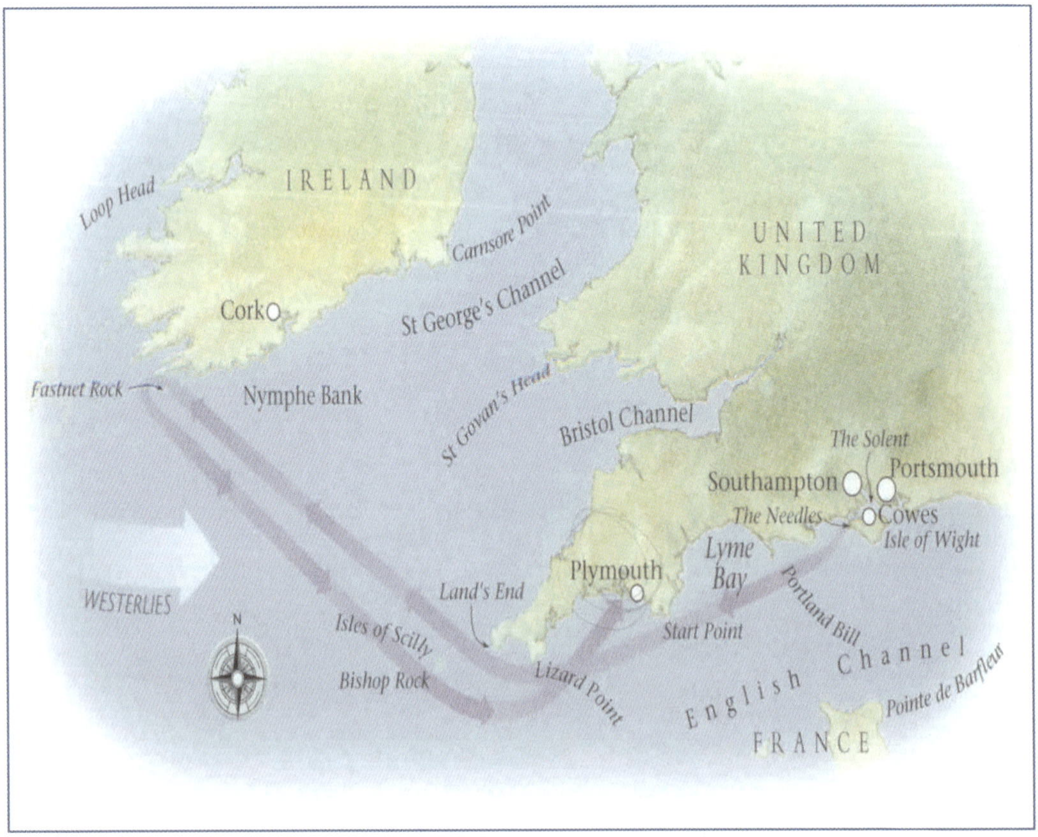

〈그림 5-1〉 파스넷 경기 코스

2. 투르드 프랑스 알 라 보일르(Tour de France Ala Voile)

투르드 프랑스 알 라 보일르는 프랑스 해안을 도는 요트경기이다. 1978년을 시작으로 7월에 프랑스령 리비에라와 영국해협 등 두 코스를 15,000명 이상의 사람들이 참가하였다. 일반적으로 영국해협을 출발하여 3주후에 지중해에 도착하는 스탑오버(Stopovers)코스를 항해한다.

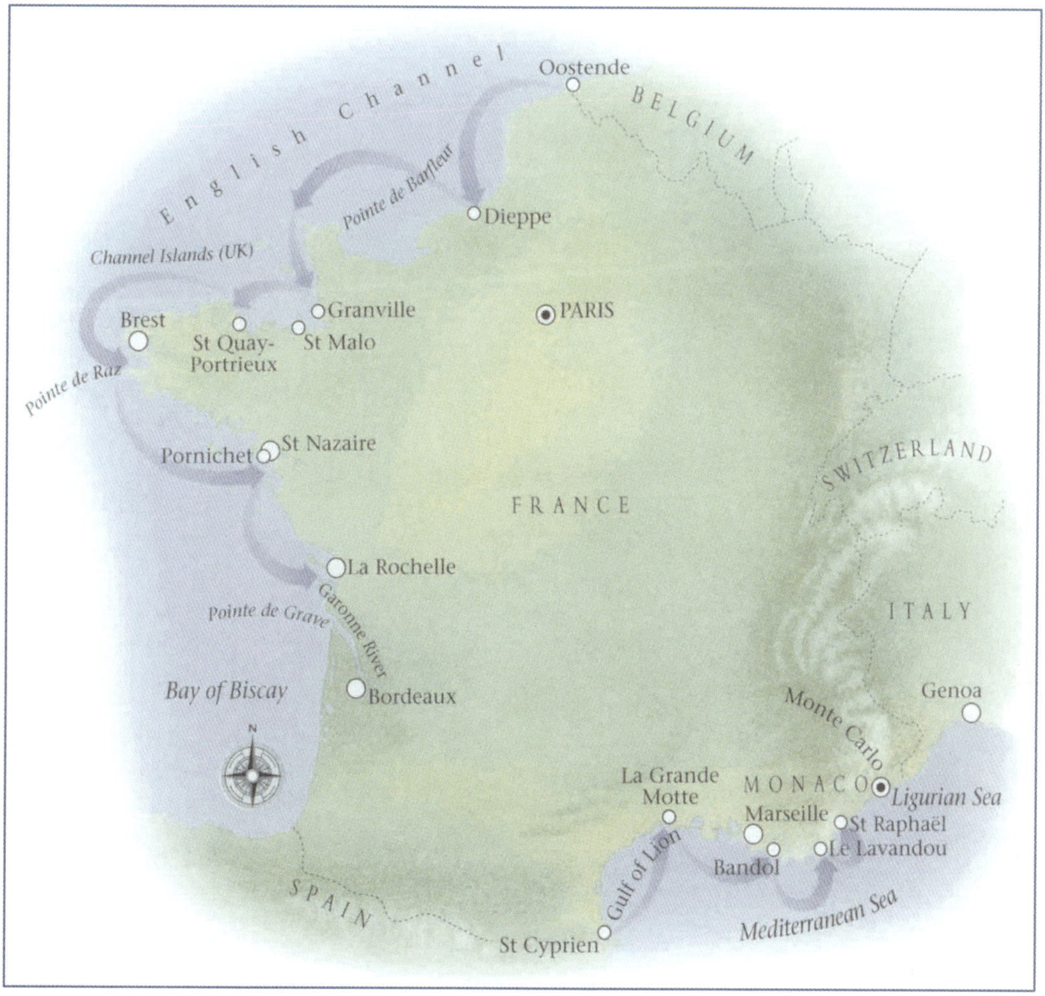

〈그림 5-2〉 투르드 프랑스 알 라 보일르 경기 코스

3. 시드니-호바트(Sydney-Hobart)

시드니-호바트 요트경기는 1945년에 영국의 존 일링워스(John Illingworth)선장에 의해서 시작되었다. 그는 호주의 정통적인 대양요트 경기를 소개하였고, 이 경기는 매년 호주의 크루징요트 클럽에 의해서 조직되었다.

이 경기는 시드니 하버를 출발하여 호주의 동쪽 해안을 따라 타스매니아섬의 호바트까지 가는 630마일(1,167km)의 거리를 항해한다. 전통적으로 매년 12월26일 박싱데이(boxing day)에 출발한다.

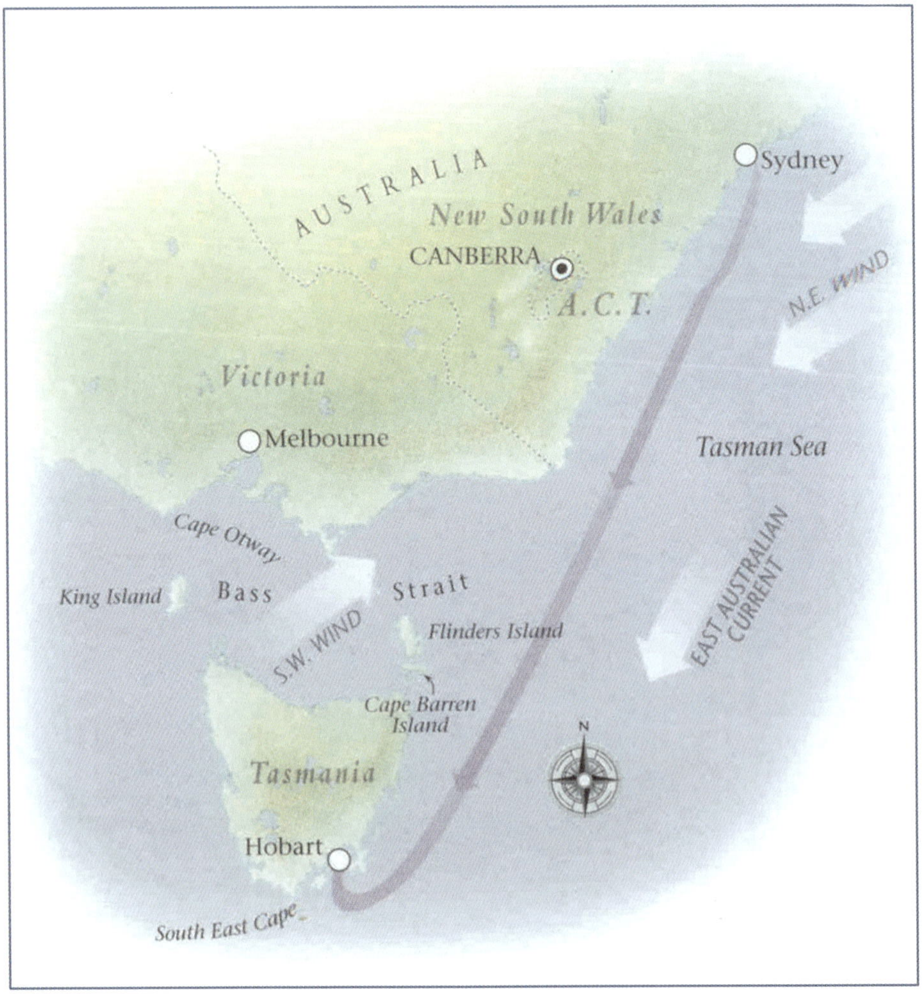

〈그림 5-3〉 시드니-호바트 경기코스

4. 뉴포트-버뮤다(Newport-Bermuda)

뉴포트-버뮤다 요트경기는 미국 크루즈요트클럽과 버뮤다 요트클럽에 의해서 후원되어 격년제로 열리고 있다. 뉴포트를 출발하여 대서양의 버뮤다까지의 635마일(1176km)을 전 세계의 승무원들이 모여서 경기를 펼친다.

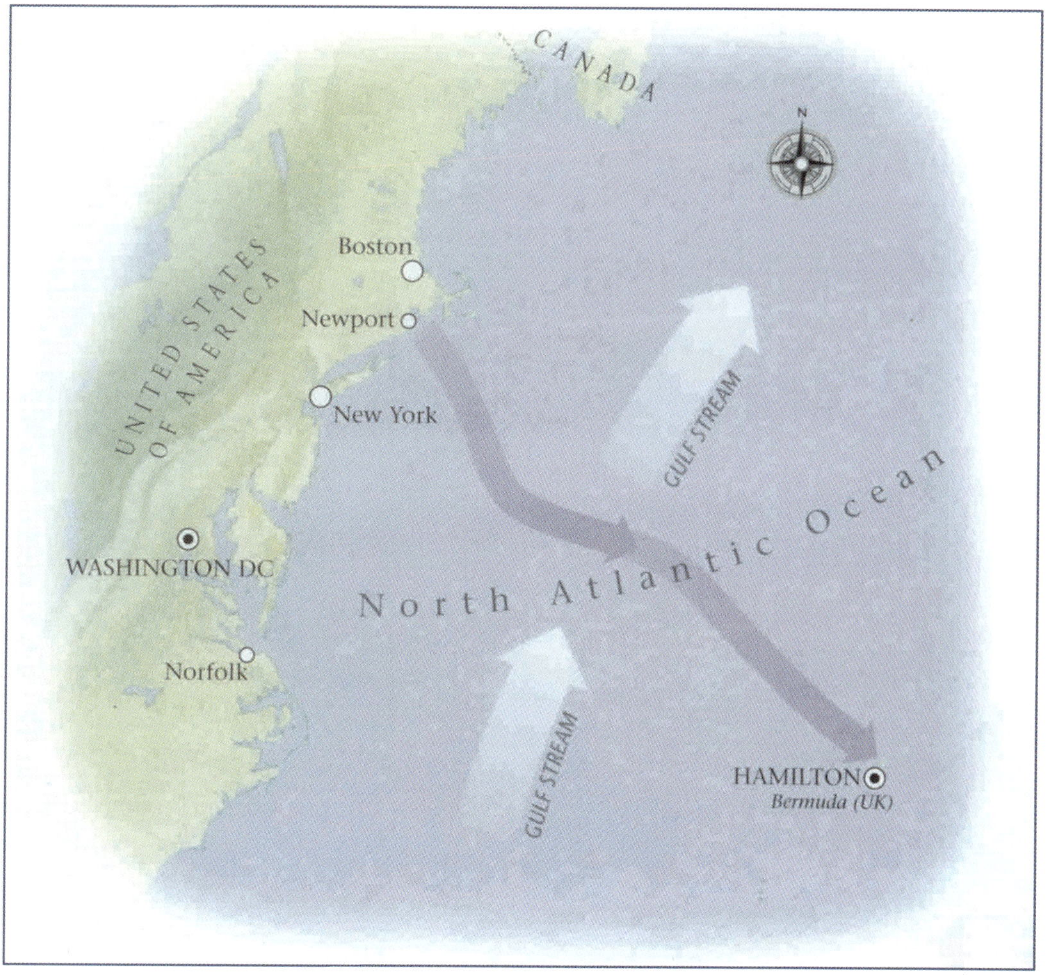

〈그림 5-4〉 뉴포트-버뮤다 경기코스

5. 시카고-맥키낙(Chicago-Mackinac)

시카고-맥키낙 요트경기는 세계에서 가장 오래된 육지의 호수에서 이루어지는 요트경기이다. 1898년에 경기가 시작되었고, 미시건호수의 시카고에서 출발하여 맥키낙까지 80마일(148km)을 항해한다.

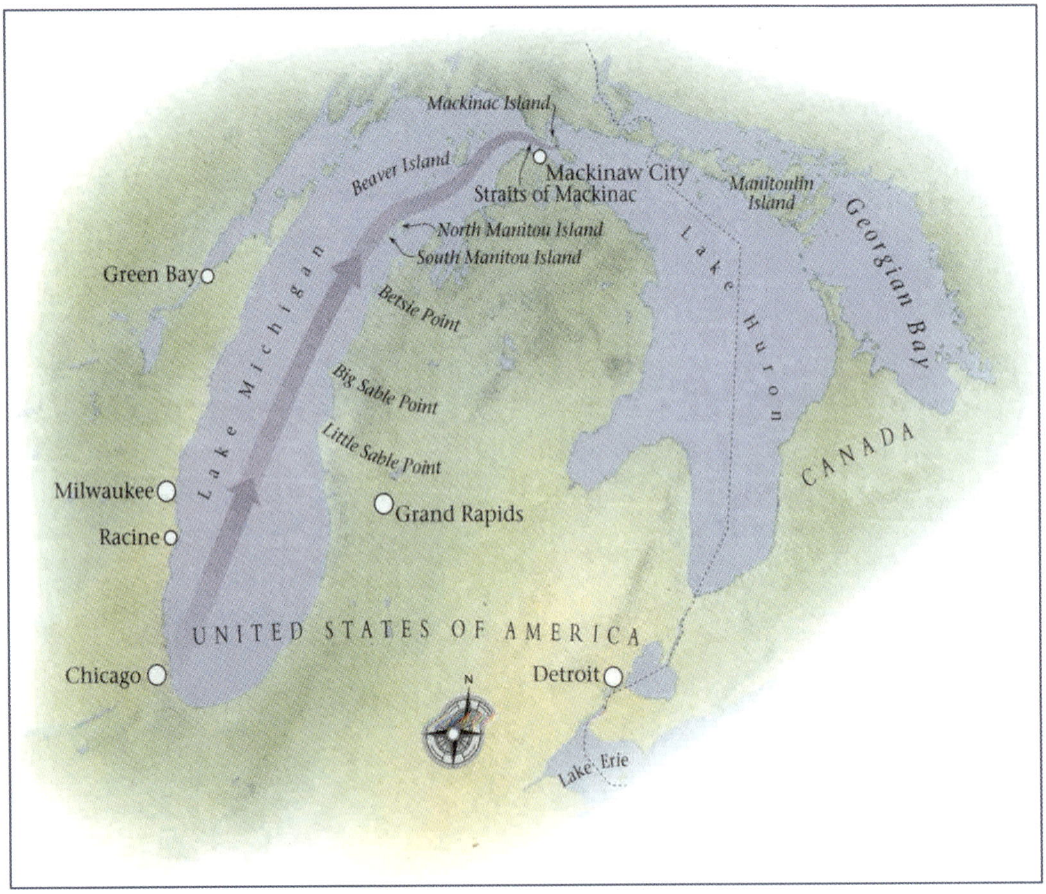

〈그림 5-5〉 시카고-맥키낙 경기 코스

제3절
연안 요트경기(Coastal Classic)

1. 오클랜드 – 러셀(Auckland–Russell)

매년 10월 마지막주말에 열리는 경기로 첫번째 레이스는 1982년 뉴질랜드 멀티홀 클럽의 제독 던컨 스튜어트(Duncan Stuart)와 데븐포트 요트 클럽의 도움으로 조직화 되었다.

뉴질랜드 오클랜드의 하우라키만을 출발하여 러셀의 베이 오브 아일랜드까지 125.5마일(232km)을 항해하며, 오늘날 이 요트경기는 주요 이벤트로 하나의 크루징, 다섯 개의 킬러와 두 개의 멀티홀을 디비전으로 하여 매년 참가자 수가 200명을 넘는다.

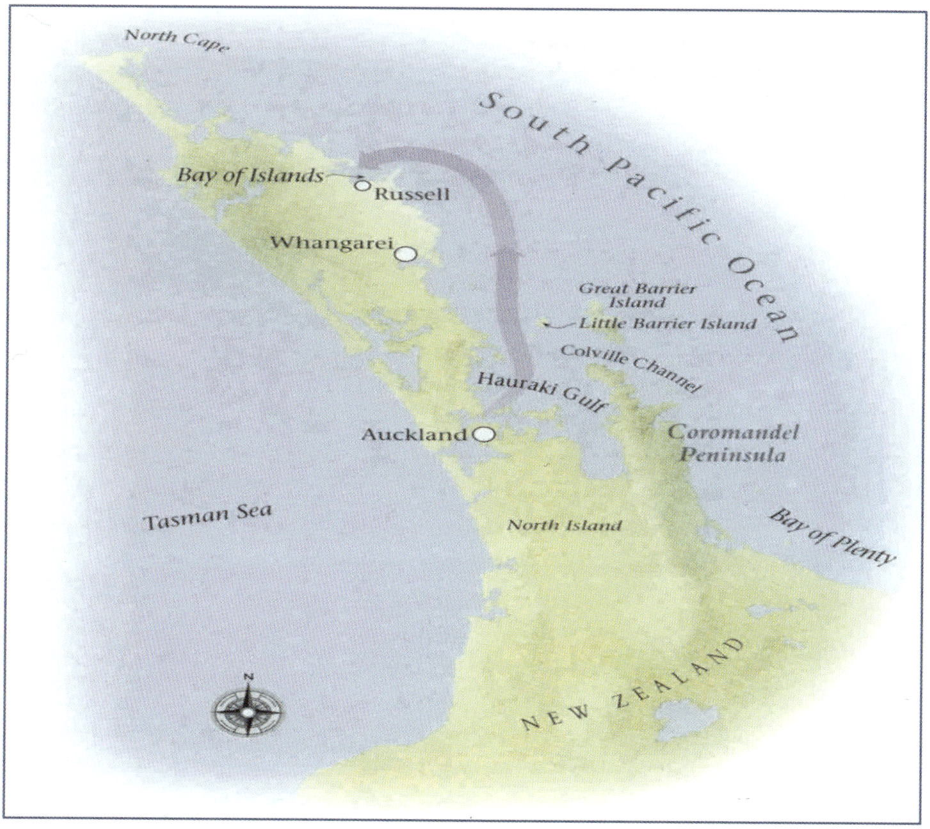

〈그림 5-6〉 오클랜드-러셀 경기 코스

2. 상 페르난도(San Fernando)

홍콩 요트 클럽이 상 페르난도 요트경기를 주최하였다. 첫번째 경기는 1975년에 열렸고, 홍콩을 출발하여 필리핀 상 페르난도에 이르는 400마일(740km)을 항해하는 경기이다.

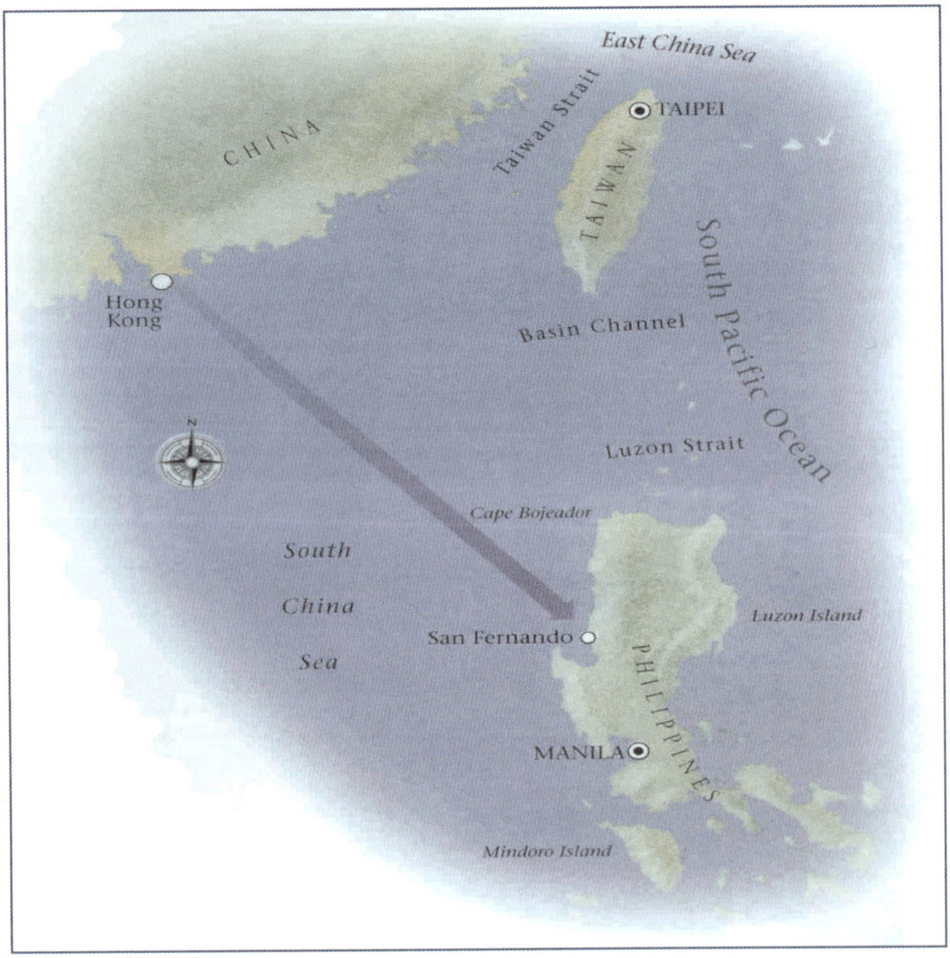

〈그림 5-7〉 상 페르난도 경기 코스

제4절
대양횡단 요트경기(OCEAN CLASSICS)

1. 럼루트 경기(Route de Rhum)

럼 루트 요트경기는 3,700마일(685.2km)을 편도 항해하는 경기이며, 프랑스의 생 말로(Saint Malo)에서 출발하여 남미의 프랑스 령의 섬인 구아데로페 그란떼레에 있는 포인따피뜨레(Point-à-Pitre)항구에 도착하는 경기이다.

이 경기는 약 10~15일 정도 걸리며 1978년도에 시작되었고, 4년마다 한번 씩 열린다.

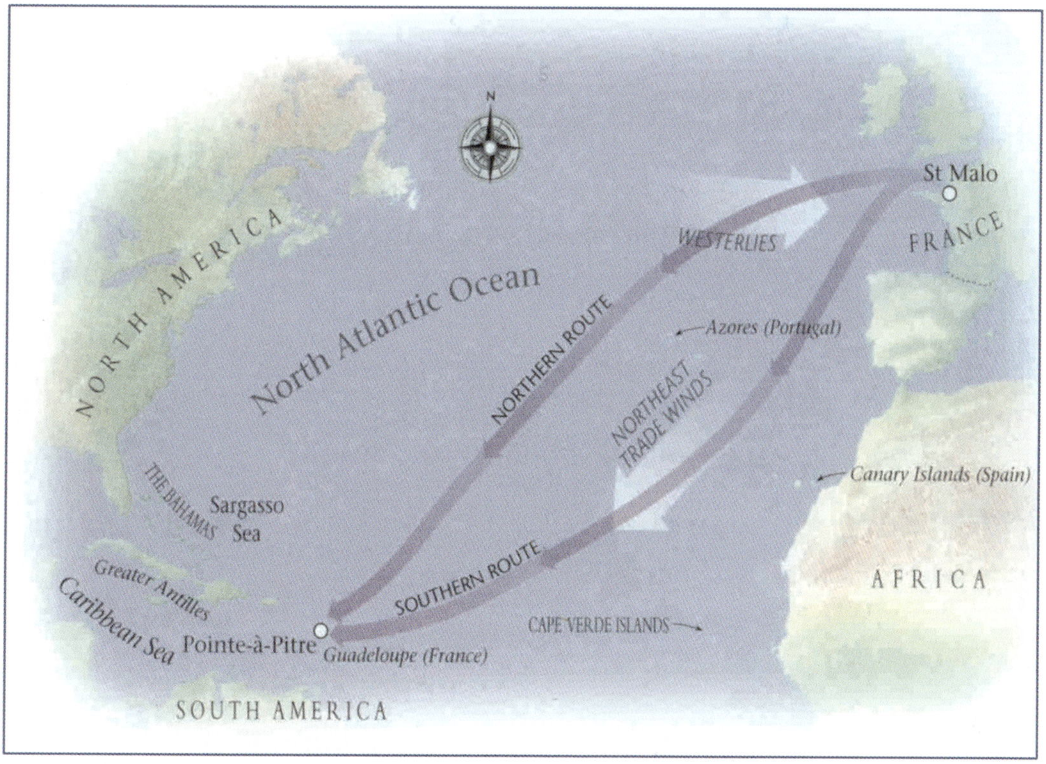

〈그림 5-8〉 럼 루트 경기 코스

2. 미니-트란샛(Mini-Transat)

이 요트경기는 2년마다 한번씩 열리며, 1977년 영국인 밥 살먼에 의해 생겨나게 되었다. 프랑스의 콩 카르노(Concarneau)에서 출발하여 카나리아 제도를 거쳐 대략 4,800마일(8,890km)을 항해한다.

〈그림 5-9〉 미니-트란샛 경기 코스

3. 오사카 컵(Osaka Cup)

오사카컵은 1983년에 아시아에서 최초로 국제 범선 이벤트인 '83오사카 세계범선 축제를 개최한 오사카시가 오사카항 개항120주년을 맞이하여 오사카북항요트 하버의 오픈 기념행사로 해외의 다양한 타입의 요트레이스의 정보를 모아 일본세일링연맹(JSAF)와 함께 검토, 기획하였다.

이 경기는 4년에 한 번씩 열리며 호주의 멜버른에서 출발하여 오사카까지 약 5,500마일(10,200km)을 항해한다. 1987년 1회 대회를 시작으로 올해로 6회째를 맞이한다.

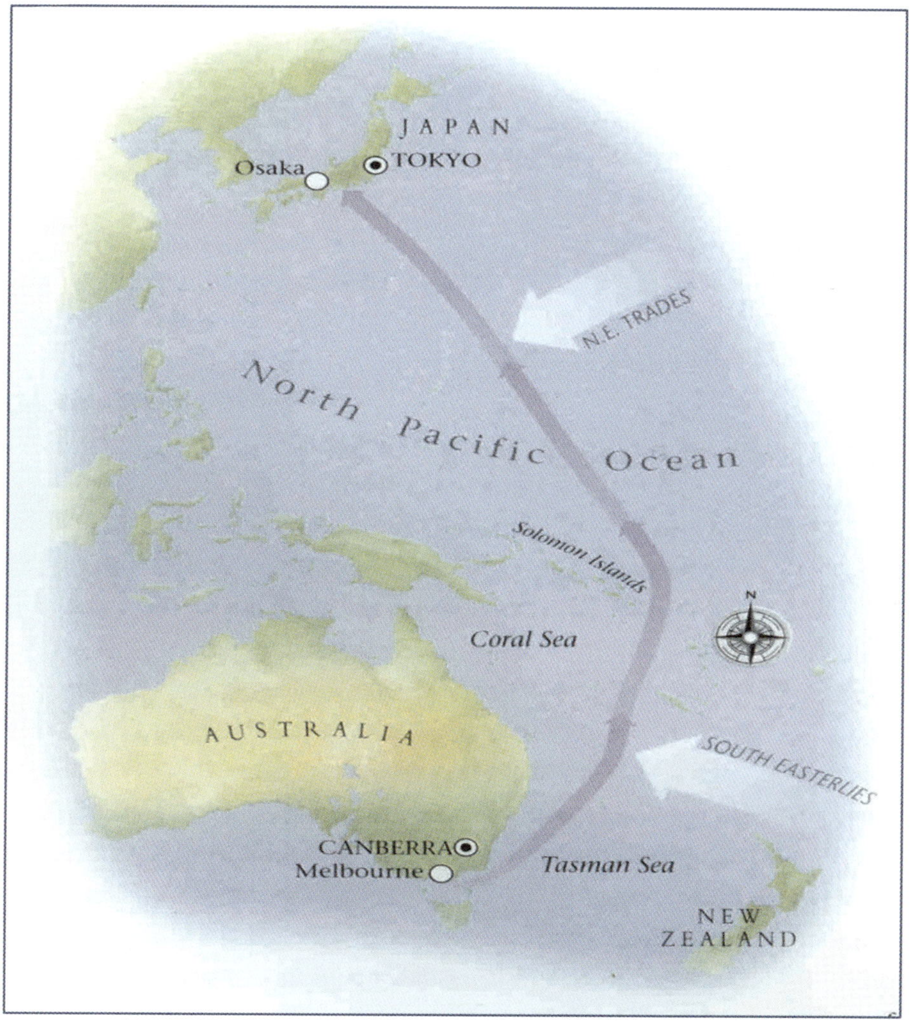

〈그림 5-10〉 오사카컵 경기 코스

4. 트랜스 퍼시픽(Transpacific)

트랜스퍼시픽 요트경기는 1886년 9월25일 하와이의 카라카우아 왕(Kalakaua)이 샌프란시스코의 퍼시픽요트클럽의 제독에게 샌프란시스코에서 호놀루루까지의 요트레이스 초대장을 보낸 것이 계기가 되었다. 1906년 6월 11일에 첫 경기가 열렸고, 샌프란시스코에서 호놀루루까지 약 2,225마일(4,120km)을 항해한다. 그리고 이 요트 경기는 2년에 한번 씩 열린다.

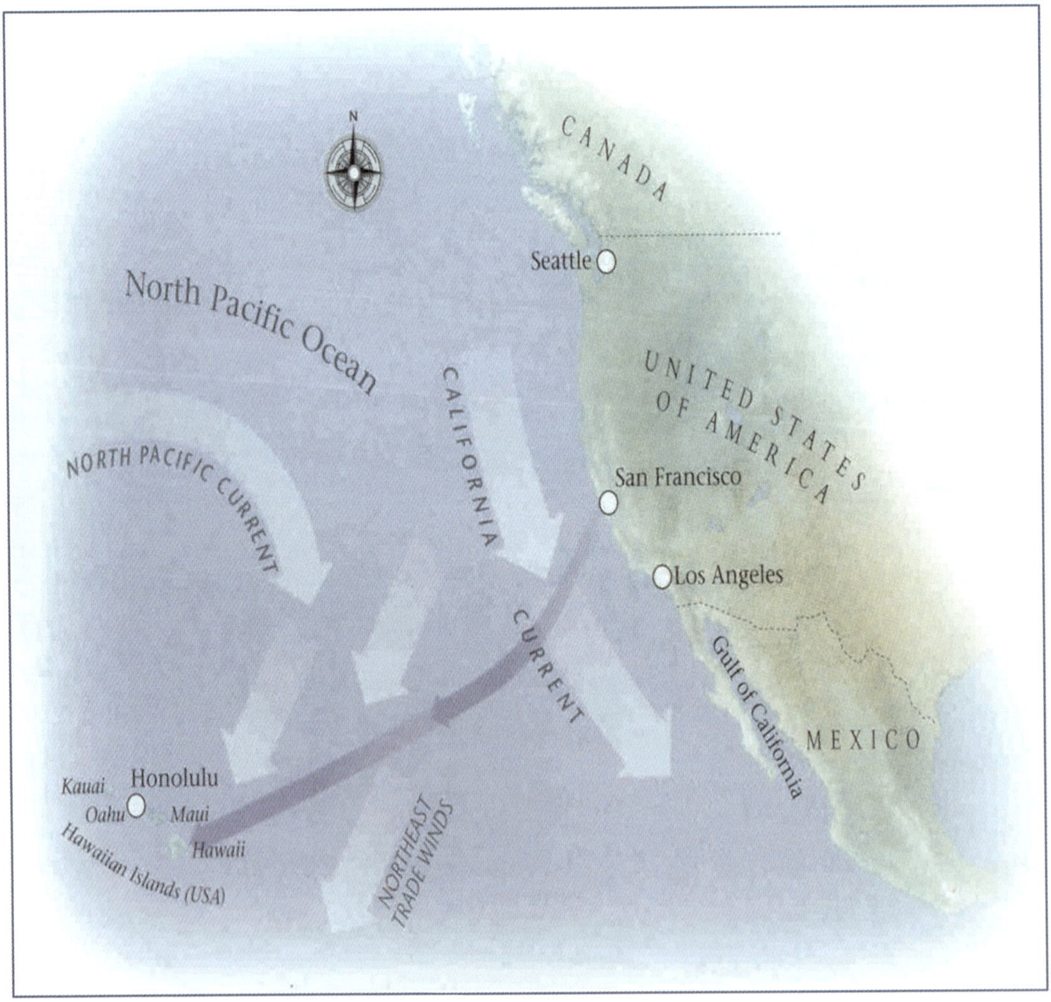

〈그림 5-11〉 트랜스 퍼시픽 경기 코스

5. 케이프-리오(Cape-Rio)

케이프-리오 요트경기는 세계에서 가장 장거리 국제 요트경기이다. 이 경기는 남아프리카의 비어맨(Bierman)회장과 부르스 달링(Bruce Dalling)에 의해서 시작되었으며, 남아프리카의 케이프타운에서 브라질의 리오 데 자네이로를 항해하는 코스이다. 1971년 처음으로 경기가 열린 이후 3~4년에 한 번씩 열리고 있는 대양횡단 요트경기이다.

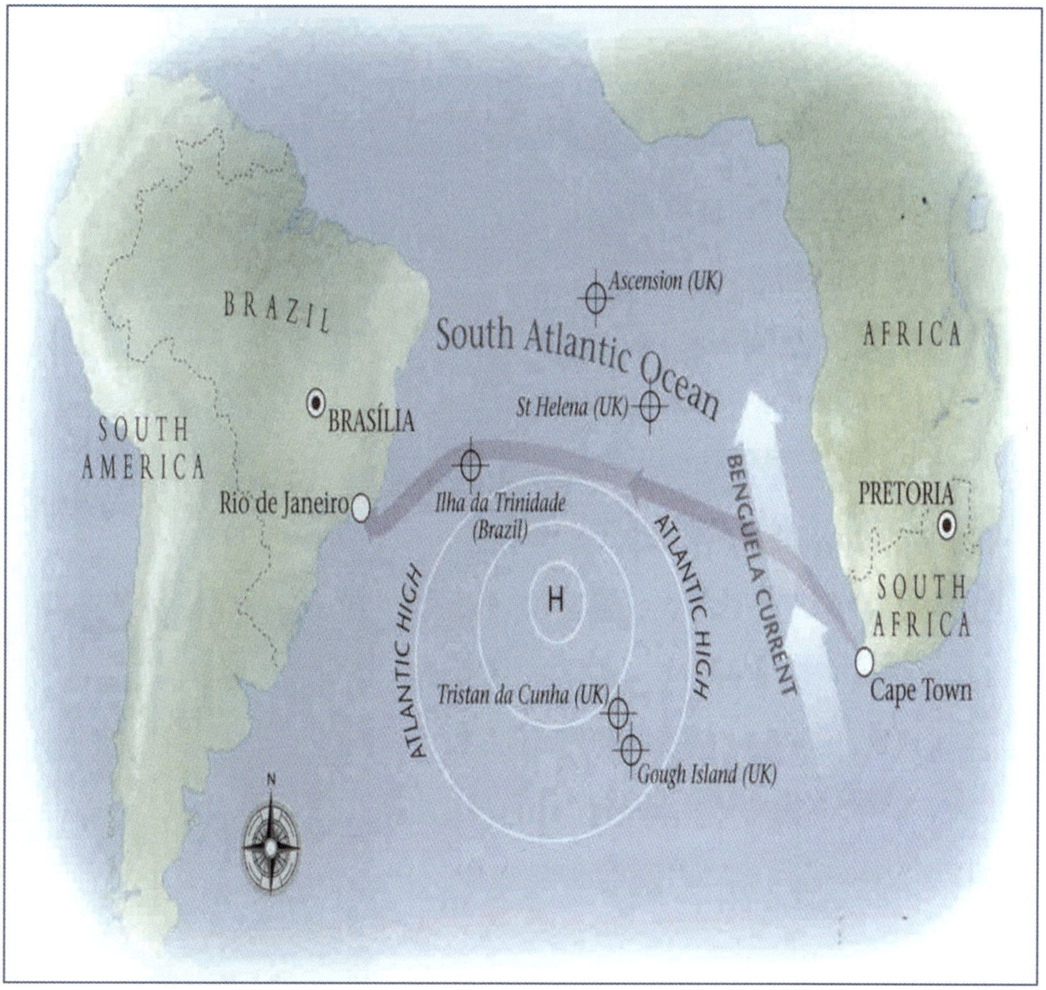

〈그림 5-12〉 케이프-리오 경기 코스

6. 오클랜드－피지(Auckland－Fiji)

오클랜드－피지 요트경기는 1956년 5월 첫 번째 경기가 시작되어 뉴질랜드의 오클랜드에서 피지의 수바까지 항해하는 경기이다.

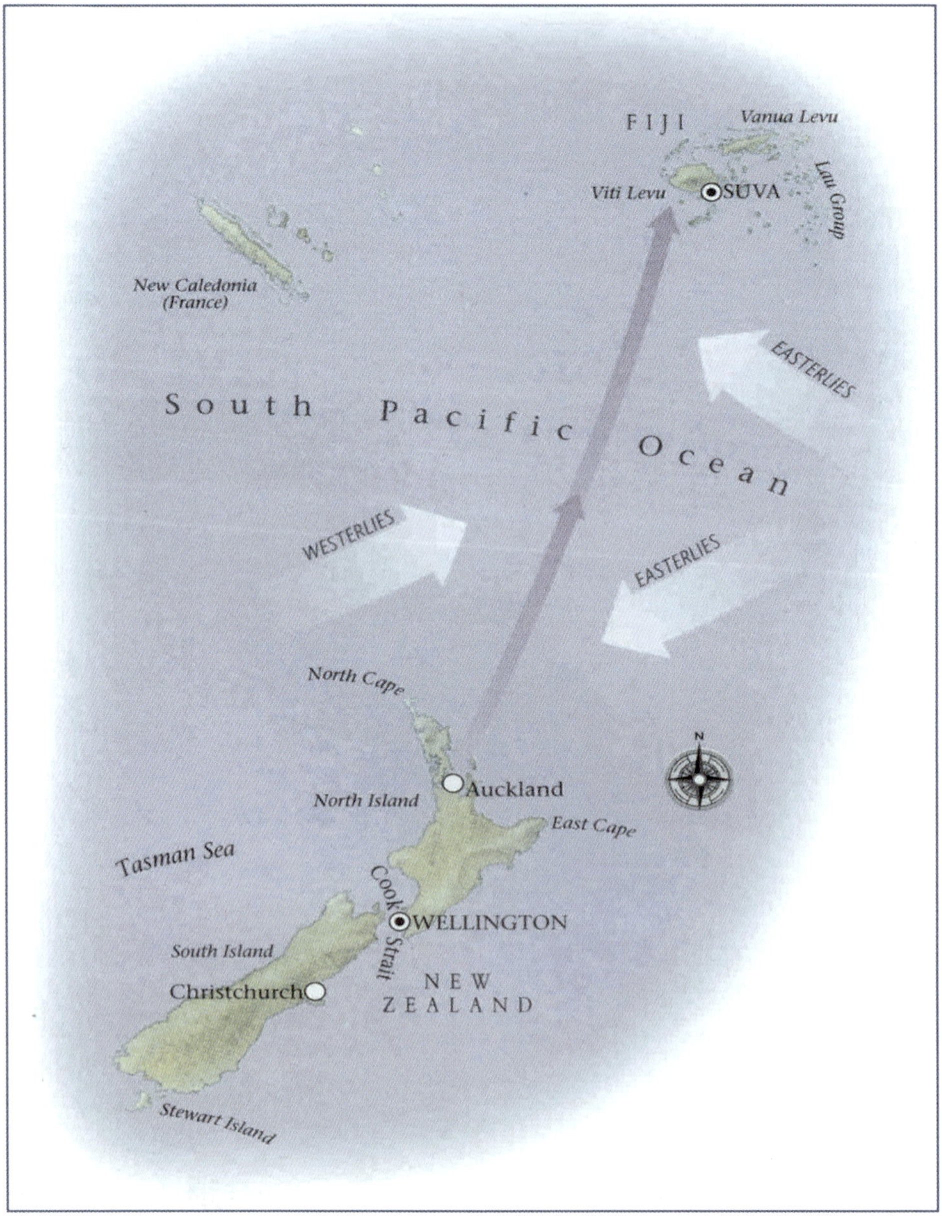

〈그림 5-13〉 오클랜드－피지 경기 코스

제5절
세계일주 요트경기(ROUND THE WORLD RACES)

1. 볼보챌린지(Volvo Challenge)

공식적으로 Whitbread Round the World Race로 알려진 Volvo Ocean Race는 매 4년마다 12명의 선원이 60피트 슬루프를 타고 세계 곳곳에서 경쟁을 벌이는 세일요트 경주대회다. 이 대회는 여러 항로로 나뉘어지며 각 나라의 항구에 몇 주간 기항한다. 가장 길고 격렬한 경기 항로는 남극해 항로로 강한 바람 속에서 빙산을 피하며 항해해야 한다. 경주의 일부분이 TV로 중계되기도 한다.

2. 단독일주(Around Alone)

Whitbread Round the World 경주와 비슷하지만 60피트의 세일요트를 단독으로 항해하는 경주라는 차이가 있다. 매 3~4년마다 개최되는 이 경주는 BOC(British Oxygen Company)라고 부른다.

3. 비티 챌린지(BT Challenge)

비티 챌린지의 첫번째 경기는 1992/93년에 시작되었고, 처음에는 브리티쉬 스틸(British Steel)챌린지로 알려졌다. 그러나 영국의 통신회사인 브리티쉬 텔레콤이 1996/97년에 후원을 하면서 비티 챌린지가 되었다. 비티챌린지에 선택되는 요트는 20m(67ft) 강철선체의 커터들로 디자인된다. 모든 비티 요트들은 플리머스(Plymouth)에서 건조된다. 이들 요트들은 무겁지만 강하여 난파될 위험이 적다.

4. 벤디 글로브 챌린지(Vend e e Globe Challenge)

벤디 글로브 챌린지는 전 세계를 단독으로 항해하는 세일요트 경주대회로 특별한 사람만이 참가한다. 전문적 항해기술을 바탕으로 한 60피트 슬루프로 100일 동안 전 세계를 빠른 속도로 항해하는 것은 두말할 나위 없이 매우 위험한 일이다.

5. 쥘 베르느 트로피(Jules Verne Trophy)

'80일 간의 세계일주'를 쓴 작가 쥘 베르느를 기념하여 시작된 요트경기로 1993년에 첫 번째 우승자의 기록은 프랑스 요트맨 브루노 페이론(Bruno Peyron)이 세운 79일 6시간 15분 56초의 무기항 세계일주 요트항해경기이다.

6. 더 레이스(The Race)

더 레이스 요트경기는 요트의 종류나 승무원 등의 제한이 없는 세계일주 경기이다. 단지, 출발일과 출발지역이 지정된 세계일주 경기이다.

제6절
내해 요트경기(INSHORE RACES)

1. 어드미럴스 컵(Admiral's Cup)

영국의 코웨(Cowes)에서 어드미럴스 컵은 2년마다 개최된다. 여섯 가지 형태의 경주로 이루어진 이 경기는 부표를 회전하는 주간 경주와 아일랜드를 출발하여 돌아오는, 600마일(1,111km)을 경주하는 것으로 잘 알려진 장기 세일요트 경기 파스넷 레이스로 이루어져 있다.

2. 아메리카스 컵(America's Cup)

아메리카스 컵 요트레이스는 매3년 내지 4년마다 두 개의 팀이 방어자와 공격자가 되어서 경주를 하는 시합이다. 방어자는 전 아메리카스 컵대회의 우승자이고, 도전잔는 아메리카스컵 대회 바로전에 열리는 루이뷔통컵(Louis Vuitton Cup)의 우승자이다.

루이뷔통 컵은 파리에 기반을 두고 가방을 만드는 회사인 루이뷔통사에서 1983년부터 도전자 시리즈(The Challenger Series)의 스폰서가 되었다.

각 팀들은 아메리카스컵으로 알려진 은색 트로피의 주인이 되기 위하여 경기를 한다.

〈그림 5-14〉 아메리카스 컵 사진

우승컵은 영국의 보석상 로버트 가라드(Robert Garrard)에 의하여 Garrard & Sons사가 만들었다.
올드머그(Auld Mug)라고 하는 우승컵은 바닥이 없는 은제 물 항아리이다.
무게는 134온스(약3.8kg)이고 높이는 약27인치(68cm)이다.

제7절 한국의 요트경기

1. 외양요트경기(크루저급)

1) 한일친선 아리랑레이스

아리랑레이스는 1973년 5월에 일본최초의 국제외양 요트레이스로서 시작되었다. 이후 30년 이상 지나면서, 이 레이스는 한국과 일본의 요트맨을 양성함과 동시에 한일친선의 가교로서의 그 역할을 수행하여 왔다. 2007년 5월 2일에는 제18회 한일친선 아리랑레이스가 성황리에 개최되었다.

〈그림 5-15〉 제18회 아리랑레이스 전야제

(1) 일정 및 장소

- 레이스기간(공식일정) 및 장소
  - 2007년 4월 29일(일) 13:00 한국입국수속(한국정제외), 등록(부산요트경기장)
  - 2007년 4월 30일(월) 13:00 한국입국수속(한국정제외), 등록(부산요트경기장)
  - 2007년 5월 01일(화) 17:00 스키퍼미팅(장소미정)
  - 2007년 5월 02일(수) 09:00 한국출국수속(부산요트경기장)
  - 2007년 5월 02일(수) 11:55 예고시간(부산수영만광안리)
  - 2007년 5월 04일(금) 10:00 타임리미트
  - 2007년 5월 04일(금) 12:00 시상식(장소미정)

  ※ 공식일정 이외의 한국 출입국수속은 각자의 책임과 비용으로 한다.

(2) 참가자격

- JSAF특별규정(SR) 카테고리3 이상의 설비를 구비한 배
  - SR 3.29(선박용무선)에 관해서는선박용 송수신기를 위성전화(위성휴대전화可)로 바꿔놓을 수 있을 것. 이 경우 참가정은 실행위원회에 사전에 전화번호를 통지하지 않으면 안 된다.

- SR 4.1(세일번호)에 관해서는, 메인 세일에 세일 넘버를 갖추지 않은 배에 대해서는 실행위원회가 준비하는 리콜 넘버를 메인 세일에 붙이는 것으로 한다. 리콜 넘버는 리프시에 있어도 확인할 수 있는 위치에 붙이지 않으면 안 된다. 메인 세일에 세일 넘버를 갖춘 배는 리콜 넘버를 필요로 하지 않는다.

- 레이스 기간중, 요트 보험에 가입하고 있는 배(일본정만)
보험은 최저한, 배상책임 보험, 탑승자 상해보험(한명 1,000만엔·승무원분), 수색 구조 비용 보험(200만엔)에 가입하고 있는 것을 요한다.

(3) 참가비용

- 척당 30,000엔, 1인당 15,000엔(한국측 기준)
  - 최종엔트리 마감 이후 등록시 레이트엔트리피를 추가로 10,000엔을 납부하여야만 한다.

〈표 5-1〉 제18회 한일친선 아리랑레이스

대회일정	2007 05. 02. ~ 05. 04.
대회코스	한국(부산) ~ 일본(하카타)
클래스	ORC 클럽 – 모노헐
	오픈 클래스 – 모노헐
	오픈 클래스 – 멀티헐
	크루즈
대회주최	부산광역시요트협회(BYA), 겐까이요트클럽(GYC), 재단법인 일본 세일링연맹가맹단체
대회성적	1위 KOR 77 SNARK 7 CONTEST 55CS 03 01:24:19 3 30469
	2위 JPN 6125 PRIMA DONNA A-40 03 01:15:37 2 30823
	3위 JPN 5438 METAXA V FIRST 40.7 03 01:35:46 4 31107
	4위 JPN 6195 CRAZY NANA FARR 34 03 01:46:20 6 31128
	5위 KOR 5500 THE WINAVE FIRST 40.7S 03 02:02:06 8 31924
	6위 JPN 6330 LIBERTE EXPRES DUFOUR 455 03 01:49:14 7 32033
	7위 JPN 5824 HORNET YAMAHA 33S 03 02:08:55 9 32228

2. 연안 요트경기(크루저급)

1) 부산컵 요트레이스(부산광역시장배 요트대회)

제12회 부산바다축제가 '축제의 바다, 물결치는 젊은 도시'를 주제로 2007년 8월 1일부터 8일까지 해운대해수욕장 및 부산시내 주요 해수욕장에서 개최하였다. 부산컵 요트레이스는 8월 5일 방송사와 연계하여 규모있고 수준높은 대중 문화행사로 기획하였고, 바다축제를 찾은 관광객이 직접 바다를 느끼고 함께 할 수 있기 위하여 개최하였다. 그러나 8월 5일 기상이변으로 인해 선수들의 안전을 위해 취소되고, Busan Cup의 경기는 ISAF 창립 100주년 기념일인 9월 2일(일)에 다시 개최되었다.

〈그림 5-16〉 ISAF 창립 100주년 기념 및 부산컵 요트레이스 참여인원 및 선수들

(1) 일정 및 장소

- 일 정
  - 2006. 7. 20. (금)　　　　참가신청 마감
  - 2006. 8. 5. (일)　09:00　　스키퍼 미팅

10:55 예고신호
11:00 스타트(1race, 2race)
16:00 타임리미트
18:00 시상식(부산요트협회 야외)

- 장소 : 부산 수영만 요트경기장

(2) 참가자격

- 선박용무선 : 선박용 송수신기를 위성전화(휴대전화가능)로 바꿔 놓을 수 있을 것. 참가정은 실행위원회에 사전에 전화번호를 통지하지 않으면 안 된다.
- 세일번호 : 메인세일에 세일넘버를 갖추지 않은 배에 대해서는 실행위원회가 준비하는 리콜넘버를 메인세일에 붙이는 것으로 한다.
- 레이스 기간 중 안전에 관한 인증할 만한 조건으로 갖추어진 요트

(3) 참가비용

- 척당 100,000원

〈표 5-2〉 제2회 부산컵 요트레이스

대회일정	2007 08. 05.(일) 기상이변 취소 09. 02. 시작
대회장소	부산 수영만 요트경기장
클래스	크루저급(ORC) 36Feet 이상, 크루저급(ORC) 36Feet 미만, J-24급
대회코스	해운대 및 광안리 일대
대회주최	부산광역시, 부산광역시요트협회
시 상	크루저 ORC급(36FT 이상) 1,2,3위 : 부산시장컵 & 부상
	크루저 ORC급(36FT 미만) 1,2,3위 : 부산시장컵 & 부상
	J24급 : 1,2,3위 부산시장컵 & 부상
	※ 부산컵(순은으로 제작)은 크루저 ORC급 전체 1위에게 수여되며 수여받은 팀은 1년 동안 보관하고 다음 대회 때에 반납한다.

2) 해상왕 장보고배 요트대회

완도군과 한국외양요트협회의 주관하에 2007년 5월 11일부터 13일까지 제3회 대회가 열렸다. 해상왕 장보고의 기상을 높이고, 청해진이 위치했던 완도에서 요트대회를 연다는 것은 해양강국을 내외에 알리는 좋은 계기가 될 것이다.

〈그림 5-17〉 해상왕 장보고배 요트대회 시상식

(1) 일정 및 장소

- RACE 일정

– 5월 11일(금)	16:00	완도항 집결
	17:30	완도장보고축제 개회식 퍼레이드
– 5월 12일(토)	09:00	Sikpper Meeting
	10:00	Start
	14:00	Time Limit
	15:00	Parade(항내) 겸 체험승선
	17:00	시상식 및 Party

- 회항 일정
  - 5월 13일(일) 10:00 완도 출항

(2) 참가자격

- 전장 8.5m 이상의 카테고리 Ⅳ를 충족하는 Monohull Yacht로 유효한 Rating 증서를 가지고 있을 것

(3) 참가비용

- Yacht : ₩50,000/隻
- Crew : ₩20,000/人(파티비 포함)

〈표 5-3〉제3회 장보고배 요트대회

대회일정	2007. 05. 11. ~ 13.
클래스	ORC CLASS, OPEN CLASS
대회코스	완도항 인근해역 10NM(완도항 방파제옆 정박)
대회주체	완도군,(사)한국외양요트협회
대회성적	1위 DRAKE, 출전번호 : 3번, 도착시간 : 5일 5시 27분 16초
	2위 RAN, 출전번호 : 6번, 도착시간 : 5일 7시 25분 50초
	3위 SABRINA, 출전번호 : 2번, 도착시간 : 5일 5시 27분 16초
	4위 VANGURD, 출전번호 : 4번, 도착시간 : 5일 7시 30분 31초
	5위 INWANG, 출전번호 : 7번, 도착시간 : 5일 7시 29분 1초
	6위 LUSH LIFE, 출전번호 : 1번, 도착시간 : 5일 9시 23분 29초

3) 이순신 장군배 국제요트대회

2007 대한민국 국제요트대전 제1회 이순신 장군배 국제요트대회가 11월 3일~4일 통영항에서 산양읍 오곡도까지 해상에서 대회가 막이 올랐다. 경기는 전문선수(ORC CLUB)와 동호회(OPEN CLASS)로 나눠 통영항 입구에서 한산만 비진도, 오곡도 사이 해역을 회항하는 약 24km에 걸친 코스에서 펼쳐지며 3~4일 이틀에 걸쳐 순위를 매긴다. 대회 첫날인 3일에는 국내선수는 물론 일본과 러시아, 호주, 프랑스, 벨기에에서 모두 64척의 크루저급 요트들과 500여명의 요트선수, 동호인들이 참가했으며, 특히 이번 대회에 참가요트들은 선

체 길이가 24~53피트(7.3m~16.1m)에 달하는 원양항해가 가능한 크루저급으로 국내에서 쉽게 보기 힘든 선박들이다. 통영에서 국제요트대전을 개최하게 된 것은 우리나라의 요트 저변확대는 물론 통영의 바다를 널리 알려 요트의 전문항이 되도록 하기 위한 것이 대회의 주요 목적이다.

〈그림 5-4〉 이순신 장군배 국제요트대회 경기모습

(1) 일정 및 장소

- RACE 일정

– 11. 3(토)	09:00~10:30	출전선수등록
	10:30~11:00	스키퍼회의
	12:00	제1차 경기
	18:00	개회식 겸 환영리셉션
– 11. 4(일)	12:00	제2차 경기
	18:00	시상식 및 환송리셉션

(2) 참가자격

- 모든 참가 요트는 고정식 발라스트 킬과 자체복원력을 갖춘 그 전장이 7미터 이상의 모노 헐 요트이여야 한다.
- 참가요트는 대회본부에서 제공하는 엔트리 넘버를 선수부분 양현에 부착하여야 한다.
- 안전성의 문제 등 경기위원회가 적당하지 않다고 판정한 요트에 대해서는 참가를 거부 또는 취소할 수 있다.

(3) 참가비용

- 없음

〈표 5-5〉 제1회 이순신 장군배 국제요트대회

대회일정	2007. 11. 3.(토) ~ 4.(일) (2일간)
클래스	퍼포먼스 핸디캡 오픈 클래스
대회코스	경상남도 통영시 통영항 입구에서 스타트하여 비진도 인근해역의 마크를 회항하여 스타트 지점으로 피니시 하는 마크회항 코스
대회주체	경상남도, 경남요트협회
시 상	• 우승 : 트로피 및 시상금 미화 10,000달러
	• 준우승 : 트로피 및 시상금 미화 8,000달러
	• 3위 : 트로피 및 시상금 미화 6,000달러
	• 4위 : 시상금 미화 4,000달러
	• 5위 : 시상금 미화 3,000달러
	• 6위 : 시상금 미화 2,000달러
	• 7위 : 시상금 미화 1,000달러
	• First Finsh : 트로피 및 시상금 미화 3,000달러

3. 연안 요트경기(선수 선발 및 크루저급 혼성 요트경기)

1) 해군 참모총장배 요트경기

해군 참모총장배 요트대회는 해양스포츠 저변 확대를 통한 국민 해양사상 고취와 우수 선수를 발굴하여 국가체육 발전에 기여하기 위해 지난 96년도에 첫 대회를 개최한 이래 국내 최대 규모의 요트대회로 자리매김 해왔다. 이번 대회는 올해 들어 처음 열리는 국내 요트대회로 국가대표 1차 선발전을 겸해서 열린다. 참가자격은 2007년도에 대한요트협회에 등록된 선수이며, 총 16개 시도지부가 참가하는 것으로 알려졌다. 해군 참모총장배 요트대회는 해군본부와 대한요트협회에서 주최한다.

〈그림 5-19〉 제12회 해군참모총장배 요트경기 기념사진

(1) 일정 및 장소

- RACE 일정

- 4. 5 (목)	09:00~11:00	출전선수 등록
	10:00~17:00	계 측
	16:00~	각 부서장 회의
	17:00~	팀 리더 미팅
- 4. 6 (금)	11:00~	개회식
	13:30~	제1, 2차 경기

- 4. 7 (토) 11:00~ 제3, 4차 경기
- 4. 8 (일) 11:00~ 제5, 6차 경기
- 4. 9 (월) 11:00~ 제7, 8차 경기
- 4.10 (화) 10:00~ 제9차 경기
  14:00~ 시상식

(2) 참가자격

- 대한요트협회 2007년도 등록 선수
- 기타 대한요트협회가 인정하는 선수

(3) 참가비용

- 초 · 중등부 : 없음
- 고등부 : 20,000원
- 대학 · 일반부 : 30,000원

〈표 5-6〉 해군참모총장배 요트대회

대회일정	2007. 04. 5. ~ 10.
대회코스	사각코스, 삼각코스 및 풍상풍하코스
대회주체	해군본부, 대한요트협회
대회장소	부산 수영만 요트경기장
시 상	• 각 종목 부별 우승팀에게 트로피를 수여한다
	• 각 종목 부별 1, 2, 3위에게 각각 금 · 은 · 동메달과 상장을 수여한다. 옵티미스트 초등부는 4등 감투상, 5등 격려상을 추가로 수여한다.
	• 3개 팀 이하 출전 종목은 시상식에서는 시상하지 아니하며 시상식 후 상장 및 메달을 개별 전달한다.
	• 경기위원회에서 진행하는 성립된 레이스의 50%이상 피니쉬 하여야 성적을 인정한다. 단 옵티미스트 초등부와 윈드서핑 중등부는 1레이스 이상 피니쉬 하여도 성적을 인정한다.

2) 해양경찰청배 요트경기

해양경찰청은 21세기 국가 해양세력의 주체적 역할수행 기관으로서 범국민적 바다체육 행사를 개최하여 건전한 스포츠 문화창달에 기여하고 수상레저활동 업무관장기관으로서 해양종사자의 안전의식 고취 동기부여와 해양경찰의 대국민 위상제고를 위해 2001년 제1회 대회를 시작으로 금년이 제7회째이며 전국의 요트선수들이 각자의 명예를 걸고 레이스를 펼치게 된다. 해양경찰청장배 전국요트대회는 매년 봄철 정기적으로 국가대표 선발전을 위해 거행되며 해양경찰청과 대한요트협회가 공동 주최하고 있다.

〈그림 5-20〉 해양경찰청배 포스터

(1) 일정 및 장소

- RACE 일정

- 4.24 (화)	09:00~11:00	출전선수 등록
	10:00~17:00	경기정 계측
- 4.25 (수)	09:00~11:00	제1, 2경기
	10:00~17:00	(11:00~17:00)

- 4.26 (목) 11:00~13:00 개회식/오찬
  13:00~17:00 제3, 4경기
- 4.27 (금) 11:00~17:00 휴식(촬영지원)
- 4.28 (토) 11:00~17:00 좌 동
- 4.29 (일) 11:00~17:00 좌 동
- 4.30 (월) 10:00~13:00
  14:00~15:00 좌 동

(2) 참가자격

- 대한요트협회 2007년도 등록 선수
- 기타 대한요트협회가 인정하는 선수

(3) 참가비용

- 초 · 중등부 : 없음
- 고등부 : 20,000원
- 대학 · 일반부 : 30,000원

〈표 5-7〉 해양경찰청배 요트대회

대회일정	2007. 04. 25. ~ 30.
대회코스	사각코스, 삼각코스 및 풍상풍하코스
대회주체	해양경찰청, 대한요트협회
대회장소	경남 통영시 도남관광단지 요트장
시 상	• 각 종목 부별 우승팀에게 트로피를 수여한다.
	• 각 종목 부별 1, 2, 3위에게 각각 금 · 은 · 동메달과 상장을 수여한다. 옵티미스트 초등부는 4등 감투상, 5등 격려상을 추가로 수여한다.
	• 3개 팀 이하 출전 종목은 시상식에서는 시상하지 아니하며 시상식 후 상장 및 메달을 개별 전달한다.
	• 경기위원회에서 진행하는 성립된 레이스의 50%이상 피니쉬 하여야 성적을 인정한다. 단 옵티미스트 초등부와 윈드서핑 중등부는 1레이스 이상 피니쉬 하여도 성적을 인정한다.

3) 한국선주협회장배 요트경기

한국선주협회는 해양스포츠의 진흥과 바다의 중요성에 대한 국민적 관심도를 높이고, 해운산업에 대한 대국민 인식제고를 위해 협회장배 전국요트대회를 유치하여 지난해부터 전국규모의 요트경기대회를 대한요트협회와 공동으로 개최하고 있다.

부산광역시를 비롯하여 한국해양대학교, 한국해양소년단연맹, 부산광역시요트협회, (주)세정 후원으로 열리는 한국선주협회장배 요트경기는 민간경제단체에서 추진되는 전국대회인데다 '바다의 날' 행사의 일환으로 개최돼 해양축제의 장이 될 것으로 기대되고 있다. 민간경제단체장이 주관하는 전국요트경기대회는 한국선주협회장배가 처음이며, 유일하다.

〈그림 5-21〉 제3회 한국선주협회장배 요트대회 개막식

(1) 일정 및 장소

- RACE 일정

– 5. 31 (목)	09:00~11:00	출전선수 등록
	10:00~17:00	계 측
	16:00~	각 부서장 회의

	17:00~	팀 리더 미팅
- 6. 1 (금)	11:00~	개회식
	13:30~	제1, 2차 경기
- 6. 2 (토)	11:00~	제3, 4차 경기
- 6. 3 (일)	11:00~	제5, 6차 경기
- 6. 4 (월)	11:00~	제7, 8차 경기
- 6. 5 (화)	09:00~	제9차 경기
	14:00~	시상식

(2) 참가자격

- 대한요트협회 2007년도 등록 선수
- 기타 대한요트협회가 인정하는 선수

(3) 참가비용

- 초 · 중등부 : 없음
- 고등부 : 20,000원
- 대학 · 일반부 : 30,000원

〈표 5-8〉 한국선주협회장배 요트경기

대회일정	2007. 05. 31. ~ 06. 05.
대회코스	사각코스, 삼각코스 및 풍상풍하코스
대회주체	한국선주협회, 대한요트협회
대회장소	부산 수영만 요트경기장
시 상	• 각 종목 부별 우승팀에게 트로피를 수여한다.
	• 각 종목 부별 1, 2, 3위에게 각각 금・은・동메달과 상장을 수여한다. 옵티미스트 초등부는 4등 감투상, 5등 격려상을 추가로 수여한다.
	• 3개 팀 이하 출전 종목은 시상식에서는 시상하지 아니하며 시상식 후 상장 및 메달을 개별 전달한다.
	• 경기위원회에서 진행하는 성립된 레이스의 50%이상 피니쉬 하여야 성적을 인정한다. 단 옵티미스트 초등부와 윈드서핑 중등부는 1레이스 이상 피니쉬 하여도 성적을 인정한다.

4) 전국해양스포츠제전 요트경기

전국해양스포츠제전은 해양수산부가 주최하고 울진군, 대한체육회 가맹단체 및 해양소년단연맹이 주관해 요트, 비치발리볼, 카누 등 5개 공식 종목과 일반인 대상의 수상오토바이, 윈드서핑, 바다낚시 등 체험경기를 진행하게 된다. 또한 울진군은 해양스포츠에 적합한 조류와 바람, 청정 백사장 등 자연 환경이 양호하고, 개・폐회식에 활용할 수 있는 시설이 조성돼 있는 등 대회 개최 여건과 높은 개최 의지가 있어 동해시, 남해군, 제주도, 목포시를 제외하고 전국해양스포츠제전위원회의 심의를 거쳐 결정되었다. 해양부는 이 대회가 해양스포츠산업 육성의 기반을 마련하고 해양레포츠에 대한 친숙도를 제고하여 친해양문화를 확산시키는 계기가 될 것으로 기대하고 있다.

〈그림 5-22〉 제2회 해양제전 포스터

(1) 일정 및 장소

- RACE 일정

- 8. 8 (수)	09:00~11:00	출전선수 등록
	10:00~17:00	계 측
	16:00~	각 부서장 회의

	17:00~	팀 리더 미팅
- 8. 9 (목)	11:00~	제1. 2차 경기
- 8. 10 (금)	11:00~	제3, 4차 경기
	18:00~	개회식
- 8. 11 (토)	11:00~	제5, 6차 경기
- 8. 12 (일)	11:00~	제7, 8차 경기
- 8. 13 (월)	10:00~	제9차 경기
	14:00~	시상식
	13:30~	대회 폐회식

(2) 참가자격

- 대한요트협회 2007년도 등록 선수
- 기타 대한요트협회가 인정하는 선수

(3) 참가비용

- 초 · 중등부 : 없음
- 고등부 : 20,000원
- 대학 · 일반부 : 30,000원

〈표 5-9〉 전국해양스포츠제전 요트경기

대회일정	2007. 08. 08. ~ 08. 13.
대회코스	사각코스, 삼각코스 및 풍상풍하코스
대회주체	강원도삼척시, 대한요트협회
대회장소	강원도 삼척시 근덕면 덕산 해수욕장
시 상	• 각 종목 부별 우승팀에게 트로피를 수여한다.
	• 각 종목 부별 1, 2, 3위에게 각각 금·은·동메달과 상장을 수여한다. 옵티미스트 초등부는 4등 감투상, 5등 격려상을 추가로 수여한다.
	• 3개 팀 이하 출전 종목은 시상식에서는 시상하지 아니하며 시상식 후 상장 및 메달을 개별 전달한다.
	• 경기위원회에서 진행하는 성립된 레이스의 50% 이상 피니쉬 하여야 성적을 인정한다. 단 옵티미스트 초등부와 윈드서핑 중등부는 1레이스 이상 피니쉬 하여도 성적을 인정한다.

5) 인천광역시장배 전국 요트경기

〈그림 5-23〉 제3회 인천광역시장배 전국 요트경기대회

(1) 일정 및 장소

- RACE 일정

일자	시간	내용
- 8. 3 (금)	10:00~13:00	등록, 계측
	14:00~	경 기
- 8. 4. (토)	09:00~10:30	혼합오픈부 등록
	11:00~	경 기
	12:00~13:00	중 식
	14:00~	경 기
	19:00~	개막식(개회식)
- 8. 5 (일)	11:00~	경 기
	12:00~13:00	중 식
	14:00~	경 기
	17:00~	시상식 및 폐회식

(2) 참가자격

- Ⅰ부
  - 대한요트협회 등록선수
  - 한국윈드서핑협회 등록선수
  - 본회가 인정하는 선수
- Ⅱ부
  - 참가를 희망하는 동호인

(3) 참가비용

- 학생 : 10,000원/1인당
- 일반 : 30,000원/1인당

〈표 5-10〉 제3회 인천광역시장배 전국 요트경기대회

대회일정	2007. 08. 03.~08. 05.
대회코스	사각코스, 삼각코스 및 풍상풍하코스
대회주체	인천광역시
대회장소	인천광역시 왕산해수욕장 수역
시 상	각 종목, 부별 1, 2, 3위에게 상장과 부상을 수여한다.

제8절 아메리카스 컵을 향하여!

아메리카스 컵의 빛나는 신화

아메리카스 컵은 해양강국들이 최첨단 크루저급 요트를 제작해 자신의 해양 기술을 뽐내는 대회로서 1851년 런던 만국박람회 개최를 기념하기 위해 영국이 창설했다. 그러나 첫

대회에서 영국은 미국에 치욕의 패배를 당했고 이후 대회 명칭은 아메리카스 컵으로 바뀌었다. 이렇게 시작된 대회는 150년에 가까운 역사를 가지고 있다.

28번의 대회가 열릴 동안 미국이 이 컵을 뺏긴 것은 단 한 번이었다. 미국만큼 요트를 즐기기에 좋은 환경을 가진 호주가 1983년 우승하여 컵을 가지고 갔지만 두 번의 실수는 용납하지 않은 미국의 정신에 힘입어 4년 후에는 제 자리로 다시 돌아오게 되었다. 이제 그 누구도 미국의 자리를 또다시 넘보는 것은 도저히 불가능한 것처럼 보였다.

그러나 1995년 샌프란스코 앞 바다에서 열린 경기에서 인구가 샌프란시스코 주민수보다 적은 뉴질랜드의 블랙 매직(Black Magic) 팀에게 5연패로 미국이 지고 말았다. 1988년 처음 참가한 신참인 자기 나라가 설마 우승까지야 하겠냐고 생각하면서 경기를 지켜보던 키위들이 광란의 도가니에 빠졌음은 당연한 일이다. 미국은 144년 역사상 두 번째로 우승컵을 해외로 넘겨주는 수모를 당했고 뉴질랜드는 도전 3번째 만에 우승이라는 쾌거를 이루게 된다.

평생토록 샌프란시스코 바다에서만 경기를 하려는 생각에서였는지 대회는 우승국 바다에서 개최한다는 규정을 만들었는데 미국은 이것 때문에 스스로의 발목이 잡히고 말았다. 오만한 미국을 꺾기 위해 랑기토토(Rangitoto) 섬과 왕가파라오아(Whangaparaoa) 반도를 잇는 동쪽 해안을 경기 코스로 지정하고 비아덕트 해변(Viaduct Basin)을 기지삼아 이를 악물고 훈련에 매달렸다. 이윽고 오클랜드 앞 바다에서 열린 2000년 30회 대회에서는 샌프란시스코 바다에만 익숙한 미국이 결승에도 오르지 못하고 탈락하고 말았다. 아메리카스 컵 역사상 미국이 결승에도 오르지 못한 것은 처음이었다. 뉴질랜드의 블랙 매직 팀은 미국을 누르고 올라온 이탈리아의 루나 로싸(Luna Rossa) 팀을 9연전에 5연승으로 여유있게 눌러 버리면서 대회 2연패를 이루었다. 아프가니스탄 탈레반 정권의 대변인이 어디 있는지조차도 모르는 조그만 나라에서 한 번도 아니고 두 번씩이나 초강대국 미국을 꺾고 우승을 한 것이다. 대회 역사상 미국 이외의 국가에서 2회 연속 우승한 것은 뉴질랜드가 처음이다.

최첨단 신기술의 적용은 기본이고 엄청난 돈을 들여 배를 만든 후 30명의 팀원들이 4년 동안 모든 것을 전폐하고 끊임없이 연습을 해도 변변한 성적조차 거두기 힘든 대회에서 미국을 비롯한 유럽, 호주의 쟁쟁한 경쟁자를 물리치고 2회 연속 우승을 거두었다는 것은 참으로 대단한 의미를 지닌다. 미국은 항공우주국(NASA)까지 동원하여 총력을 기울여 경주함으로써 1983년 호주에 우승컵을 내 줄 때까지 132년 동안 우승을 독차지하였다. 작은 고추가 맵다고는 하지만 뉴질랜드야말로 매운 고추의 맛을 미국에게 톡톡히 선사한 것이다.

또한 2003년 3월 2일 내륙 국가인 스위스가 유럽팀으로는 처음으로 아메리카스 컵 요트대회에서 우승을 차지하는 대이변이 일어났다. 그러나 스위스는 해군은 있어도 바다가 없는 국가이다. 따라서 2003년 11월 26일 스위스 제네바에서 아메리카스 컵 개최지를 스페인 발렌시아에서 개최할 것으로 확정하였다.

이에 발렌시아 시의회에서는 32회 아메리카스 컵을 위해 기반 시설을 확충하기로 하였다. 비용은 총5억 유로 정도가 소요될 것으로 보이며, 이는 1유로 당 1400원으로 해도 한화로 7,000억에 이르는 엄청난 금액이다.

경기 개최시 예상되는 수익은 15억 유로(한화 2조 1천억원) 정도로 추정하고 있으며, 이에 따른 고용창출효과는 약 10,000명 정도이다.

요트는 월드컵과 올림픽의 수익에 버금가는 세계 3대 스포츠중 하나인 것이다. 제32회 대회기간동안 스페인 발렌시아(그림 5-24)에는 6백만 명의 방문객이 모여들었고, 이 경기를 지켜본 시청자는 40억명에 이르렀다.

2007년 제32회 아메리카스 컵은 스위스의 알링히팀이 우승하였으며 3년 후 발렌시아에서 또 다시 제33회 아메리카스 컵 요트대회가 열릴 예정이다.

〈표 5-7〉 아메리카스 컵의 역대 경기

년도	회차	경기장소	방어팀		도전팀		우승국
2007	32	Valencia (ESP)		Alinghi		Team New Zealand	
2003	31	Auckland (NZL)	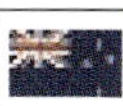	Team New Zealand	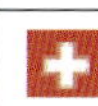	Alinghi	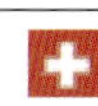
2000	30	Auckland (NZL)		Team New Zealand		Luna Rossa	
1995	29	San Diego (USA)		Young America		Black Magic	
1992	28	San Diego (USA)		America3	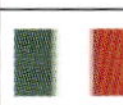	Il Moro di Venezia	
1988	27	San Diego (USA)	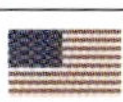	Stars and Stripes		New Zealand	
1987	26	Fremantle (AUS)		Kookaburra III		Stars and Stripes	
1983	25	Newport (USA)	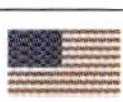	Liberty		Australia II	
1980	24	Newport (USA)		Freedom		Australia	
1977	23	Newport (USA)	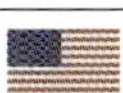	Courageous		Australia	
1974	22	Newport (USA)		Courageous		Southern Cross	
1970	21	Newport (USA)		Intrepid		Gretel II	

1967	20	Newport (USA)		Intrepid		Dame Pattie	
1964	19	Newport (USA)		Constellation		Sovereign	
1962	18	Newport (USA)		Weatherly		Gretel	
1958	17	Newport (USA)		Columbia		Sceptre	
1937	16	Newport (USA)		Ranger		Endeavour II	
1934	15	Newport (USA)		Rainbow		Endeavour	
1930	14	Newport (USA)		Entreprise		Shamrock V	
1920	13	New York (USA)		Resolute		Shamrock IV	
1903	12	New York (USA)		Reliance		Shamrock III	
1901	11	New York (USA)		Columbia		Shamrock II	
1899	10	New York (USA)		Columbia		Shamrock	
1895	9	New York (USA)		Defender		Valkyrie III	
1893	8	New York (USA)		Vigilant		Valkyrie II	
1887	7	New York (USA)		Volunteer		Thistle	
1886	6	New York (USA)		Mayflower		Galatea	
1885	5	New York (USA)		Puritan		Genesta	
1881	4	New York (USA)		Mischief		Atalanta	
1876	3	New York (USA)		Madeleine		Countess of Dufferin	
1871	2	New York (USA)		Columbia		Livonia	
1870	1	New York (USA)		Magic		Cambria	
1851	–	Isle of Wight(ENG)		Aurora vs		America	

〈그림 5-24〉 발렌시아 아메리카스 컵 마리나 전경(스페인)

Yacht Tourism

부록 1

세계의 주요 요트 및 보트쇼 일정

요트관광의 이해

세계의 주요 요트 및 보트쇼 일정

부록1

1. 시드니 국제 보트 쇼

전시회명(영문)	Sydney International Boat Show
개최 국가	호 주
자료 제공	시드니 무역관
전시 품목	보트, 요트 및 관련 부품, 용품.
개최 기간	2005. 07. 28 ~ 2005. 08. 02
주최자 정보	The Boating Industry Association of NSW
지명도	★★★

2. 일본 국제 보트 쇼 2008

전시회명(영문)	Japan International Boat Show 2008 in YOKOHAMA
개최 국가	일 본
자료 제공	도쿄무역관
전시 품목	모터보트, 요트, 선박엔진, 세일링보트, 선박 관련용품 및 부품
개최 기간	2008. 03. 06 ~ 2008. 03. 09
주최자 정보	Japan Boating Industry Association
지명도	★★★

3. 제노바 선박박람회

전시회명(영문)	International Boat Show (Salone Nautico Internazionale)
개최 국가	이탈리아
자료 제공	밀라노무역관
전시 품목	보트, 요트, 해양탐사장비 및 각종 부대장비, 다이빙장비 등 해저 관련기기 전반
개최 기간	2007. 10. 06 ~ 2007. 10. 14
주최자 정보	Fiera di Genova
지명도	★★★

4. 제노바 선박박람회

전시회명(영문)	International Boat Show (Salone Nautico Internazionale)
개최 국가	이탈리아
자료 제공	밀라노무역관
전시 품목	보트, 요트, 해양탐사장비 및 각종 부대장비, 다이빙장비 등 해저 관련기기 전반
개최 기간	2006. 10. 07 ~ 2006. 10. 15
주최자 정보	Feria de Genova
지명도	★★★

5. 오클랜드 국제 보트 쇼

전시회명(영문)	Auckland International Boat Show
개최 국가	뉴질랜드
자료 제공	오클랜드무역관
전시 품목	요트, 보트 및 요트 제조 관련 기술 및 자재, 서비스
개최 기간	2006. 03. 08 ~ 2006. 03. 12
주최자 정보	Marine Industry Association
지명도	★★★

6. 제노바 선박박람회

전시회명(영문)	International Boat Show(Salone Nautico Internazionale)
개최 국가	이탈리아
자료 제공	밀라노무역관
전시 품목	보트, 요트, 해양탐사장비 및 각종 부대장비, 다이빙장비 등 해저 관련기기 전반
개최 기간	2005. 10. 08 ~ 2005. 10. 16
주최자 정보	Fiera di Genova
지명도	★★★

7. 포르토 보트 박람회

전시회명(영문)	NAUTICA/Int'l boat Show
개최 국가	포르투갈
자료 제공	리스본무역관
전시 품목	보트, 요트 및 관련 액세서리, 엔진, 수상스키, 서핑용 장비
개최 기간	2001. 11. 24 ~ 2001. 12. 02
주최자 정보	EXPONOR
지명도	★★★

8. 부다페스트 보트 박람회

전시회명(영문)	International Boat Exhibition
개최 국가	헝가리
자료 제공	부다페스트무역관
전시 품목	보트, 요트, 모터보트, 카약, 카누, 윈드서핑, 수상스키, 제트스키 등 각종 수상 스포츠용품 전반
개최 기간	2008. 02. 14 ~ 2008. 02. 17
주최자 정보	HUNGEXPO Rt
지명도	★★☆

9. 암스테르담 유럽 육상운송 박람회 2007

전시회명(영문)	The European Road Transport Show
개최 국가	네덜란드
자료 제공	암스테르담무역관
전시 품목	소형보트 및 레저장비 관련 재료, 엔진, 서비스, 디자인설비
개최 기간	2007. 10. 26 ~ 2007. 11. 03
주최자 정보	Amsterdam RAI International Exhibition & congress
지명도	★★☆

10. 일본 국제 보트 쇼 2007

전시회명(영문)	Japan International Boat Show 2007 in YOKOHAMA
개최 국가	일 본
자료 제공	도쿄무역관
전시 품목	모터보트, 요트, 선박엔진, 세일링보트, 선박 관련용품 및 부품
개최 기간	2007. 03. 15 ~ 2007. 03. 18
주최자 정보	Japan Boating Industry Association
지명도	★★☆

11. 툴른 보트 및 수상스포츠용품 박람회

전시회명(영문)	Boot Tulln / Boat and Aquatic Trade Fair
개최 국가	오스트리아
자료 제공	빈무역관
전시 품목	요트, 모터보트, 선박엔진, 보트 장비, 수상스포츠용품
개최 기간	2007. 03. 01 ~ 2007. 03. 04
주최자 정보	Tullner Messe GmbH
지명도	★★☆

12. 제45회 치바 국제 보트 박람회 2006

전시회명(영문)	The 45th Tokyo International Boat Show 2006
개최 국가	일 본
자료 제공	도쿄무역관
전시 품목	모터보트, 요트, 선박엔진, 세일링보트, 선박 관련용품 및 부품
개최 기간	2006. 02. 09 ~ 2006. 02. 12
주최자 정보	Japan Boat Industry Association
지명도	★★☆

13. 제17회 바르샤바 수상스포츠 및 레져 박람회

전시회명(영문)	17th Trade Fair for Boating, Water Sports and Recreation
개최 국가	폴란드
자료 제공	바르샤바무역관
전시 품목	항해용보트, 요트, 윈드서핑 장비, 스포츠 장비 유지보수, 낚시장비, 스포츠 의류, 구조장비
개최 기간	2005. 03. 10 ~ 2005. 03. 13
주최자 정보	DORAMM-EXPO sp. z o.o.
지명도	★★☆

14. 오클랜드 요트 쇼

전시회명(영문)	Auckland Yacht Vision
개최 국가	뉴질랜드
자료 제공	오클랜드무역관
전시 품목	보트 / 요트 및 요트 제조 관련 자재 및 서비스 관련 품목
개최 기간	2005. 03. 09 ~ 2005. 03. 13
주최자 정보	Ther Marine Industry Association
지명도	★★☆

15. 툴른 보트 및 수상스포츠용품 박람회

전시회명(영문)	Boot Tulln / Boat and Aquatic Trade Fair
개최 국가	오스트리아
자료 제공	빈무역관
전시 품목	요트, 모터보트, 선박엔진, 보트 장비, 수상스포츠용품
개최 기간	2005. 03. 03 ~ 2005. 03. 06
주최자 정보	Tullner Messe GmbH
지명도	★★☆

16. 베른 보트 / 수상스포츠 박람회

전시회명(영문)	National boating and watersports show
개최 국가	스위스
자료 제공	취리히무역관
전시 품목	모터보트, 요트, 카누, 카약, 서핑, 수상스키 관련용품, 여행상품
개최 기간	2005. 02. 12 ~ 2005. 02. 20
주최자 정보	BBA Bern Expo
지명도	★★☆

17. 더블린 보트 박람회

전시회명(영문)	Irish Marine Federation Boat Show 2004
개최 국가	아일랜드
자료 제공	바르샤바무역관
전시 품목	각종 요트, 보트 및 관련용품
개최 기간	2004. 02. 25 ~ 2004. 02. 29
주최자 정보	S이 Exhibitions Ltd.
지명도	★★☆

18. 뉴욕 보트 박람회

전시회명(영문)	New York National Boat Show
개최 국가	미 국
자료 제공	뉴욕무역관
전시 품목	보트, 요트 및 해양스포츠 박람회
개최 기간	2003. 12. 27 ~ 2004. 01. 04
주최자 정보	Nat'l Marine Manufacturers Association, Inc
지명도	★★☆

19. 쿠알라룸푸르 보트 및 해양장비 박람회

전시회명(영문)	M'sia Int'l Boat Show 2002
개최 국가	말레이시아
자료 제공	콸라룸푸르무역관
전시 품목	보트, 제트스키, 요트 및 보트엔진, 낚시장비, 잠수장비 등
개최 기간	2002. 10. 25 ~ 2002. 10. 27
주최자 정보	Portemp Exhibitions Sdn Bhd
지명도	★★☆

20. 베어푸트 보트 쇼 2007

전시회명(영문)	The 6th International Boat and Super Yacht Show
개최 국가	레바논
자료 제공	베이루트무역관
전시 품목	레저용 보트 및 요트, 스포츠 레저 악세사리
개최 기간	2007. 05. 16 ~ 2007. 05. 20
주최자 정보	I.E.P.(International Fairs & Promotion)
지명도	★☆☆

21. 마드리드 보트 박람회

전시회명(영문)	Boat Show
개최 국가	스페인
자료 제공	AKEMFLEMAN역관
전시 품목	요트, 범선, 모터보트, 카누, 카약, 윈드서핑장비, 선박엔진, 워 터펌프...
개최 기간	2007. 03. 14 ~ 2007. 03. 18
주최자 정보	Feria de Madrid (IFEMA)
지명도	★☆☆

22. 마드리드 보트 박람회

전시회명(영문)	Boat Show
개최 국가	스페인
자료 제공	마드리드무역관
전시 품목	요트, 범선, 모터보트, 카누, 카약, 윈드서핑장비, 선박엔진, 워터펌프
개최 기간	2006. 03. 29 ~ 2006. 04. 02
주최자 정보	Feria de Madrid(IFEMA)
지명도	★☆☆

23. 우지 제7회 항해 및 수상 스포츠 박람회

전시회명(영문)	7th Trade Fair for Selling and Water Sports
개최 국가	폴란드
자료 제공	바르샤바무역관
전시 품목	보트, 모터요트, 항해장비 및 악세서리, 구조장비, 수리용품, 잠수장비, 공기보트, water skies
개최 기간	2005. 11. 25 ~ 2005. 11. 27
주최자 정보	INTERSERVIS sp. z o.o.
지명도	★☆☆

24. 우즈 항해 및 수상스포츠 박람회

전시회명(영문)	Sailing and Water Sports Trade Fair
개최 국가	폴란드
자료 제공	바르샤바무역관
전시 품목	요트, 항해 장비 및 악세사리, 항만장비, 잠수장비, 스포츠 의류 등
개최 기간	2004. 11. 26 ~ 2004. 11. 28
주최자 정보	Interservis sp. z o.o.
지명도	★☆☆

25. 바르샤바 수상스포츠 및 레져 박람회

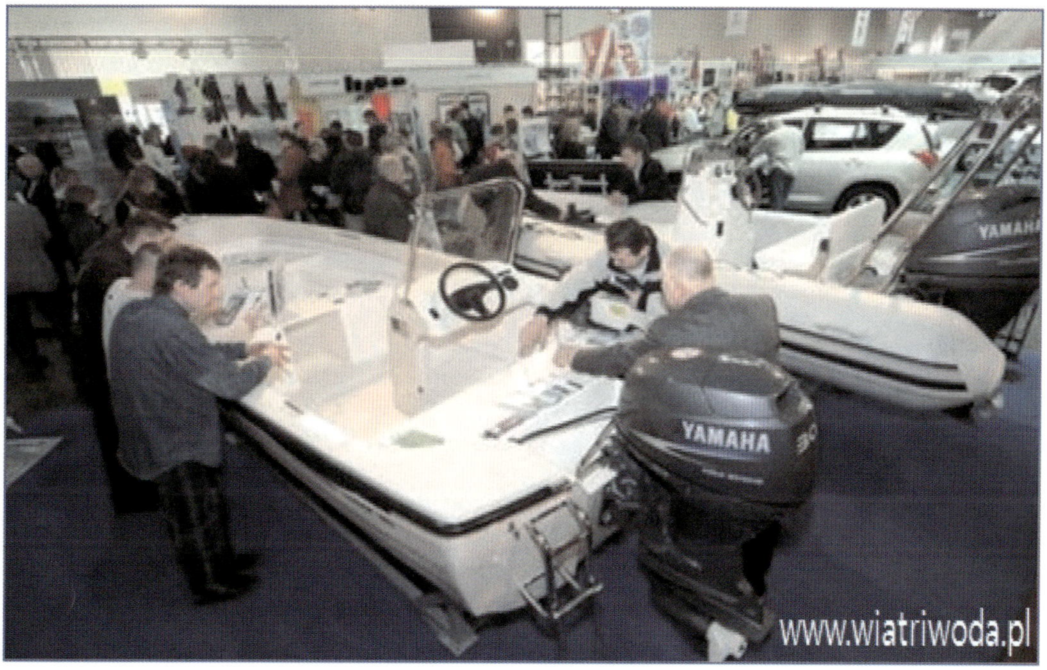

전시회명(영문)	15th Fair for Boating, Water Sports and 2004
개최 국가	폴란드
자료 제공	바르샤바무역관
전시 품목	항해용 보트, 요트, 윈드서핑 장비, 스포츠 장비 유지보수, 낚시장비, 스포츠 의류, 구조장비
개최 기간	2004. 03. 12 ~ 2004. 03. 14
주최자 정보	DORAMM s.c. Maci더 Chylak Malgorzata Luszczyki
지명도	★☆☆

26. 암스테르담 해양설비 박람회

전시회명(영문)	METS
개최 국가	네덜란드
자료 제공	암스테르담무역관
전시 품목	소형보트 및 레져장비 관련 재료, 엔진, 서비스, 디자인설비
개최 기간	2001. 11. 13 ~ 2001. 11. 15
주최자 정보	Amsterdam RAI International Exhibition & Congress
지명도	☆☆☆

27. 헬싱키 보트 박람회

전시회명(영문)	Helsinki Int'l Boat Show
개최 국가	핀란드
자료 제공	헬싱키무역관
전시 품목	범선, 요트, 모터보트, 선체 및 수리도구, 수상스포츠용품, 보트장비 및 장식품 sailing boat
개최 기간	2000. 02. 12 ~ 2000. 02. 20
주최자 정보	Suomen Messut
지명도	☆☆☆

Yacht Tourism

부록 2

해양관광자원 현황

요트관광의 이해

부록2 해양관광자원 현황

제1절 자연자원

1. 해수욕장

구 분	해수욕장	특 징
합 계	356개	
서해안	110	• 해안이 완만하고 파도 등 기상여건이 양호한 반면, 해수의 탁도가 떨어지는 것이 단점 • 갯벌, 탐조지 등 주변에 연계 가능한 생태관광 자원이 다수 분포하며 낙조가 일품
남해안	85	• 기후가 온화하고 주변의 경관이 뛰어남. • 이용객 수가 많지 않은 소형 해수욕장이 대부분을 차지하고 있으며, 도서에 다수 분포
동해안	147	• 해수가 맑고 양질의 모래가 장점이나, 수심이 깊고 수온이 낮아 해수욕 기간이 짧은 것이 단점
제주도	14	• 해수가 맑고 기후가 따뜻하며 남국풍의 이국적 경관 • 화산해안으로 흑색해안이 많고 산호로 이루어진 해수욕장도 있음

2. 해양스포츠 공간

1) 요트공간

요트장	위 치	비 고
한강 양화 요트장	양화대교	소형 세일링요트 용
부산 요트장	부산시 해운대구 우2동 1393	300척 수용규모 마리나
여천 요트장	전남 여천시 소호동	소형 세일링요트 용
아산만 요트장	경기도 평택군 현덕면 권관3리	소형 세일링요트 용
강릉 요트장	강원도 강릉시 사천면 진리	소형 세일링요트 용
대천 요트장	충남 보령시 신흑동 대천해수욕장	소형 세일링요트 용
통영 마리나 리조트	경남 통영시 도남동	92척 수용규모 마리나
후포 요트장	경북 울진군 후포면 후포해수욕장	소형 세일링요트 용

2) 윈드서핑

제주도 신양해수욕장, 인천 을왕리해수욕장, 충남 대천해수욕장을 중심으로 하는 태안반도 일대, 광주 인근의 홀통해수욕장, 거제도 지세포, 부산 태종대, 울산 진하해수욕장, 강원도 속초해수욕장, 제주도 이호해수욕장 등

3) 해양다이빙

충남의 태안반도와 안면도지역, 전북의 고군산 군도, 강원도 낙산, 경북의 포항, 청하, 흥해, 제주도의 범섬, 문섬, 섶섬, 추자도 등

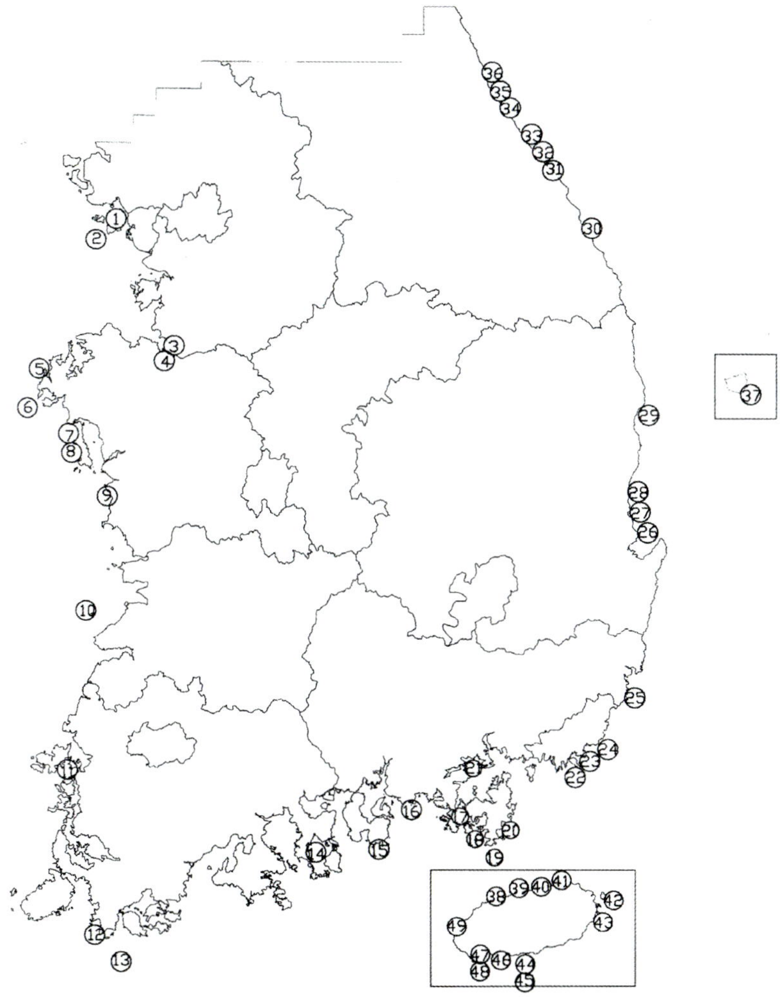

1. 두둘머리요트장 2. 회래 수상스키 3. 아산호 윈드서핑 4. 삽교호 윈드서핑 5. 태안반도 다이빙 6. 가의도 다이빙 7. 거아도 다이빙 8. 안면도 다이빙 9. 대천 윈드서핑 10. 고군산도 다이빙 11. 훌통 윈드서핑 12. 송호 윈드서핑 13. 중리 청소년 해양훈련장 14. 여천 요트장 15. 상주 수상스키, 윈드서핑 16. 남일대 윈드서핑, 수상스키 17. 충무 요트장 18. 비진도 윈드서핑 19. 소매몰도다이빙 20. 지세포 요트장 21. 당항포 요트장 22. 태종대 윈드서핑 23. 부산 해양스포츠 학교 24. 수영만 요트장 25. 진하 윈드서핑 26. 포항다이빙 27. 흥해 다이빙 28. 청하 다이빙 29. 후포요트장 30. 삼척 윈드서핑 31. 경포 윈드서핑 32. 경포 번지점프 33. 강릉 요트장 34. 낙산 다이빙 35. 속초 윈드서핑 36 속초 번지점프 38. 용연계곡 래프팅 39. 삼양래프팅 40. 함덕윈드서핑 41. 이호 윈드서핑 42. 우도 다이빙 43. 신양 윈드서핑 44. 범섬 다이빙 45. 문섬 해저유람선 46. 중문 윈드서핑 47. 화순 윈드서핑 48. 형제도 다이빙 49. 비양도 윈드서핑

〈국내 주요 스포츠형 해양레크레이션 공간〉

3. 갯벌 및 철새도래지

연 번	습지지역	국제적으로 중요한 물새의 종수	습지유형	물새의 총개체수
1	새만금	16종	해안갯벌	126,278
2	금강 하구	16종	해안갯벌	55,603
3	낙동강 하구	13종	해안갯벌	28,162
4	아산만	12종	해안갯벌	75,880
5	남양만	12종	해안갯벌	29,613
6	순천만	10종	해안갯벌	35,261
7	강화도	10종	해안갯벌	24,037
8	영종도 남단	8종	해안갯벌	24,966
9	목포 압해도	8종	해안갯벌	26,660
10	함평만	7종	해안갯벌	10,573
11	서산 간척지 A, B지구	5종	매립지 호수	48,379
12	금강	5종	하구둑 주변	47,786
13	해남만	5종	해안갯벌	13,187
14	무안 매안	5종	해안갯벌	8,102
15	영암 금호호	4종	매립지 호수	123,347
16	남해	4종	갯벌과 바다	16,361
17	천수만	4종	해안갯벌	11,485
18	영광백수	4종	해안갯벌	5,233
19	광양 갈사만	4종	해안갯벌	3,922
20	영종도 북단	3종	해안갯벌	2,031

4. 해양경관지

1) 기암괴석 및 해안절벽

경기도의 백령도 및 연평도 지역, 충남의 태안, 전북의 변산반도~위도, 다도해해상국립공원의 홍도~흑산도, 조도, 거문도-백도, 금오도, 한려해상국립공원의 남해안의 거제도 해금강, 제주도 서귀포 지역, 울릉도 등

2) 일출 및 일몰 경관지

- 동해안과 남해안 동부에 주로 분포, 서해안에도 일출 감상이 가능한 곳이 있음.
- 동해안의 경포대, 정동진, 영일만, 여수 향일암, 제주도 성산포 등
- 충남 당진군 석문면 교로리 왜목마을, 서천군 서면 마량리는 일출·일몰 동시 감상 가능

5. 기 타

1) 어부림

문화재명	구 분	소재지	면적(㎡)	문화재 번호
외연도 상록수림	어부림	충남 보령시 오천면 외연도리	32,727	충남 136
주도 상록수림	어부림	전남 완도군 완도읍 군내리	17,190	전남 28
예송리 상록수림	어부림	전남 완도군 보길면 예송리	3,901	전남 40
완도 미라리 상록수림	방풍림	전남 완도군 소아면 미라리	16,000	전남 339
완도 맹선리 상록수림	방풍림	전남 완도군 소안면 맹선리	8,506	전남 340
까막섬 상록수림	어부림	전남 강진군 대구면 마량리	14,479	전남 172
고흥 봉래면 상록수림	어부림	전남 고흥군 봉래면 신금리	12,900	전남 362
미조리 상록수림	어부림	경남 남해군 삼동면 미조리	1,732	경남 29
물건 방조상록수림	어부림	경남 남해군 삼동면 물건리	23,438	경남 150
목도 상록수림	어부림	울산 울주군 온주면 방도리	15,054	울산 63

2) 신비의 바닷길

- 전남 진도군 회동리는 바다갈라짐 현상을 이용하여 매년 영등축제 개최
- 이 밖에 경기도 제부도, 충남 무창포-석대도, 여수의 사도-낭도 지역 등

제2절
인문자원

1. 해양관련 전시시설

구 분	시설명	위 치	건립년도	규 모	주요 전시시설	사업주체
합 계	14개					
박물관 (3)	국립등대 박물관	포항시 남구	1985. 2	부지 8,294평 건평 9068평	등대유물관, 등대관, 수상전시관, 야외전시관, 테마공원, 해양수산관, 기획전시관	해양 수산부
	해군사관학교박물관	경남 진해시	1976. 1	건평 798평	이충무공실, 해군·해양	해군
	독도박물관	울릉군	1997. 8	부지 5,816평 건평 484평	독도관련 자료	울릉군
과학관 (4)	수산과학관	부산시 기장군	1997 .5	부지 2,000평 건평 1,371평	주제별 전시관, 영상시설, 옥외시설	해양 수산부
	전남 수산종합관	여수시 돌산읍	1998. 5	부지 1,949평 견평 1,611평	종묘배양장, 해양생물 전시, 입체영상관	전라남도
	통영 수산과학관	경남 통영시	2002. 8		배모형 등	통영시
	부산 해양자연사 박물관	부산시 동래구 온천동	1994	부지 2,020평 건평 1,117평	종합학습관, 해저동굴, 패류, 열대생물, 한국수계자연관	부산 광역시
전시관 (4)	어촌민속 전시관(2)	완도, 거제, (삼척)	'98~	부지 4,147평 건평 1,200평	어촌관련 전시관, 시청각시설	시장· 군수
	국립 해양 유물 전시관	목포시 용해동	1994.12	부지 9,788평 건평 1,233평	신안해저 유물 각종 선박모형	문화재청
	민물고기 전시관	전남 함평군	2001.5		한국 민물물고기 (110여종)	민간
수족관 (3)	63수족관	서울시 여의도	1985	건평 1,078평	기본전시수조, 특수생물 전시수조	대생기업
	코엑스 아쿠아리움	강남구 삼성동	2000. 3	건평 3,000평	1,600톤 전시수조	(주)한국 아쿠아리아룸
	부산 해저 테마 수족관	부산시 해운대	2001. 11	연면적 3,462평 건평 1,722평	터널식 수족관 500여종 25,000마리	부산시

2. 어항 및 항만

(단위 : 개소)

시·도	어항						항만				
	합 계	연안어항		도서어항		지방어항	합 계	무역항		연안항	
합계	418	68		37		313	51	28		23	
부산	16	2	다대포, 대변	-	-	14	2	1	부산	1	부산남항
인천	38	-	-	5	어유정, 장봉, 울도 덕적도, 선진포	33	3	1	인천	2	안평도 용기포
울산	8	2	정자, 방어진	-	-	6	1	1	울산	-	-
경기	5	-	-	-	-	5	1	1	평택	-	-
강원	28	14	대진,거진,대포, 아야진,사천진, 수산,남애,안목, 금산,덕산,장호, 임원,공현진,궁촌	-	-	14	6	5	동해 묵호 속초 삼척 옥계	1	주문진
충남	36	6	모항,안흥,오천, 홍원,삼길포,남당	1	외연도	29	6	4	장항 보령 대산 태안	2	대천 비인
전북	18	2	격포,구시포	4	어청도,연도 말도,위도	12	1	1	군산	-	-
전남	126	12	계마,수품,서망, 어란진,마량, 녹동,풍남, 내발,국동, 돌산회진,여호	18	안마,전장포, 원평,득암,소흑산도, 사동,서거차, 보옥, 여서, 낭도,시산, 안도,초도,도장, 연도, 우이도	96	11	4	목포 완도 여수 광양	8	거문도 나로도 대흑산도 녹동신항 홍도,팽목 신마,화홍포
경북	38	12	죽변,오산,사동, 구산,대진,축산, 강구,구계,대보, 양포,감포,읍천	3	현포,저동,남양	23	5	1	포항	4	월포 후포 구룡포 울릉
경남	81	13	능포, 맥전포, 지세포,외포, 구조라,삼덕, 다대포,광암, 물건,미조,대포, 원전,동암	5	능양,욕지,신수 매물도,호두	63	7	7	마산 통영 진해 옥포 고현 삼천포 장승포	-	-
제주	24	5	김녕,도두,위미, 모슬포,하효	1	신양	18	7	2	제주 서귀포	5	한림,화순, 성산포, 애월,추자

※ 육지소규모항 963, 도서소규모항 850개 제외

3. 지역별 해산특산품

구 분	종 류	지 역
경기·인천	맛, 대하, 바지락, 강화새우젓	화성, 안산, 강화군 내가면 외포리
충 남	대하(선어), 어리굴젓, 까나리액젓, 대하, 활꽃게, 까나리액젓, 새우젓	태안 안면창기, 서산 부석 간월, 태안 안면 고남, 보령, 서천, 홍성, 보령, 홍성, 보령
전 북	액젓, 젓갈가공	군산시, 부안 진서
전 남	고막통조림, 맛김, 컷트미역, 김, 멸치, 흑산홍어, 세발낙지, 돌미역, 돌김, 멸치, 다시마엑기스, 톳, 굴비, 염신품(젓갈류)	보성 벌교 칠동, 장흥 장흥 덕제, 고흥 금산, 도양, 신안, 목포, 진도, 완도 금일, 감목, 완도, 영광 법성, 영광 염산
경남·부산	피조개, 미더덕, 멸치액젓, 멍게젓, 굴가공품, 건멸치, 쥐치가공, 굴, 멸치, 대구, 보리새우, 기장멸치, 기장미역	진해시, 마산시 진동, 남해군 미조면 미조, 초전리, 남해군 설천면 문의리, 남해군 삼동면 지족리, 사천시, 통영시 용남, 통영시 산양, 한산, 사량, 욕지면, 거제시 장목면 외포리, 거제시 거제면 죽림리 기장군
경 북	과메기, 오징어피데기, 물회, 건가오리, 건미역, 대게, 고포미역, 마른오징어, 돌김, 돌미역	포항시, 경주시, 영덕군, 울진군, 울릉군 일원
강 원	오징어, 가리비, 명태, 돌김, 멸치, 가리비	속초시, 고성군, 양양군
제 주	옥돔, 자리돔, 갈치	제주도 전역

4. 주요 향토 요리

구 분	주요 향토요리
경기·인천	밴댕이회(강화), 꽃게탕(인천 송도), 조기젓, 오징어 순대
충 남	어리굴젓(서산), 뱅어회(당진), 갱개미회(만리포), 새조개 데침회(천수만), 대하(안면도)
전 북	웅어회(금강), 무어회
전 남	갈낙탕(영암), 바지락회(득량만), 홍어찜(목포), 바다참장어회(고흥군), 고막(벌교), 굴비(영광), 산낙지(신안-무안), 노래미탕, 가자미회
경남·부산	재첩국(하동), 멸치회(기장), 아구찜, 복구이, 대구탕
경 북	과메기(포항), 오징어 요리(울릉도), 대게요리(영덕), 물회
강 원	황태구이, 오뉴월 숭어회, 연어구이(양양), 생태찌게(거진항), 오징어순대
제 주	옥돔물회, 성어국, 갈치회, 고등어회, 갈치구이, 전복죽, 전복, 소라회

5. 특이한 어구어법

구 분	종 류	지 역	비 고
충 남	대하삼중망어업 주꾸미잡이 삼치잡이 꽃게잡이, 대하잡이	태안 안면도 보령, 서천, 홍성일원 보령, 서천일원 보령, 서천, 홍성일원	–
전 북	조망어업(꽃새우)	군산시	–
전 남	고막채취	보성 벌교 장안	뻘썰매 이용
경 남	멸치털이 멸치잡이 육수장망 육수장망	남해군 미조항 통영시 산양, 한산, 사량, 욕지 거제시 남부면 다포리 거제시 일운면 양화리	–
부 산	멸치털이	기장군 대변항	–
경 북	오징어채낚기	울릉군 일원	–
강 원	멸치선망	양양 현남	–
제 주	멸치분기초망	제주시 전역	–

6. 해양관련 지역축제

시·도	축제수	주 요 축 제
합 계	72개	–
경기·인천	4	연평도 풍어축제, 월미축제
충 남	7	보령머드축제, 황도붕기풍어제, 대하축제
전 북	4	위도띠뱃놀이, 부안해변축제
전 남	14	영등축제, 향일암 일출제, 장보고축제, 진남제
경 남	11	옥포대첩기념축제, 한산대첩기념축제
부 산	6	자갈치문화관광축제, 부산바다축제
경북·울산	6	장생포축제, 우산문화제, 영일만축제
강 원	13	남대천연어축제, 동해무릉제, 여름바다예술축제
제 주	7	서귀포 칠십리축제, 성산일출제, 한여름밤 해변축제

[참고문헌]

1. 외국문헌

Casey, Don, *Inspecting The Aging Sailboat*, The International Marine Sailboat Library, 2005.

Creagh-osborne, Richard, *The yatch racing rules*, John de Graff inc.,1969.

Fishwick, Mark, *West Country Cruising*, Yachting Monthly, 1996.

Gleckler, Walt, *All About Cruising*, Passagemaker Productions, 1998.

Goss, Pete, *Top Yacht Races of The World*, Tien Wah Press(PTE) LTD, 2000.

Harand, Joseph, *The Coastal Cruising Handbook*, Hollis & Carter,1977.

Harle Philippe, *The Glenans Sailing Manual*, Granada Publishing Limited, 1972.

JJ and Isler, Peter, *Sailing for Dummies*, Wiley Publishing, Inc, 1997.

Johnson, Peter, *The Encyclopedia of Yachting*, A Dorling Kindersley Book, 1989.

Jones, Charles, *Glass Fibre Yachts Improvement and Repair*, Nautical Publishing Company, 1972.

Larsen,Paul, *America's Cup 2000*, Hodder moa Beckett Publishers Limited, 1999.

Lindsey, Sandy, *Quick & Easy Boat Maintenance*, International Marine / McGraw-Hill, 1999.

Maloney, Elbert S., *Chapman Piloting & Seamanship 64th edition*, New York: Hearst Books, 2003.

Ramsay, Ray, *The Complete Book of America's Cup Defence*, Wilke and Company Limited, 1987.

Rayner, Ranulf, *The Story of The America's Cup 1851-1995*, David bateman, 1995.

Rhodes, Bernard, *High Tide, HarperCollins Publishers*, 2002.

Ryan, Pat, *The America's Cup,Creative Education*, Inc., 1993.

Scanlan, Mike, *Coastal navigation*, Reed,2001.

Scanlan, Mike, *Safety in small craft*, NZ Coastguard Federation, 1989.

Slight, Steve, *The New Complete Sailing Manual*, London: DK London, 2005.

Spurr, Daniel, *Your First Sailboat*, International Marine / McGraw-Hill, 2004.

Steve and Colgate, Doris, *Fast Track to Cruising*, International Marine / McGraw-Hill, 2005.

Vigor, John, *The Practical Encyclopedia of Boating*, International Marine / McGraw-Hill, 2004.

Whiting, Penny, *Sailing with PennyWhiting*, Reed,2002.

Whiting, Penny, *Penny Whiting;s guide to The America's Cup*, Reed,2002.

2. 국내문헌

김천중, 관광학, 백산출판사, 1997

______, 관광사업론, 대왕사, 1998

______, 관광정보론, 대왕사, 1998

______, 관광정보시스템, 대왕사, 1998

______, 21세기신여행업, 학문사, 1999

______, 크루즈사업론, 학문사, 1999

______, 관광상품론, 학문사, 2002

______, 여행업 -창업과 경영실무-, 대왕사, 2002

______, 현대 관광상품론, 백산출판사, 2003

______, 최신 관광정보시스템, 대왕사, 2003

______, 여행과 관광정보, 대왕사, 2003

______, 요트의 이해와 항해술, 상지, 2007

장영주역, 크루즈핸드북, 한국외양범주, 2004.

______, 요트와 관련한 우리말 갈래사전, 한국외양범주, 2004.

하명수역, 주말에 배우는 요트, 하서, 1997.

홍성완역, 요트의 과학, 지성사, 2006.

Index

저/ 자/ 소/ 개

■ 김 천 중(金天中)

- 현재) 용인대학교 관광학과 교수
  용인대학교 관광학과 학과장
  용인대학교 국외여행인솔자연수원 연수원장
  용인대학교 관광사업 협력센터 소장
  용인대학교 크루즈 & 요트마리나연구소 소장
- 학외활동
  한국관광경영학회 부회장
  한국외식경영학회 부회장(전)
- 주요저서
  관광학(1997, 백산출판사)
  관광사업론(1998, 대왕사)
  관광정보론(1998, 대왕사)
  관광정보시스템(1998, 대왕사)
  21세기신여행업(1999, 학문사)
  크루즈사업론(1999, 학문사)
  관광상품론(2002, 학문사)
  여행업 -창업과 경영실무-(2002, 대왕사)
  현대관광상품론(2003, 백산출판사)
  최신관광정보시스템(2003, 대왕사)
  여행과 관광정보(2003, 대왕사)
  요트의 이해와 항해술(2007, 상지)

요트관광의 이해

2008년 3월 20일 인 쇄
2008년 3월 25일 발 행

著 者 金 天 中
發行人 (寅製) 秦 旭 相
發行處 白山出版社

서울시 성북구 정릉3동 653-40
등록 : 1974. 1. 9. 제1-72호
전화 : 914-1621, 917-6240
FAX : 912-4438
http://www.baek-san.com
edit@baek-san.com

값 20,000원
ISBN 978-89-6183-065-2